TURKISH SELF STUDY COURSE

Birsen Çankaya
Şükrü Meriç
Andy Hilton
Sevgi Hilton

BOOK TWO

FONO açıköğretim kurumu

İSTANBUL

For information :

Fono Açıköğretim Kurumu
Gündoğdu Cad. No : 49
34016 Merter – İSTANBUL

ISBN 975-471-117-8

Printed in Turkey

CONTENTS

t e m e l
T Ü R K Ç E
k u r s u

**DERS
33**

VOCABULARY

BİTİRMEK

İşini ne zaman bitiriyorsun?

TO FINISH

When are you finishing your work?

DAR

Yol çok dardır.

NARROW

The road is very narrow.

GENİŞ

Dükkânınız geniş mi yoksa dar mı?

WIDE

Is your shop wide or narrow?

İNCE

Öğretmenin kitabı incedir.

THIN; SLIM

The teacher's book is thin.

KALIN

Paltom çok kalındır.

THICK

My overcoat is very thick.

BAŞLAMAK

Film şimdi başlıyor.

TO BEGIN, TO START

The film is starting now.

Present Continuous/Simple - Negative Questions

Here we look at negative questions in these two tenses.

To make negative questions in the present continuous the question marker is inserted before the personal suffix, the two written as a separate word.

Ben gitmiyorum.
Sen gitmiyorsun.
O gitmiyor.
Biz gitmiyoruz.
Siz gitmiyorsunuz.
Onlar gitmiyor(lar).

Ben gitmiyor muyum?	Aren't I going?
Sen gitmiyor musun?	Aren't you going?
O gitmiyor mu?	Isn't he/she going?
Biz gitmiyor muyuz?	Aren't we going?
Siz gitmiyor musunuz?	Aren't you going?
Onlar gitmiyor(lar) mı?	Aren't they going?

Onu dinlemiyor muyum?	Aren't I listening to him?
Bu çatalı kullanmıyor musunuz?	Aren't you using this fork?
Kahvaltı etmiyor musun?	Aren't you having breakfast?
Yarın gelmiyor muyuz?	Aren't we coming tomorrow?
Soruya cevap vermiyor mu?	Isn't she answering the question?
Sekreter mektupları yazmıyor mu?	Isn't the secretary writing the letters?
Müdür bugün gelmiyor mu?	Isn't the manager coming today?
Misafir bu odada uyumuyor mu?	Isn't the guest sleeping in this room?
Annen yemek yapmıyor mu?	Isn't your mother cooking?
Onun evine gitmiyor musun?	Aren't you going to her house?
Televizyon seyretmiyor muyuz?	Aren't we watching TV?
Bu salonda oturmuyor musunuz?	Aren't you sitting in this hall?
Evlerini satmıyorlar mı?	Aren't they selling their house?

The same rules are followed in the present simple.

Ben gitmem.
Sen gitmezsin.
O gitmez.
Biz gitmeyiz.
Siz gitmezsiniz.
Onlar gitmez(ler).

Ben gitmem mi?/gitmez miyim?	Don't I go?
Sen gitmez misin?	Don't you go?
O gitmez mi?	Doesn't he/she go?
Biz gitmez miyiz?	Don't we go?
Siz gitmez misiniz?	Don't you go?
Onlar gitmez(ler) mi?	Don't they go?

Onu dinlemez misin?	Don't you listen to him?
Her gün bu otobüse binmez misiniz?	Don't you get on this bus every day?
Kahvaltı etmez mi?	Doesn't she have breakfast?
Burada oturmaz mıyız?	Don't we sit here?
Soruya cevap vermez mi?	Doesn't he answer the question?
Sekreter mektupları yazmaz mı?	Doesn't the secretary write the letters?
Müdür her sabah gelmez mi?	Doesn't the manager come every morning?
Misafir bu odada uyumaz mı?	Doesn't the guest sleep in this room?
Annen yemek yapmaz mı?	Doesn't your mother cook?
Onun evine gitmez misin?	Don't you go to his house?
Televizyon seyretmez miyiz?	Don't we watch TV?
Bu salonda oturmaz mısınız?	Don't you sit in this hall?
Evlerini satmazlar mı?	Don't they sell their house?

Here is the structure of positive, question, negative and negative question forms in the present tenses.

PRESENT CONTINUOUS

Subject	Verb Root	Buffer	Tense Suffix	Personal Ending
Ben	gel	i	yor	um.
Sen	gel	i	yor	sun.
O	gel	i	yor.	-
Biz	gel	i	yor	uz.
Siz	gel	i	yor	sunuz.
Onlar	gel	i	yor	(lar).

Negative

Subject	Verb Root	Negative Suffix	Tense Suffix	Personal Ending
Ben	gel	mi	yor	um.
Sen	gel	mi	yor	sun.
O	gel	mi	yor.	-
Biz	gel	mi	yor	uz.
Siz	gel	mi	yor	sunuz.
Onlar	gel	mi	yor	(lar).

Question

Subject	Verb Root	Buffer	Tense Suffix	Question Marker + Personal Ending
Ben	gel	i	yor	muyum?
Sen	gel	i	yor	musun?
O	gel	i	yor	mu?
Biz	gel	i	yor	muyuz?
Siz	gel	i	yor	musunuz?
Onlar	gel	i	yor	(lar) mı?

Negative Question

Subject	Verb Root	Negative Suffix	Tense Suffix	Question Marker + Personal Ending
Ben	gel	mi	yor	muyum?
Sen	gel	mi	yor	musun?
O	gel	mi	yor	mu?
Biz	gel	mi	yor	muyuz?
Siz	gel	mi	yor	musunuz?
Onlar	gel	mi	yor	(lar) mı?

PRESENT SIMPLE

Positive

Subject	Verb Root	Buffer	Tense Suffix	Personal Ending
Ben	gel	i	r	im.
Sen	gel	i	r	sin.
O	gel	i	r.	-
Biz	gel	i	r	iz.
Siz	gel	i	r	siniz.
Onlar	gel	i	r	(ler).

Negative

Subject	Verb Root	Negative Suffix	Tense Suffix	Personal Ending
Ben	gel	me	-	m.
Sen	gel	me	z	sin.
O	gel	me	z.	-
Biz	gel	me	-	yiz.
Siz	gel	me	z	siniz.
Onlar	gel	me	z	(ler).

Question

Subject	Verb Root	Buffer	Tense Suffix	Question Marker + Personal Suffix
Ben	gel	i	r	miyim?
Sen	gel	i	r	misin?
O	gel	i	r	mi?
Biz	gel	i	r	miyiz?
Siz	gel	i	r	misiniz?
Onlar	gel	i	r	(ler) mi?

Negative Question

Subject	Verb Root	Negative Suffix	Tense Suffix	Question Marker + Personal Ending
Ben	gel	me	z	miyim?
Sen	gel	me	z	misin?
O	gel	me	z	mi?
Biz	gel	me	z	miyiz?
Siz	gel	me	z	misiniz?
Onlar	gel	me	z	(ler) mi?

YOK

We have seen **var** and **yok**. Let us look again at some examples.

Ofiste iki bilgisayar var.
Arabada şoför var.

Ofiste iki bilgisayar yok.
Arabada şoför yok.
Bahçede hiç köpek yok.
Evde hiç çocuk yok.
Fabrikada hiç işçi yok.
Cebinde para yok.
Banyoda sabun yok.

Yok is also used to mean 'no' (like **hayır**).

Bugün sinemaya gidiyor musun?   Are you going to the cinema?
Hayır, gitmiyorum.   No, I am not.

Negative responses can use **hayır** (as above), or **yok** (as below).

Bugün sinemaya gidiyor musun?   Are you going to the cinema?
Yok, gitmiyorum.   No, I am not.

Odaları temizliyor mu?	Is she cleaning the rooms?
Yok, temizlemiyor.	No, she isn't.
Fransızca öğreniyor musunuz?	Are you learning French?
Yok, öğrenmiyoruz.	No, we aren't.
Arkadaşına telefon ediyor musun?	Are you telephoning your friend?
Yok, etmiyorum.	No, I am not.
Bu eti yiyorlar mı?	Are they eating this meat?
Yok, yemiyorlar.	No, they aren't.
Her gün parka gider mi?	Does she go to the park every day?
Yok, gitmez.	No, she doesn't.
Akşamleyin televizyon seyreder misiniz?	Do you watch TV in the evening?
Yok, seyretmeyiz.	No, we don't.
Ofiste sigara içer misin?	Do you smoke in the office?
Yok, içmem.	No, I don't.
Her hafta erkek arkadaşıyla sinemaya gider mi?	Does she go to the cinema with her boy friend every week?
Yok, gitmez.	No, she doesn't.
Bebek bu odada uyur mu?	Does the baby sleep in this room?
Yok, uyumaz.	No, she doesn't.

HİÇ

We have seen **hiç** used before **yok** to mean 'nothing'. Used before verbs, **hiç** means 'never'.

Onların evine hiç gitmiyorum.	I never go to their house.
Bize hiç telefon etmiyor.	He never telephones us.
Hiç erken kalkmayız.	We never get up early.
Hiç ders çalışmazlar.	They never study.
Annesini hiç ziyaret etmez.	She never visits her father.
Sabahleyin hiç kahvaltı etmeyiz.	We never have breakfast in the morning.
Sorulara hiç cevap vermez.	He never answers the questions.
Burada hiç yemek yapmam.	I never cook here.
Ahmet akşamleyin hiç televizyon seyretmez.	Ahmet never watches television in the evening.
Babam hiç geç yatmaz.	My father never goes to bed late.

YA DA, VEYA

Ya da and **veya** are like the English 'or'.

Ahmet veya/ya da Ayşe	Ahmet or Ayşe
bal ya da peynir	honey or cheese
radyo ya da televizyon	radio or television
bira ya da şarap	beer or wine
kasap ya da bakkal	butcher's or grocer's
sinema veya tiyatro	cinema or theatre
öğretmen veya öğrenci	teacher or student
anne veya baba	mother or father
çatal veya kaşık	fork or spoon
kız veya erkek	girl or boy
yaşlı ya da genç	old or young
erken ya da geç	early or late
kısa ya da uzun	short or long
kolay veya zor	easy or difficult
pahalı veya ucuz	expensive or cheap
kalın veya ince	thick or thin
Ahmet ya da Ayşe gelir.	Ahmet or Ayşe comes.
Bal ya da peynir ye.	Eat honey or cheese.
Bira ya da şarap içerler.	They drink beer or wine.
Kasap veya bakkal açıktır.	The butcher's or grocer's is open.
Her ay sinema veya tiyatroya gideriz.	We go to the cinema or theatre every month.
Öğretmen ya da öğrenciler bu otobüse binerler.	The teachers or the students get on this bus.
Babam ya da annem evdedir.	My father or my mother is at home.
Erken ya da geç, her gün ofise gelir.	Early or late, she comes to the office every day.
Pahalı ya da ucuz, her ay bir elbise alırız.	Expensive or cheap, we buy a dress every month.

Words Used in the Dialogue

hazır	ready
hazır olmak	to be ready
limon	lemon
yer	place; floor

DIALOGUE

SUMRU : Bugün sinemaya gidiyor muyuz, baba?	Are we going to the cinema, dad?
ALİ : Evet, ama yağmur yağıyor.	Yes, we are; but it's raining.
SUMRU : Taksiyle gideriz.	We go by taxi.
ALİ : Sinema nerede?	Where is the cinema?
SUMRU : Bakırköy'de.	In Bakırköy.
ALİ : Bakırköy'de nerede?	Where in Bakırköy?
SUMRU : Yeni bir yer var, adı Carousel. Onun içinde. Birçok dükkân da var.	There is a new place. Its name is Carousel. It (the cinema) is in it. There are also a lot of shops.
ALİ : Annen geliyor mu?	Is your mother coming?
SUMRU : Yok, gelmiyor.	No, she isn't.
ALİ : Annen sinemayı hiç sevmez.	Your mother never likes cinema.
SUMRU : Ama tiyatroyu seviyor.	But she likes theatre.
ALİ : Hazır mısın?	Are you ready?
SUMRU : Evet, hazırım.	Yes, I am.

SUMRU : Bu sepetin içinde ne var?	What is there in this basket?
BİRSEN : Elma ve portakal. Sen ne istiyorsun? (istersin?)	Apples and oranges. What do you want?
SUMRU : Evde hiç un var mı? Bugün arkadaşlarım geliyor. Onlar için kek yapıyorum.	Is there any flour at home? My friends are coming today. I am making a cake for them.
BİRSEN : Marketten alırım.	I'll buy from the supermarket.
SUMRU : Limon da al.	Buy some lemon as well.
BİRSEN : Tamam. Keke yumurta da koy.	All right. Put (add) some eggs into the cake as well.
SUMRU : Koyarım.	I'll put.
BİRSEN : Şimdi gidiyorum. Anahtarım evde. Kapıyı sen aç.	I am going now. My key is at home. You open the door.
SUMRU : Tamam. Sağ ol anne.	Okay. Thank you, mom.

PRACTICE 33

A

Change into negative sentences.

1. **İşini yarın bitiriyor.**
2. **Her gün denizde yüzerim.**

3. Her yıl Türkiyeye gelirler.
4. Film şimdi başlıyor.
5. Patrona telefon ediyoruz.
6. Şu tepsiyi getiriyorsunuz.
7. Bahçede sigara içersin.
8. Adam masanın yanında duruyor.

B

Change the above into negative questions.

C

Fill the gaps with appropriate personal pronouns.

1. ...... şimdi yazmıyorum.
2. ...... ne zaman bira içiyorlar?
3. ...... Japonca öğreniyoruz.
4. ...... Fransızca biliyor musun?
5. ...... parkta oturuyor mu?
6. ...... bu fabrikada çalışıyoruz.
7. ...... nerede oturuyorsunuz?
8. ...... oraya gitmiyorsun.

D

Make questions using the verb and tense given in brackets.

1. Siz ne zaman yemek ...... (yemek/şimdiki zaman)
2. O gazeteyi nerede ...... (okumak/geniş zaman)
3. Sen Merter'den neyle ...... (gelmek/şimdiki zaman)
4. Biz lokantada ne ...... (içmek/geniş zaman)
5. Onlar her hafta mektup ...... (yazmak/geniş zaman)
6. Ben işi ...... (bitirmek/şimdiki zaman)
7. O otobüsten nerede ...... (inmek/şimdiki zaman)
8. Siz hangi hastanede ...... (çalışmak/geniş zaman)

E

Translate into English.

1. Akşamleyin bira ya da şarap içeriz.
2. Bu gazeteyi okuyor musun? Yok, okumuyorum.
3. Bu işi bitirmez misiniz?
4. Bu sokak çok dar.
5. Film ne zaman başlıyor?

6. **Sabahleyin kahve içmez misin?**
7. **Anneni ne zaman ziyaret ediyoruz?**

F

Translate into Turkish.

1. Doesn't your mother clean the rooms every day?
2. The child drinks milk or tea in the morning.
3. They sometimes walk to the office.
4. Isn't he speaking to the boss?
5. She or her father sits here.
6. Are you ready? We are going to the theatre.
7. Isn't the secretary reading the letters?

PRACTICE 33 - ANSWERS

A. 1. İşini yarın bitirmiyor. 2. Her gün denizde yüzmem. 3. Her yıl Türkiye'ye gelmezler. 4. Film şimdi başlamıyor. 5. Patrona telefon etmiyoruz. 6. Şu tepsiyi getirmiyorsunuz. 7. Bahçede sigara içmezsin. 8. Adam masanın yanında durmuyor.

B. 1. İşini yarın bitirmiyor mu? 2. Her gün denizde yüzmez miyim/yüzmem mi? 3. Her yıl Türkiye'ye gelmezler mi? 4. Film şimdi başlamıyor mu? 5. Patrona telefon etmiyor muyuz? 6. Şu tepsiyi getirmiyor musunuz? 7. Bahçede sigara içmez misin? 8. Adam masanın yanında durmuyor mu?

C. 1. Ben 2. Onlar 3. Biz 4. Sen 5. O 6. Biz 7. Siz 8. Sen

D. 1. Siz ne zaman yemek yiyorsunuz? 2. O gazeteyi nerede okur? 3. Sen Merter'den neyle geliyorsun? 4. Biz lokantada ne içeriz? 5. Onlar her hafta mektup yazarlar mı? 6. Ben işi bitiriyor muyum? 7. O otobüsten nerede iniyor? 8. Siz hangi hastanede çalışırsınız?

E. 1. We drink beer or wine in the evening. 2. Are you reading this newspaper? No, I am not. 3. Don't you finish this work? 4. This road/street is very narrow. 5. When is the film starting? 6. Don't you drink coffee in the morning? 7. When are we visiting your mother?

F. 1. Annen her gün odaları temizlemez mi? 2. Çocuk sabahleyin çay ya da süt içer. 3. Bazen ofise yürürler. 4. Patronla konuşmuyor mu? 5. O veya babası burada oturur. 6. Hazır mısınız? Tiyatroya gidiyoruz. 7. Sekreter mektupları okumuyor mu?

t e m e l
T Ü R K Ç E
k u r s u

DERS 34

VOCABULARY

KESMEK		TO CUT
Ekmeği bu bıçakla kes.		Cut the bread with this knife.

ARAMAK		TO LOOK FOR
Çantamı arıyorum.		I am looking for my bag.

KİŞİ(LER), HALK		PEOPLE
Evde beş kişi var.		There are five people in the house.

YARDIM ETMEK		TO HELP
Karısına mutfakta yardım eder.		He helps his wife in the kitchen.

DİĞER, BAŞKA		OTHER
Diğer öğrenciler nerede?		Where are the other students?

İÇİNE		INTO
Çantaları arabanın içine koy.		Put the bags into the car.

331

İÇİNE

We have seen **içinde** (= in). **İçine** (= into) employs the same idea of 'in' with the directional suffix.

Anahtarlar çantanın içindedir.	The keys are in the bag.
Kadın arabanın içinde oturuyor.	The woman is sitting in the car.
Sinemanın içinde oturur.	He sits in the cinema.

Kalemi kutunun içine koy.	Put the pencil into the box.
Sütü bardağın içine koyuyor.	She is pouring the milk into the glass.
Dolabın içine bak.	Look into the cupboard.
Arabanın içine giriyoruz.	We are getting into the car.
Buzdolabının içine bakıyor.	She is looking into the fridge.
Kitapları çantanın içine koyuyorlar.	They are putting the books into the bag.

Both **içinde** and **içine** can be omitted, with the locative and directional suffix being added to the relevant noun.

Anahtarlar çantanın içindedir.
Anahtarlar çantadadır.

Kadın arabanın içinde oturuyor.
Kadın arabada oturuyor.

Sinemanın içinde oturur.
Sinemada oturur.

Kalemi kutunun içine koy.
Kalemi kutuya koy.

Sütü bardağın içine koyuyor.
Sütü bardağa koyuyor.

Dolabın içine bak.
Dolaba bak.

Arabanın içine giriyoruz.
Arabaya giriyoruz.

Buzdolabının içine bakıyor.
Buzdolabına bakıyor.

Kitapları çantanın içine koyuyorlar.
Kitapları çantaya koyuyorlar.

-MEK/-MAK İSTEMEK

When 'want' is used with another verb, this verb takes the infinitive form. This is the same in Turkish: -**mek istemek** = want to.

Let us recall **istemek** used with nouns.

Bir araba istiyorum.	I want a car.
Bir bardak çay istiyoruz.	We want a glass of tea.
Çocuk annesini istiyor.	The child wants her mother.
Bir ev istiyorsunuz.	You want a house.
Doktor istiyorlar.	They want a doctor.
Turistler bira istiyorlar.	The tourists want beer.
Diğer öğretmenler kitapları istiyorlar.	The other teachers want the books.

Çocuk bazen annesini ister.	The child sometimes wants her mother.
Doktor isterler.	They want a doctor.
Bazen bir bardak çay isteriz.	We sometimes want a glass of tea.
Kadın bir kilo zeytin ister.	The woman wants a kilo of olives.
Bebekler süt ister.	The babies want milk.
Mahmut Bey bir araba ister.	Mahmut Bey wants a car.
Güzel bir etek isterim.	I want a nice skirt.

Bir araba istemiyorum.	I don't want a car.
Bir bardak çay istemiyoruz.	We don't want a glass of tea.
Bir ev istemiyorsunuz.	You don't want a house.
Doktor istemiyorlar.	They don't want a doctor.
Turistler bira istemiyorlar.	The tourists don't want beer.
Diğer öğretmenler kitapları istemiyorlar.	The other teachers don't want the books.

Çocuk bazen annesini istemez.	The child doesn't want her mother.
Doktor istemezler.	They don't want a doctor.
Bebekler süt istemezler.	The babies don't want milk.
Mahmut Bey bir araba istemez.	Mahmut Bey doesn't want a car.
Güzel bir etek istemem.	I don't want a nice skirt.

'Want' is usually used in the present simple in English, whereas in Turkish both present simple and continuous may be used.

When **istemek** is combined with another verb, in Turkish this verb comes first, followed by **istemek** with appropriate suffixes.

Gitmek istiyor.	He wants to go.
Gelmek istiyor.	He wants to come.
Dinlemek istiyor.	He wants to listen.

Yemek istiyorum.	I want to eat.
Oturmak istiyoruz.	We want to sit.
Yatmak istiyorlar.	They want to go to bed.
Almak istiyorsun.	You want to take.
Yazmak istiyorsunuz.	You want to write.
Eve gitmek istiyor.	He wants to go home.
Oraya gelmek istiyor.	He wants to come there.
Müziği dinlemek istiyor.	He wants to listen to the music.
Biraz kek yemek istiyorum.	I want to eat some cake.
Bu evde oturmak istiyoruz.	We want to stay in this house.
Bu deftere yazmak istiyorsunuz.	You want to write on this note-book.
Telefon etmek istiyorum.	I want to telephone.
Selma müzik dinlemek istiyor.	Selma wants to listen to music.
Pencereyi açmak istiyoruz.	We want to open the window.
Burada oturmak istiyorlar.	They want to sit here.
Kız, bir kitap okumak istiyor.	The girl wants to read a book.
Mühendis bir sandviç yemek istiyor.	The engineer wants to eat a sandwich.
Patron bu arabayı almak istiyor.	The boss wants to buy this car.
Çocuk bu odada yatmak istiyor.	The child wants to go to bed in this rom.
Turistler müzeye gitmek istiyorlar.	The tourists want to go to the museum.
Bu akşam televizyon seyretmek istiyorum.	I want to watch television this evening.
Biraz ekmek kesmek istiyorum.	I want to cut some bread.
Arkadaşımızı ziyaret etmek istiyoruz.	We want to visit our friend.
Annem öğretmenle konuşmak istiyor.	My mother wants to talk to the teacher.
Adam erken yatmak ister.	The man wants to go to bed early.
İşi bitirmek isterim.	I want to finish the work.
Üniversiteye gitmek isteriz.	We want to go to the university.
Annem öğretmenle konuşmak ister.	My mother wants to talk to the teacher.
Pencereyi açmak istersiniz.	You want to open the window.
Doktor bazen bir sandviç yemek. ister.	The doctor sometimes wants to eat a sandwich.
Kız, bir kitap okumak ister.	The girl wants to read a book.
Her gün televizyon seyretmek isteriz.	We want to watch TV every day.

In the negative, **istemek** takes the negative suffix.

Pencereyi açmak istemiyoruz.	We don't want to open the window.
Burada oturmak istemiyorlar.	They don't want to sit here.
Kız, bir kitap okumak istemiyor.	The girl doesn't want to read a book.
Mühendis bir sandviç yemek istemiyor.	The engineer doesn't want to eat a sandwich.
Patron bu arabayı almak istemiyor.	The boss doesn't want to buy this car.
Çocuk bu odada yatmak istemiyor.	The child doesn't want to go to bed in this room.

334

Turistler müzeye gitmek istemiyorlar.	The tourists don't want to go to the museum.
Bu akşam televizyon seyretmek istemiyorum.	I don't want to watch TV this evening.
Annem öğretmenle konuşmak istemiyor.	My mother doesn't want to talk to the teacher.
Adam erken yatmak istemez.	The man doesn't want to go to bed early.
İşi bitirmek istemem.	I don't want to finish the work.
Üniversiteye gitmek istemeyiz.	We don't want to go to university.
Pencereyi açmak istemezsiniz.	You don't want to open the window.
Kız, bir kitap okumak istemez.	The girl doesn't want to read a book.
Her gün televizyon seyretmek istemeyiz.	We don't want to watch TV every day.

Here is the same structure used in questions with question words.

Ne içmek istiyorsunuz?	What do you want to drink?
Kimi görmek istiyorsun?	Who do you want to see?
Nerede oturmak istiyor?	Where does she want to stay?
Nereden almak istiyor?	Where does he want to buy from (at)?
Nereye gitmek istiyorsunuz?	Where do you want to go?
Müdürle ne zaman konuşmak istiyorsun?	When do you want to talk to the manager?
Oraya neyle gitmek istiyorlar?	How does he want to go there?
Nerede beklemek istiyor?	Where does she want to wait?
Nereden telefon etmek istiyorsunuz?	Where do you want to telephone from?
Ne sormak istiyorsun?	What do you want to ask?
Ne içmek istersiniz?	What do you want to drink?
Kimi görmek istersin?	Who do you want to see?
Nereye gitmek istersiniz?	Where do you want to go?
Oraya neyle gitmek isterler?	How do they want to go there?
Ne sormak istersiniz?	What do you want to ask?
Nerede uyumak istersin?	Where do you want to sleep?
Nereden almak ister?	Where does she want to buy from?
Ne seyretmek istersiniz?	What do you want to watch?

Here, the same structure in yes/no questions.

Eve gitmek istiyor mu?	Does she want to go to the house?
Burada oturmak istiyorlar mı?	Do they want to sit here?
Pencereyi açmak istiyor muyuz?	Do we want to open the window?
Kız. bir kitap okumak istiyor mu?	Does the girl want to read a book?
Patron bu arabayı almak istiyor mu?	Does the boss want to buy this car?
Çocuk bu odada uyumak istiyor mu?	Does the child want to sleep in this room?

Annem öğretmenle konuşmak istiyor mu?	Does my mother want to talk to the teacher?
Turistler müzeye gitmek istiyorlar mı?	Do the tourists want to go to the museum?
Bu deftere yazmak istiyor musunuz?	Do you want to write on this note-book?

Adam erken yatmak ister mi?	Does the man want to go to bed early?
İşi bitirmek ister misin?	Do you want to finish the work?
Üniversiteye gitmek ister misiniz?	Do you want to go to university?
Pencereyi açmak ister misiniz?	Do you want to open the window?
Kız, bir kitap okumak ister mi?	Does the girl want to read a book?
Annem öğretmenle konuşmak ister mi?	Does my mother want to talk to the teacher?

Words Used in the Reading Passage

ödev	homework
sınav	exam
çorba	soup
hasta	n. patient; a. ill, sick

MUTFAKTA

Özdil Ailesi şimdi mutfaktadır. Onlar yemek yiyorlar. Baba Ömer Bey kırk iki yaşında, bir dişçidir. Anne Sadakat Hanım kırk yaşında, bir doktordur. Onların kızı Yasemen on iki yaşında, bir öğrencidir. O Işık Lisesine gider.

Burası büyük bir mutfak. Masa buzdolabının yanındadır. Onlar yemeklerini yiyorlar ve konuşuyorlar.

Sadakat Hanım : "Yasemen, ödevini ne zaman yapıyorsun?"

IN THE KITCHEN

Özdil Family is in the kitchen now. They are eating. Father Ömer Bey is a forty-two old year dentist. Mother Sadakat Hanım is a forty-two year old doctor. Their daughter Yasemen is a twelve-year old student. She goes to Işık Lisesi.

This place is a big kitchen. The table is near the fridge. They are eating their food and talking.

Sadakat Hanım : "Yasemen, when are you doing your homework?"

Yasemen : " Şimdi anne. Şimdi odama gidiyorum. Yarın sınav var.	Yasemen : "Now, mom. I am going to my room now. There is an exam tomorrow.
Sadakat Hanım : "İyi çalış."	Sadakat Hanım : "Study hard."
Yasemen : "Tamam anne, çalışırım. Çorba çok güzel. İki tabak yemek istiyorum."	Yasemen : "All right mom. I'll study. The soup tastes very delicious. I want to have two plates of it."
Sadakat Hanım : " Tamam. Ömer, sen de istiyor musun?"	Sadakat Hanım : "Okay. Ömer, do you also want?"
Ömer Bey : "Hayır, istemiyorum. Ben biraz et yemek istiyorum."	Ömer Bey : "No, I don't. I want to have some meat."
Sadakat Hanım : "Ekmek istiyor musunuz?"	Sadakat Hanım : "Do you want any bread"?
Yasemen : " Ben isterim, anne. Bir dilim ekmek kes, lütfen."	Yasemen : "I want, mom. Cut a slice of bread, please."
Ömer Bey : " Ben istemiyorum."	Ömer Bey : "I don't want."
Sadakat Hanım : "Bu akşam televizyonda güzel bir film var. Seyreder miyiz?"	Sadakat Hanım : "There is a nice film on TV this evening. Shall we watch?"
Ömer Bey : "Çok yorgunum. Erken yatmak istiyorum. Yarın çok hasta var."	Ömer Bey : "I'm very tired. I want to go to bed early. There are a lot of patients tomorrow."
Sadakat Hanım : "Tamam, ama ben seyretmek istiyorum."	Sadakat Hanım : "All right, but I want to watch."
Ömer Bey : "Sen seyret. Yarın annene gidiyor musun?"	Ömer Bey : "You watch. Are you going to your mother's tomorrow"
Sadakat Hanım : "Hayır. O buraya geliyor."	Sadakat Hanım : "No. She is coming here."
Özdil Ailesi mutfaktan çıkar. Şimdi Sadakat Hanım televizyon seyrediyor. Ömer Bey uyuyor. Yasemen ders çalışıyor.	Özdil Family go out of the kitchen. Now, Sadakat Hanım is watching TV. Ömer Bey is sleeping. Yasemen is studying.

Questions and Answers to the Reading Passage

Özdil Ailesi nerededir?
Where is Özdil Family?

Onlar mutfaktadır.
They are in the kitchen.

Onlar ne yapıyorlar?
What are they doing?

Yemek yiyorlar.
They are eating.

Ömer Bey Kaç yaşındadır?	**Kırk iki yaşındadır.**
How old is Ömer Bey?	He is forty-two years old.
O ne iş yapıyor?	**O bir dişçidir.**
What is his job?	He is a dentist.
Sadakat Hanım kaç yaşındadır?	**O kırk yaşındadır.**
How old is Sadakat Hanım?	She is forty years old.
O ne iş yapıyor?	**O bir doktordur.**
What is her job?	She is a doctor.
Yasemen kaç yaşındadır?	**O on iki yaşındadır.**
How old is Yasemen?	She is twelve years old.
O ne iş yapıyor?	**O öğrencidir.**
What is her job?	She is a student.
Hangi okula gidiyor?	**Işık Lisesine gidiyor.**
Which school does she go?	She goes to Işık Lisesi.
Onlar yemeklerini nerede yiyorlar?	**Mutfakta yiyorlar.**
Where are they having their meal?	They are having it in the kitchen.
Yasemenin sınavı ne zaman?	**Sınav yarın.**
When is Yasemen's exam?	It is tomorrow.
Yasemen kaç tabak çorba yiyor?	**İki tabak yiyor.**
How many plates of soup is	She is having two plates of soup.
Yasemen having?	
Ömer Bey ne yiyor?	**O et yiyor.**
What is Ömer Bey having?	He is having meat.
Kim ekmek istiyor?	**Yasemen istiyor.**
Who wants bread?	Yasemen does.
Televizyonda ne var?	**Güzel bir film var.**
What is there on TV?	There is a good film on.
Ömer Bey film mi seyrediyor?	**Hayır, seyretmiyor.**
Is Ömer Bey watching the film?	No, he isn't.
O yorgun mu?	**Evet, yorgun.**
Is he tired?	Yes, he is.
Şimdi Sadakat Hanım ne yapıyor?	**O televizyon seyrediyor.**
What is Sadakat Hanım doing now?	She is watching TV.
Ömer Bey ne yapıyor?	**O uyuyor.**
What is Ömer Bey doing?	He is sleeping.
Yasemen ne yapıyor?	**O ders çalışıyor.**
What is Yasemen doing?	She is studying.

A

Rewrite omitting **içinde** and adding the locational suffix.

1. **Kitaplar çantanın içindedir.**
2. **Çocuk arabanın içinde oturuyor.**
3. **Parkın içinde oynuyorlar.**
4. **Adam geminin içindedir.**
5. **Zeytin buzdolabının içindedir.**
6. **Arkadaşlarım sinemanın içinde bekliyor.**
7. **Öğrenciler üniversitenin içindedir.**

B

Rewrite omitting **içine** and adding the directional suffix.

1. **Arabanın içine giriyorlar.**
2. **Sütü bardağın içine koy.**
3. **Dolabın içine bakıyorlar.**
4. **Kitapları çantanın içine koy.**
5. **Fabrikanın içine koşuyor.**
6. **Müzenin içine girmeyin.**
7. **Çantanın içine bak.**

C

Write sentences using the want to + verb structure with the words in brackets.

Example : **Okula git .... (O** - Present Progressive) ---> **O okula gitmek istiyor.**

1. **Nereye git ...... ? (Sen** - Present Simple)
2. **Arkadaşımla sinemaya git ...... (Ben** - Present Progressive)
3. **Türkçe öğren ...... (Biz** - Present Progressive)
4. **Her gün televizyon seyret ...... (Onlar** - Negative - Present Simple)
5. **Kimi gör ...... ? (Siz** - Present Progressive)
6. **Bir bardak şarap iç ...... (O** - Present Simple)
7. **Öğretmenle konuş ...... (Biz** - Negative - Present Progressive)
8. **Bir yumurta ye ...... (Ben** - Present Simple)

D

Rewrite using the tenses given.

1. **Her gün oraya gitmeyiz. (Şimdiki zaman)**
2. **Mutfakta yemek yapıyorsunuz. (Geniş zaman)**
3. **Fabrikaya neyle gidiyorsun? (Geniş zaman)**
4. **Manav portakalları burada satar. (Şimdiki zaman)**
5. **Bu odada sigara içer misiniz? (Şimdiki zaman)**

E

Translate into English.

1. **Onu dolabın içine koy.**
2. **Pencereyi açmak ister misiniz?**
3. **Ne sormak istiyorsunuz?**
4. **Kocasına telefon etmek istiyor.**
5. **Annesi ile gitmek istemiyor.**
6. **Fransızca öğrenmez misin?**
7. **Nerede uyumak ister?**
8. **Bal mı yoksa reçel mi seversiniz?**

F

Translate into Turkish.

1. Doesn't your father go to the factory every day?
2. Who do you want to see?
3. We want to visit our uncle.
4. I don't want to talk to my boss.
5. They are putting the water into the bottle.
6. Does his friend want to go to bed late?
7. They go to the theatre or cinema every month.
8. Doesn't he get on this bus every morning?

PRACTICE 34 - ANSWERS

A. 1. Kitaplar çantadadır. 2. Çocuk arabada oturuyor. 3. Parkta oynuyorlar. 4. Adam gemidedir. 5. Zeytin buzdolabındadır. 6. Arkadaşlarım sinemada bekliyor. 7. Öğrenciler üniversitededir.

B. 1. Arabaya giriyorlar. 2. Sütü bardağa koy. 3. Dolaba bakıyorlar. 4. Kitapları çantaya koy. 5. Fabrikaya koşuyor. 6. Müzeye girmeyin. 7. Çantaya bak.

C. 1. Nereye gitmek istersin? 2. Arkadaşımla sinemaya gitmek istiyorum. 3. Türkçe öğrenmek istiyoruz. 4. Her gün televizyon seyretmek istemezler. 5. Kimi görmek istiyorsunuz? 6. Bir bardak şarap içmek ister. 7. Öğretmenle konuşmak istemiyoruz. 8. Bir yumurta yemek isterim.

D. 1. Her gün oraya gitmiyoruz. 2. Mutfakta yemek yaparsınız. 3. Fabrikaya neyle gidersin? 4. Manav portakalları burada satıyor. 5. Bu odada sigara içiyor musunuz?

E. 1. Put it into the cupboard. 2. Do you want to open the window? 3. What do you want to ask? 4. She wants to telephone her husband. 5. He doesn't want to go with his mother. 6. Don't you learn French? 7. Where does he want to sleep? 8. Do you like honey or jam?

F. 1. Baban her gün fabrikaya gitmez mi? 2. Kimi görmek istersin? 3. Amcamızı ziyaret etmek istiyoruz. 4. Patronumla konuşmak istemiyorum. 5. Suyu şişenin içine (şişeye) koyuyorlar. 6. Arkadaşı geç yatmak ister mi? 7. Her ay tiyatro ya da sinemaya giderler. 8. Her sabah bu otobüse binmez mi?

temel
TÜRKÇE
kursu

DERS 35

VOCABULARY

SAAT

Saati masanın üstündedir.
Saat kaç?

HOUR; WATCH, CLOCK

His watch is on the table.
What time is it?

BİLMEK

Onun adresini biliyor musun?

TO KNOW

Do you know his adress?

ÇEYREK

(Saat) üçü çeyrek geçiyor.

QUARTER

It's a quarter past three.

DAKİKA

(Saat) altıya on dakika var.

MINUTE

It's ten minutes to six.

YARIM, BUÇUK

(Saat) iki buçuk.

HALF

It's half past two.

DUYMAK, İŞİTMEK
Müziği duyuyor musun?
(duyar mısın?)

TO HEAR
Do you hear the music?

341

BUZ

Buzdolabında hiç buz var mı?

ICE

Is there any ice in the fridge?

DİL (LİSAN)

Bu sekreter üç dil konuşur.

LANGUAGE

This secretary speaks three languages.

ASKING FOR/TELLING THE TIME

These words are used to talk about the time of day.

saat
dakika
çeyrek
yarım

kaç
var
geçiyor
kala
geçe

The word **saat** means both 'watch' and 'clock', which can be specified as below.

kol saati   wrist watch
masa saati   table clock
duvar saati   wall clock

Saat is also used to ask for the time.

Saat kaç?   What time is it?

Saat is used at the beginning of answers to this question.

Saat bir.	It's one o'clock.
Saat üç.	It's three o'clock.
Saat beş.	It's five o'clock.
Saat altı.	It's six o'clock.
Saat yedi.	It's seven o'clock.
Saat dokuz.	It's nine o'clock.
Saat on.	It's ten o'clock.
Saat on bir.	It's eleven o'clock.
Saat on iki.	It's twelve o'clock.

The word **saat** may also be omitted from such answers. (In English the word 'it' is used to talk about the time of day, and can be similarly omitted.)

Saat kaç?	What time is it?

Bir.	One o'clock.
Üç.	Three o'clock.
Beş.	Five o'clock.
Yedi.	Seven o'clock.
Dokuz.	Nine o'clock.
On bir.	Eleven o'clock.
On iki.	Twelve o'clock.

The hour can also be referred to using the 24-hour clock, for official purposes (eg 13.00, **on üç.**)

Şimdi saat kaç?	What time is it now?

(Saat) iki.	It's two o'clock.
Dört.	It's four o'clock.

There are variations to the question form, using personal suffixes.

Saatin kaç?	Have you got the time?
Saatiniz kaç?	Have you got the time?

Now we introduce **geçiyor** (past).

Saat kaç?	What time is it?

To talk about the number of minutes past the hour, **geçiyor** is used, with the hour number taking the suffix **-(y)ı, -(y)i, -(y)u, -(y)ü.**

Biri beş geçiyor.	It's five past one.
İkiyi on geçiyor.	It's ten past two.
Üçü on beş geçiyor.	It's three fifteen.
Dördü yirmi geçiyor.	It's twenty past four.
Beşi yirmi beş geçiyor.	It's twenty-five past five.
Altıyı yirmi geçiyor.	It's twenty past six.
Yediyi beş geçiyor.	It's five past seven.
Sekizi on geçiyor.	It's ten past eight.
Dokuzu on beş geçiyor.	It's nine fifteen.
Onu beş geçiyor.	It's five past ten.
On biri on geçiyor.	It's ten past eleven.
On ikiyi yirmi geçiyor.	It's twenty past twelve.

343

As in English, the word **dakika** (minute) need not be used. For minutes before the hour, **var** (to) is used.

Çeyrek is used for 'quarter' (past or to).

Biri çeyrek geçiyor.	It's a quarter past one.
Üçü çeyrek geçiyor.	It's a quarter past three.
Beşi çeyrek geçiyor.	It's a quarter past five.
On biri çeyrek geçiyor.	It's a quarter past eleven.
Dokuzu çeyrek geçiyor.	It's a quarter past nine.

Hour + Accusative Suffix + Minutes + **Geçiyor**
Bir   +   -i   + on + geçiyor.

Now, some sentences for time with **var**. First comes the hour, then the minutes, then **var**. The hour word takes the directional suffix.

Bire beş var.	It's five to one.
İkiye on var.	It's ten to two.
Üçe on var.	It's ten to three.
Dörde yirmi var.	It's twenty to four.
Beşe yirmi beş var.	It's twenty five to five.
Altıya yirmi var.	It's twenty to six.
Yediye beş var.	It's five to seven.
Sekize on var.	It's ten to eight.
Dokuza on beş var.	It's quarter to nine.
Ona beş var.	It's five to ten.
On bire on var.	It's ten to eleven.
On ikiye yirmi beş var.	It's twenty five to twelve.

Çeyrek var rather than **on beş var** is more often used.

Bire çeyrek var.	It's a quarter to one.
Üçe çeyrek var.	It's a quarter to three.
Beşe çeyrek var.	It's a quarter to five.
On bire çeyrek var.	It's a quarter to eleven.
Dokuza çeyrek var.	It's a quarter to nine.

Hour + Directional Suffix + Minutes + **Var**
Bir   +   -e   + on   + var.

Buçuk (half past) is used after the hour word.

Bir buçuk.	It's half past one.

İki buçuk.	It's half past two.
Dört buçuk.	It's half past four.
Altı buçuk.	It's half past six.
On buçuk.	It's half past ten.
On bir buçuk.	It's half past eleven.
On iki buçuk.	It's half past twelve.

There is one exception - for 'half past twelve', **yarım** is used.

Saat yarım.	It's half past twelve.

For expressions like 'at eight o'clock, at six o'clock', the locative is used, added to the hour number (or question word).

Saat kaç?	What time is it?
Saat altı.	It's six o'clock.

Saat kaçta?	(at) what time?

Saat altıda.	At six o'clock.
Saat yedide.	At seven o'clock.
Saat birde.	At one o'clock.
Saat ikide.	At two o'clock.
Saat sekizde.	At eight o'clock.
Saat dörtte.	At four o'clock.
Saat beşte.	At five o'clock.
Saat dokuzda.	At nine o'clock.
Saat on birde.	At eleven o'clock.

Saat bir buçukta.	At half past one.
Saat iki buçukta.	At half past two.
Saat dört buçukta.	At half past four.
Saat altı buçukta.	At half past six.
Saat sekiz buçukta.	At half past eight.
Saat on buçukta.	At half past ten.

Saat yarımda.	At half past twelve.

Saat need not be used in the sentences above.

Kaçta?	At what time?

Altıda.	At six o'clock.
Yedide.	At seven o'clock.
Sekizde.	At eight o'clock.

345

Birde.	At one o'clock.
İkide.	At two o'clock.
Üçte.	At three o'clock.
Dörtte.	At four o'clock.
Altı buçukta.	At half past six.
Sekiz buçukta.	At half past eight.
Dokuz buçukta.	At half past nine.
On bir buçukta.	At half past eleven.
Yarımda.	At half past twelve.

Here are some sentences using expressions specifying the time.

Şimdi saat kaç?	What time is it now?
Yedi.	It's seven o'clock.
Saat kaçta yatarsınız?	What time do you go to bed?
On birde yatarız.	We go to bed at eleven o'clock.
Saat on ikide yemek yeriz.	We eat at twelve o'clock.
Fabrikaya saat yedide geliriz.	We come to the factory at seven o'clock.
Doktorlar hastaneye saat sekiz buçukta geliyor.	The doctors are coming to hospital at half past eight.
Saat onda buraya gel.	Come here at ten o'clock.
Sabahleyin kaçta kalkıyorsun?	What time do you get up in the morning?
Sekizde kalkıyorum.	I get up at eight o'clock.
Bebek saat dokuzda mı yemek yer?	Does the baby eat at nine o'clock?
Hayır, onda yer.	No, she doesn't. She eats at ten o'clock.
Patron ofise dokuzda mı yoksa onda mı gelir?	Does the boss come to the office at nine o'clock or at ten o'clock?
Dokuz buçukta gelir.	He comes at half past nine.
Saat altıda otobüse biniyorlar.	They are getting on the bus at six o'clock.
Film üçte başlar.	The film starts at three o'clock.
Turistler saat ikide otele geliyor.	The tourists are coming to the hotel at two o'clock.
Baban dörtte mi gidiyor?	Is your father going at four o'clock?
İlhan Bey saat beşte kalkmaz.	İlhan Bey doesn't get up at five o'clock.
Doktor saat dokuzda hastaneye gelmez.	The doctor doesn't come to hospital at nine o'clock.
Ders saat yarımda.	The lesson is at half past twelve.
Altı buçukta bana telefon et.	Telephone me at half past six.

Bilmek, İstemek

Words like 'know' (= **bilmek**) and 'want' (= **istemek**) are not usually used in the present continuous in English (they are called 'stative verbs'). In Turkish they typically are used in the present continuous and do not form a special group.

Bu soruyu bilmiyorum.	I don't know this question.
Şimdi bir kuş görüyorum.	I see a bird now.
Biraz kahve istiyor.	He wants some coffee.
Japonca bilmiyor.	She doesn't know (speak) Japanese.
O sinemayı biliyoruz.	We know that cinema.
Onunla konuşmak istemiyorum.	I don't want to speak to him.
Kadını görmüyoruz.	We don't see the woman.

Words Used in the Dialogue

garson	waiter
evli	married
bekâr	single
evlenmek	to get married

DIALOGUE

A : **Ne iş yapıyorsunuz?**	What is your job?
B : **Garsonum.**	I'm a waiter.
A : **Nerede çalışırsınız?**	Where do you work?
B : **Beyti Et Lokantasında.**	In Beyti Et Lokantası.
A : **Saat kaçta lokantaya geliyorsunuz?**	What time do you arrive at the restaurant?
B : **Yedide.**	At seven o'clock.
A : **Akşam kaçta çıkarsınız?**	What time do you leave in the evening?
B : **On birde.**	At eleven o'clock.
A : **Oh! Çok geç. Çok çalışıyorsunuz.**	Oh! It's too late. You work very hard.
B : **Evet, ama bu benim işim. İşimi seviyorum.**	Yes, but this is my job. I like my job.
A : **Cumartesi ve pazar günleri çalışır mısınız?**	Do you work on Saturdays and Sundays?
B : **Cumartesi günü çalışırım ama pazar günü çalışmam.**	I work on Saturday but I don't work on Sunday.
A : **O gün ne yaparsınız?**	What do you do that day?
B : **Pazar günleri geç kalkarım.**	I get up late on Sundays.
A : **Kaçta?**	What time?

B : On buçuk ya da on birde kalkarım.	I get up at half past ten or at eleven
Kahvaltımı ederim, gazete okurum,	o'clock. I have breakfast, read news-
televizyon seyrederim. Bazen	papers, watch TV. I sometimes go to
sinemaya giderim.	the cinema.
A : Kaç yaşındasınız?	How old are you?
B : Yirmi yedi yaşındayım.	I am twenty seven years old.
A : Evli misiniz?	Are you married?
B : Hayır, bekârım, ama bu ay	No, I am not. I am single, but I'm
evleniyorum.	getting married this month.
A : Lokantaya turistler geliyor mu?	Do any tourists come to the restaurant?
B : Evet, geliyor.	Yes, they do.
A : Hangi dili biliyorsunuz?	Which language do you know (speak)?
B : İngilizce, Almanca ve biraz	I speak English, German and a little
Japonca bilirim.	Japanese.
A : Aileniz nerede?	Where is your family?
B : Onlar İzmir'de oturuyor.	They live in İzmir.

PRACTICE 35

A

Write out the time in words.

Example : **9.15** --- > **(Saat) dokuzu çeyrek geçiyor.**

    1. **2.10**
    2. **4.15**
    3. **7.30**
    4. **6.22**
    5. **8.35**
    6. **9.45**
    7. **11.20**
    8. **12.50**
    9. **5.55**
    10. **3.30**

B

Answer using the time given.

    1. **Sabahleyin kaçta kalkarsın? (7.30)**
    2. **Ofise kaçta gelirsiniz? (9.00)**
    3. **Akşam yemeğini kaçta yer? (8.00)**

4. Akşamleyin kaçta yatarsın? (11.30)
5. İşadamı kaçta telefon ediyor? (1.00)
6. Kaçta otobüse biniyorsun? (4.30)
7. Evden kaçta çıkıyorlar? (5.00)
8. Parayı kaçta getiriyor? (12.00)

C

Complete, using the -mek istemek structure with verb tense and personal suffix given.

1. Bu kitabı oku...... (Ben - Şimdiki Zaman)
2. Onlara telefon et...... (Biz - Geniş Zaman)
3. Bu sandalyede otur...... (O - Şimdiki Zaman)
4. Bahçede oyna...... (Biz - Şimdiki Zaman)
5. Onlarla konuş...... (Ben - Olumsuz - Geniş Zaman)
6. Sandviçleri ye...... (Onlar - Şimdiki Zaman)

D

Make questions for which the words in brackets could be answers.

1. Doktor (saat dörtte) hastaneden çıkar.
2. Akşamleyin (altı buçukta) eve geliriz.
3. Yarın (parka) gitmek istiyorum.
4. (Babam) balkonda oturmaz.
5. Ali (zeytin) yiyor.
6. Çocuklar (topla) oynarlar.
7. Akşam altıda ona (telefon ederim).

E

Translate into English.

1. Saat sekiz.
2. Altıya beş var.
3. Dokuzu çeyrek geçiyor.
4. Yediye çeyrek var.
5. On bire yirmi var.
6. Saat yarım.
7. Üç buçukta gel.
8. Saat kaçta kahvaltı edersin?
9. Otobüs on buçukta geliyor.
10. Film dörtte başlar.

F

Translate into Turkish.

1. It's nine o'clock.
2. It's twenty-five past eight.
3. It's a quarter to four.
4. It's half past twelve.
5. It's a quarter past five.
6. It's ten to ten.
7. The boss comes to the factory at half past nine.
8. Give the milk to the baby at one o'clock.
9. The man is getting on the bus at seven o'clock.
10. Don't come here at five o'clock.

PRACTICE 35 - ANSWERS

A. 1. İkiyi on geçiyor. 2. Dördü çeyrek geçiyor. 3. Yedi buçuk. 4. Altıyı yirmi iki geçiyor. 5. Dokuza yirmi beş var. 6. Ona çeyrek var. 7. On biri yirmi geçiyor. 8. Bire on var. 9. Altıya beş var. 10. Üç buçuk.

B. 1. Sabahleyin yedi buçukta kalkarım. 2. Ofise dokuzda geliriz. 3. Akşam yemeğini sekizde yer. 4. Akşamleyin on bir buçukta yatarım. 5. İşadamı birde telefon ediyor. 6. Dört buçukta otobüse biniyorum. 7. Evden beşte çıkıyorlar. 8. Parayı on ikide getiriyor.

C. 1. Bu kitabı okumak istiyorum. 2. Onlara telefon etmek isteriz. 3. Bu sandalyede oturmak istiyor. 4. Bahçede oynamak istiyoruz. 5. Onlarla konuşmak istemem. 6. Sandviçleri yemek istiyorlar.

D. 1. Doktor saat kaçta hastaneden çıkar? 2. Akşamleyin saat kaçta gelirsiniz? 3. Yarın nereye gitmek istiyorsun? 4. Kim balkonda oturmaz? 5. Ali ne yiyor? 6. Çocuklar neyle oynarlar? 7. Akşam altıda ne yaparsın?

E. 1. It's eight o'clock. 2. It's five to six. 3. It's a quarter past nine. 4. It's a quarter to seven. 5. It's twenty to eleven. 6. It's half past twelve. 7. Come at half past three. 8. What time do you have breakfast? 9. The bus is coming at half past ten. 10. The film starts at four o'clock.

F. 1. Saat dokuz. 2. Sekizi yirmi beş geçiyor. 3. Dörde çeyrek var. 4. Saat yarım. 5. Beşe çeyrek var. 6. Ona on var. 7. Patron dokuz buçukta fabrikaya gelir. 8. Saat birde sütü bebeğe ver. (Sütü bebeğe saat birde ver.) 9. Adam yedide otobüse biniyor. 10. Buraya beşte gelme. (Beşte buraya gelme.)

temel
TÜRKÇE
kursu

DERS 36

VOCABULARY

MEŞGUL		BUSY
İşadamı bugün çok meşguldür.		The businessman is very busy today.

ANLAMAK		TO UNDERSTAND
Bu soruyu anlamam.		I don't understand this question.

TOPLANTI		MEETING
Toplantı saat kaçtadır?		What time is the meeting?

TATİL		HOLIDAY
Bu yıl tatil için nereye gidiyorsunuz?		Where are you going for holiday this year?

HEDİYE		PRESENT, GIFT
Bu nedir?		What is this?
O annemin hediyesidir.		It is my mother's present.

ALIŞVERİŞ		SHOPPING
Nereye gidiyorsun?		Where are you going?
Alışverişe gidiyorum.		I am going shopping.

GENELLİKLE

Akşamleyin genellikle bira içeriz.

USUALLY

We usually drink beer in the evening.

SIK SIK

Sık sık bu lokantada yemek yerler.

OFTEN

They often eat at this restaurant.

GEÇE, KALA

The time after or before the hour can also be referred to by **geçe** (= past) and **kala** (= to), when talking about the time that something happens.

Saat dördü beş geçiyor.	It's five past four.
Tren dördü beş geçe gelir.	The train comes at five past four.
Saat ikiyi çeyrek geçiyor.	It's a quarter past two.
İkiyi çeyrek geçe telefon eder.	He telephones at a quarter past two.
Saat üçü yirmi geçiyor.	It's twenty past three.
Üçü yirmi geçe istasyona gel.	Come to the station at twenty past three.
Saat beşe yirmi var.	It's twenty to five.
İşi beşe yirmi kala bitiririm.	I finish the work at twenty to five.
Saat dörde çeyrek var.	It's a quarter to four.
Otobüs dörde çeyrek kala geliyor.	The bus is coming at a quarter to four.
Saat dokuza on var.	It's ten to nine.
Film dokuza on kala başlıyor.	The film is beginning at ten to nine.
Saat on bire beş var.	It's five to eleven.
Öğretmen on bire beş kala geliyor.	The teacher is coming at five to eleven.
Bebek sekize çeyrek kala sütünü içiyor.	The baby is drinking her milk a quarter to eight.
Adam altıyı on geçe otobüse biniyor.	The man is getting on the bus at ten past six.
On ikiyi çeyrek geçe evden çıkıyorlar.	They are leaving home at a quarter past twelve.
Yediye yirmi kala telefon eder.	He telephones at twenty to seven.
İşadamı sekize çeyrek kala toplantıya gidiyor.	The businessman is going to the meeting at a quarter to eight.

TIME

Here are some expressions of time and their usage in sentences.

bir saat	one hour
iki saat	two hours
üç saat	three hours

beş saat	five hours
altı saat	six hours
sekiz saat	eight hours
dokuz saat	nine hours
on saat	ten hours
on beş saat	fifteen hours
yirmi beş saat	twenty five hours
yarım saat	half an hour
iki buçuk saat	two hours and a half
dört buçuk saat	four hours and a half
bir buçuk saat	one hour and a half
beş buçuk saat	five hours and a half
kaç saat?	how many hours?
beş dakika	five minutes
on dakika	ten minutes
on beş dakika	fifteen minutes
yirmi dakika	twenty minutes
yirmi beş dakika	twenty-five minutes
otuz dakika	thirty minutes
kırk dakika	fourty minutes
kırk beş dakika	fourty five minutes
elli beş dakika	fifty five minutes
altmış dakika	sixty minutes
kaç dakika?	how many minutes?

Doktor dört saat hastanededir.	The doctor is at the hospital for four hours.
Her gün iki saat uyuruz.	We sleep two hours every day.
Öğrenci üç saat ders çalışır.	The student studies for three hours.
Her sabah bir buçuk saat parkta yürürler.	They walk in the park for an hour and a half every morning.
Bir gün yirmi dört saattir.	One day is twenty four hours.
Kaç saat çalışıyorlar?	How many hours do they work?
Seni on dakika beklerim.	I wait for you for ten minutes.
Bir saat altmış dakikadır.	An hour is sixty minutes.
Tren burada on beş dakika bekler.	The train waits here for fifteen minutes.
Kaç dakika konuşuyor?	How many minutes is she speaking?

ADVERBS OF PREQUENCY

Words like **bazen, daima, genellikle, sık sık** refer to the frequency of events or actions. They are usually used with the present simple tense and come between subject and verb.

Onları bazen parkta görürüm.	I sometimes see them in the park.
Babam bazen bu koltukta oturur.	My father sometimes sits in this armchair.
Çocuklar bazen bu bahçede oynarlar.	The children sometimes play in this garden.

Ahmet Bey bazen karısı için hediye alır.	Ahmet Bey sometimes buys a present for his wife.
Daima bu otobüse bineriz.	We always get on this bus.
Tatil için daima oraya gider.	He always goes there for holiday.
Daima burada yüzerim.	I always swim here.
Daima mutfakta kahvaltı ederler.	They always have breakfast in the kitchen.
Patron genellikle geç gelir.	The boss usually comes late.
Genellikle erken yatarız.	We usually go to bed early.
Peyniri genelikle bu marketten alırım.	I usually buy the cheese from this supermarket.
Öğretmen genellikle ona sorular sorar.	The teacher usually asks him questions.
Amcam sık sık Fransa'ya gider.	My uncle often goes to France.
Arkadaşlarım sık sık sinemaya gider.	My friends often go to the cinema.
Kadın sık sık evi temizler.	The woman often cleans the house.
Çocuk sık sık anne ve babasıyla uyur.	The child often sleeps with his mother and father.
Sık sık bu lokantaya gelir misin?	Do you often come to this restaurant?
Genellikle bu odada oturmam.	I don't usually sit in this room.
Daima bu otobüsü mü bekler?	Does she always waits for this bus?
Bazen kız arkadaşına telefon eder misin?	Do you sometimes telephone your girl friend?

"İle" used with Personal Pronouns and Demonstratives

İle has been introduced already. Here we give more information on its meaning and usage.

Arkadaşımla sinemaya gidiyorum.
Annesiyle televizyon seyrediyor.
Köpek kediyle oynuyor.

Oraya arabayla gider.
Yarın uçakla Ankara'ya gidiyoruz.

Let us see ile added to pronouns. İle is added to possessive pronouns (= benim, senin, onun, bizim, sizin, onların) rather than personal pronouns. Possessive pronouns added ile are below.

benim ile	with me
senin ile	with you
onun ile	with him/her
bizim ile	with us
sizin ile	with you
onlar ile	with them

As you can see, the third-person plural is an exception here, with onlar being used. The above forms are grammatically correct, but in normal usage ile takes the form of the suffix -le/-la.

benimle	with me
seninle	with you
onunla	with him/her
bizimle	with us
sizinle	with you
onlarla	with them

Benimle gel.	Come with me.
Bizimle oturuyor.	He is sitting with us.
Öğretmen onlarla konuşuyor.	The teacher is talking to them.
Oraya seninle gideriz.	We go there with you.
Onunla salonda yemek yiyor.	She is eating in the hall with him.
Sizinle yürümek istiyoruz.	We want to walk with you.
Onunla genellikle televizyon seyrederiz.	We usually watch TV with her.
Bizimle İngilizce öğreniyorsun.	You learn English with us.
Benimle yemek ye, lütfen.	Eat with me, please.

Bizimle gelme.	Don't come with us.
Onunla sınıfta konuşmuyoruz.	We aren't talking to him in the classroom.
Onlarla gidiyor musun?	Are you going with them?
Sizinle televizyon seyretmez.	He doesn't watch TV with you.
Seninle o odada oturur mu?	Does he sit with you in that room?
Benimle kahvaltı eder misin?	Do you have breakfast with me?

When **ile** is used with demonstratives, they, like pronouns, take the possessive form.

bunun	of this
şunun	o that
onun	of that/it

Adding **ile**:

bunun ile	with this
şunun ile	with that
onun ile	with it/that

Short form:

bununla	with this
şununla	with that
onunla	with it/that

355

In the plural, demonstratives are not used in the possessive.

bunlar ile	with these
şunlar ile	with those
onlar ile	with those/them

Short form:

bunlarla	with these
şunlarla	with those
onlarla	with those/them

Bununla yürürüz.	We walk with this.
Kadın onunla evi temizler.	The woman cleans the house with it.
Kapıyı şununla aç.	Open the door with that.
Evde bunlarla yürüyorum.	I am walking at home with these.
Bebek şunlarla uyur.	The baby sleeps with those.
Onlarla telefon edersin.	You telephone with them.
Bununla mı koşarsın?	Do you run with this?
Onunla bakma.	Don't look with it.

BİR SINIF   A CLASSROOM

Burası bir sınıf. Sınıfta genç öğrenciler ve öğretmenleri var. Onlar oturuyorlar ve konuşuyorlar.

This (place) is a classroom. There are young students and their teacher. They are sitting and talking.

Öğretmen : Üniversite için çalışıyor musunuz?

Are you studying for university?

Adnan : Evet. Ben her gün iki saat çalışıyorum.

Yes. I am studying two hours every day.

356

Öğretmen : Sen Fatma, sen de çalışıyor musun?	You, Fatma. Are you also studying?
Fatma : Evet. Ben babamla çalışıyorum.	Yes. I am studying with my father.
Öğretmen : Kim üniversiteye gitmek istemiyor?	Who doesn't want to go to university?
Leyla : Ben istemiyorum. Amcam Amerika'da. Oraya gidiyorum.	I don't want. My uncle is in America. I am going there.
Öğretmen : Çok iyi. Cumartesi ve pazar günleri genellikle ne yaparsınız?	Very good. What do you usually do on Saturdays and Sundays?
Fatma : Ben cumartesi günü üniversite için çalışıyorum. Pazar günü genellikle televizyon seyrederim.	I am studiyng for universtiy on Saturday. I usually watch TV on Sunday.
Öğretmen : Cumartesi ve pazar günleri kaçta kalkarsın?	What time do you get up on Saturday and Sunday?
Fatma : Cumartesi günü dokuzda, pazar günü onda kalkarım.	I get up at nine o'clock on Saturday, at ten o'clock on Sunday.
Leyla : Ben pazar günü daima erken kalkarım. Sekizde. Müzik dinlerim. Bazen arkadaşlarla sinemaya giderim.	I always get up early on Sunday. At eight o'clock. I listen to music. I sometimes go to the cinema with friends.
Adnan : Ben Cumartesi ve pazar günü erken kalkarım. Sekiz buçukta. Cumartesi günü ders çalışırım. Pazar günü arkadaşlarımla futbol oynarım.	I get up early on Saturday and Sunday. At half past eight. I study on Saturday. I play football with my friends on Sunday.
Öğretmen : Tamam, arkadaşlar. Şimdi derse başlıyorum.	All right, friends. I am starting the lesson now.

Questions and Answers to the Reading Passage

Sınıfta kimler var?
Who are there in the classroom?

Öğrenciler ve öğretmenleri var.
There are students and their teacher.

Onlar ne yapıyorlar?
What are they doing?

Konuşuyorlar.
They are talking.

Adnan üniversite için çalışıyor mu?
Is Adnan studying for university?

Evet, çalışıyor.
Yes, he is.

Fatma kiminle çalışıyor?
Who is Fatma studying with?

Babasıyla çalışıyor.
She is studying with her father.

Leyla üniversiteye gitmek istiyor mu?
Does Leyla want to go to university?

Hayır, istemiyor.
No, she doesn't.

O nereye gitmek istiyor?
Where does she want to go?

Amerika'ya gitmek istiyor.
She wants to go to America.

Fatma pazar günü ne yapıyor?
What is Fatma doing on Sunday?

Televizyon seyrediyor.
She is watching TV.

Fatma cumartesi günü kaçta kalkar?
What time does Fatma get up on Saturday?

Dokuzda kalkar.
She gets up at nine o'clock.

Leyla pazar günü bazen nereye gider?
Where does Leyla sometimes go on Sunday?

Sinemaya gider.
She goes to the cinema.

Kiminle gider?
Who does she go with?

Arkadaşlarıyla gider.
She goes with her friends.

Adnan kaçta kalkar?
What time does Adnan get up?

Sekiz buçukta kalkar.
He gets up at half past eight.

Cumartesi günü ne yapar?
What does he do on Saturday?

Ders çalışır.
He studies.

Pazar günü ne yapar?
What does he do on Sunday?

Arkadaşlarıyla futbol oynar.
He plays football with his friends.

PRACTICE 36

A

Answer using the time given.

1. **Eve saat kaçta döner? (8.15)**
2. **Saat kaçta kahvaltı eder? (7.45)**
3. **Kaçta otobüse biniyorsun? (9.10)**
4. **Saat kaçta telefon ediyor? (12.30)**
5. **Saat kaçta kalkıyorlar? (6.15)**

B

Insert the adverb of frequency into the sentences.

1. **Yaşlı kadın o parka gider. (bazen)**
2. **Annem saat altıda kalkar. (daima)**
3. **Bu otelde kalırlar. (sık sık)**
4. **Arkadaşım bu otobüse biner. (genellikle)**
5. **Orada beklerim. (daima)**
6. **Pazar günü sinemaya giderler. (sık sık)**
7. **Süt içeriz. (bazen)**

C

Rewrite using the pronoun given with **ile**.

Example : **O Ankara'ya gidiyor. (ben)   ---> O benimle Ankara'ya gidiyor.**

1. **Biz sinemaya gidiyoruz. (siz)**
2. **Ders çalışıyorum. (onlar)**
3. **O yemek yiyor mu? (sen)**
4. **Siz bu otelde kalırsınız. (biz)**
5. **Ben patronu bekliyorum. (o)**
6. **Annem her gün konuşur. (ben)**
7. **Biz balkonda oturuyoruz. (onlar)**

D

Change to positive, negative or question form, as indicated.

1. **Oraya seninle gitmem. (Olumlu)**
2. **Burada çay içiyoruz. (Soru)**
3. **Şimdi kapıyı açıyor. (Olumsuz)**
4. **Arkadaşım evin önünde beklemiyor. (Soru)**
5. **Her hafta temizlik yapar mı? (Olumsuz)**
6. **Bu evi satmazlar. (Olumlu)**

7. İşini bitiriyor musun? (Olumsuz)

E

Translate into English.

1. **Beni anlıyor musun?**
2. **Saat sekizde bir toplantı var. İşadamı toplantıya gidiyor.**
3. **Genellikle şarap içeriz.**
4. **Sık sık bu parka gelirler.**
5. **Altıya on kala ofisten çıkarız.**
6. **İzmir'e seninle gitmek istiyorum.**
7. **Bu evde onlarla oturuyoruz.**

F

Translate into Turkish.

1. He usually helps his father.
2. How many minutes do you wait there?
3. My friends are coming at 5.15.
4. Don't sit here with them.
5. The teacher is talking to you.
6. We always get up early.
7. Come to the bus-stop at 7.45.

PRACTICE 36 - ANSWERS

A. 1. Eve sekizi çeyrek geçe döner. 2. Sabah sekize çeyrek kala kahvaltı eder. 3. Dokuzu on geçe otobüse biniyorum. 4. Saat yarımda telefon ediyor. 5. Altıyı çeyrek geçe kalkıyorlar.

B. 1. Yaşlı kadın bazen o parka gider. 2. Annem daima saat altıda kalkar. 3. Sık sık bu otelde kalırlar. (Bu otelde sık sık kalırlar.) 4. Arkadaşım genellikle bu otobüse biner. 5. Daima orada beklerim. 6. Pazar günü sık sık sinemaya giderler. 7. Bazen süt içeriz.

C. 1. Biz sizinle sinemaya gidiyoruz. 2. Onlarla ders çalışıyorum. 3. O seninle yemek yiyor mu? 4. Siz bizimle bu otelde kalırsınız. 5. Ben onunla patronu bekliyorum. 6. Annem benimle her gün konuşur. (Annem her gün benimle konuşur.) 7. Biz onlarla balkonda oturuyoruz.

D. 1. Oraya seninle giderim. 2. Burada çay içiyor muyuz? 3. Şimdi kapıyı açmıyor. 4. Arkadaşım evin önünde bekliyor mu? 5. Her hafta temizlik yapmaz. 6. Bu evi satarlar. 7. İşini bitirmiyorsun.

E. 1. Do you understand me? 2. There is a meeting at eight o'clock. The businessman is going to the meeting. 3. We usually drink wine. 4. They often come to this park. 5. We go out of the office at ten to six. 6. I want to go to İzmir with you. 7. We live in this house with them.

F. 1. Genellikle babasına yardım eder. 2. Orada kaç dakika beklersin? 3. Arkadaşlarım beşi çeyrek geçe geliyor. 4. Onlarla burada oturma. (Burada onlarla oturma.) 5. Öğretmen seninle konuşuyor. 6. Daima erken kalkarız. 7. Sekize çeyrek kala otobüs durağına gel.

temel TÜRKÇE kursu

DERS 37

VOCABULARY

-DIR, -DİR Burada üç saattir oturuyor.		FOR He has been sitting here for three hours.
-DEN BERİ Saat beşten beri uyuyorum.		SINCE I have been sleeping since five o'clock.
KEZ, KERE, DEFA Bebek dört kez yemek yer.		TIMES The baby eats four times.
SONRA İki gün sonra doktorlar geliyor.		LATER The doctors are coming two days later.
DÖNMEK Ne zaman dönüyorsun?		TO GO BACK, TO RETURN When are you going back?
GÖSTERMEK Mektupları bana gösterir.		TO SHOW She shows the letters to me.

GİYMEK

Her gün bu eteği giyer.

TO WEAR, TO PUT ON

She wears this skirt every day.

-DİR, -DIR; -DEN/-DAN BERİ

These suffixes are used when talking about time, usually with the present continuous.

-dır, -dir (for + time expression) is used for periods of time, such as two hours, five months, four years, etc. **-den beri** (since + time expression) is used for points in time, such as two o'clock, Monday, etc.

Depending on vowel harmony and the last consonant (if it is **p, ç, t, k, s**) the variations of the suffix **-dır, -dir, -dur, -dür, -tır, -tir, -tur, -tür.**

ne zamandır	how long
yarım saattir	for half an hour
bir saattir	for one hour
dört saattir	for four hours
altı saattir	for six hours
on beş saattir	for fifteen hours
yirmi dört saattir	for twenty four hours
kaç saattir	for how many hours
iki gündür	for two days
üç gündür	for three days
yirmi gündür	for twenty days
kaç gündür	for how many days
bir haftadır	for one week
üç haftadır	for three weeks
altı haftadır	for six weeks
kaç haftadır	for how many weeks
bir aydır	for one month
altı aydır	for six months
dokuz aydır	for nine months
kaç aydır	for how many months
iki yıldır	for one year
dört yıldır	for four years
yedi yıldır	for seven years
kaç yıldır	for how many years

On beş dakikadır treni bekliyoruz.	We have been waiting for the train for fifteen minutes.
On dakikadır bize bakıyor.	He has been looking at us for ten minutes.
Kırk beş dakikadır ders dinliyorlar.	They have been listening to the lesson for forty five minutes.
Kaç saattir bekliyorsunuz?	For how many hours are you wating?
İki saattir seni bekliyorum.	I have been waiting for you for two hours.
Yarım saattir mutfakta oturuyor.	She has been sitting in the kitchen for half an hour.
Yirmi dört saattir yemek ye-miyorum.	I haven't been eating for twenty four hours.
Üç saattir müdürle konuşuyoruz.	We have been talking to the manager for three hours.
Kaç gündür onu görmüyorsunuz?	For how many days haven't you seen her?
İki gündür onu görmüyorum.	I haven't seen him for two days.
Dört gündür Ankara'dadır.	He has been in Ankara for four days.
On beş gündür bizimle kalı-yorsun.	You have been staying with us for fifteen days.
Üç gündür evde yoklar.	They haven't been at home for three days.
Bir haftadır onu görmüyorum.	I haven't seen him for one week.
İki haftadır okula gitmiyorsunuz.	You haven't been going to school for two weeks.
Altı haftadır hastanedeyiz.	We have been in hospital for six weeks.
Üç haftadır süpermarkete gitmiyor.	She hasn't been going to the super-market for three weeks.
Bir aydır neredesin?	Where have you been for one month?
Üç aydır Türkçe öğreniyor.	He has been learning Turkish for three months.
Altı aydır bu evde oturuyoruz.	We have been living in this house for six months.
On aydır bu fabrikada çalışıyorlar.	They have been working in this factory for ten months.
Kaç yıldır oraya gitmiyorsunuz?	For how many years haven't you been going there?
İki yıldır oraya gitmiyorum.	I haven't been going there for two years.
Üç yıldır arkadaşını görmüyor.	She hasn't seen her friend for three years.
Beş yıldır Almanya'dayız.	We have been in Germany for five years.
On yıldır onu bekliyor.	He has been waiting for her for ten years.

-DEN BERİ

Variations here are **-den, -dan, -ten, -tan**.

ne zamandan beri	since when
saat birden beri	since one o'clock
saat ikiden beri	since two o'clock
saat üçten beri	since three o'clock
saat dörtten beri	since four o'clock
saat beşten beri	since five o'clock
saat altıdan beri	since six o'clock
saat yediden beri	since seven o'clock
saat sekizden beri	since eight o'clock
saat dokuzdan beri	since nine o'clock
saat ondan beri	since ten o'clock
saat onbirden beri	since eleven o'clock
saat onikiden beri	since twelve o'clock
saat kaçtan beri	

pazartesiden beri	since Monday
salıdan beri	since Tuesday
çarşambadan beri	since Wednesday
perşembeden beri	since Thursday
cumadan beri	since Friday
cumartesiden beri	since Saturday
pazardan beri	since Sunday

Saat kaçtan beri patronu bekliyor?	Since what time has he been waiting for the boss?
Saat ikiden beri patronu bekliyor.	He has been waiting for the boss since two o'clock.
Altıdan beri otobüs bekliyorum.	I have been waiting for a bus since six o'clock.
Saat sekizden beri lokantadalar.	They have been in the restaurant since eight o'clock.
Saat beşten beri doktorun odasında bekliyoruz.	We have been waiting in the doctor's room since five o'clock.
Adam saat sekizden beri uyuyor.	The man has been sleeping since eight o'clock.
Saat ondan beri balkonda oturuyorsunuz.	You have been sitting in the balcony since ten o'clock.
Saat on ikiden beri otobüs gelmiyor.	The bus hasn't been coming since twelve o'clock.
Saat üçten beri ders çalışıyoruz.	We have been studying lesson since three o'clock.
Dörtten beri televizyon seyrediyorlar.	They have been watching TV since four o'clock.
Pazartesiden beri ne yapıyorsun?	What have you been doing since Monday?

Salıdan beri fabrikaya gitmiyor.	He hasn't been going to the factory since Tuesday.
İşadamı çarşambadan beri Japonyadadır.	The businessman has been in Japan since Wednesday.
Perşembeden beri sigara içmiyorum.	I haven't been smoking since Thursday.
Cumadan beri onu görmüyoruz.	We haven't seen her since Friday.
Cumartesiden beri yemek yapıyor.	She has been cooking since Saturday.
Pazardan beri ona telefon etmiyor.	She hasn't been telephoning him since Sunday.

-den beri can also be used instead of **-dir, -dır** to mean 'for'.

On beş dakikadır treni bekliyoruz.
On beş dakikadan beri treni bekliyoruz.

On dakikadır bize bakıyor.
On dakikadan beri bize bakıyor.

Bir haftadır onu görmüyorum.
Bir haftadan beri onu görmüyorum.

Üç saattir müdürle konuşuyoruz.
Üç saatten beri müdürle konuşuyoruz.

Üç gündür evde yoklar.
Üç günden beri evde yoklar.

On yıldır onu bekliyor.
On yıldan beri onu bekliyor.

SONRA

Sonra (English, in + time period) is used after a time period to refer to the future.

on dakika sonra	in ten minutes
iki saat sonra	in two hours
on iki saat sonra	in twelve hours
iki gün sonra	in two days
on gün sonra	in ten days
üç hafta sonra	in three weeks
iki hafta sonra	in two weeks
bir ay sonra	in one month
altı ay sonra	in six months
iki yıl sonra	in two years
altı yıl sonra	in six years

On beş dakika sonra buraya gel.	Come here in fifteen minutes.
Yarım saat sonra eve dönüyor.	He is going back home in half an hour.
İki saat sonra ofisten çıkıyoruz.	We are going out of the office in two hours.
Tren dört saat sonra geliyor.	The train is coming in four hours.
Kadın iki gün sonra evi temizliyor.	The woman is cleaning the house in two days.
Üç gün sonra sana telefon ederim.	I'll telephone you in three days.
On gün sonra eve dönüyorlar.	They are going back home in ten days.
Bir hafta sonra arabamı satıyorum.	I am selling my car in a week.
İki hafta sonra işi bitiriyor.	She is finishing the work in two weeks.
Sekreter dört hafta sonra toplantıya gidiyor.	The secretary is going to the meeting in four weeks.
Bir ay sonra neredeyiz?	Where are we in one month?
Beş ay sonra İzmir'deyiz.	We'll be in İzmir in five months.
Yedi ay sonra arabayı getiriyor.	He is bringing the car in seven months.
Bir yıl sonra onu görürüm.	I'll see him in one year.
Üç yıl sonra Amerika'dan dönüyoruz.	We are leaving the States in three years.
Beş yıl sonra evi satarlar.	They'll sell the house in five years.

SAATLİK, GÜNLÜK, HAFTALIK, AYLIK, YILLIK

The suffix -lık, -lik, -luk, -lük is added to words for time periods to change the nouns into adverbs of time.

beş dakikalık	five minute ...
yirmi dakikalık	twenty minute ...
kırk dakikalık	forty minute ...

bir saatlik	one hour ...
üç saatlik	three hour ...
on iki saatlik	twelve hour ...

dört günlük	four day ...
sekiz günlük	eight day ...
on beş günlük	fifteen day ...

bir haftalık	one week ...
üç haftalık	three week ...
altı haftalık	six week ...

iki aylık	two month ...
dört aylık	four month ...
yedi aylık	seven month ...

iki yıllık	two year ...
dört yıllık	four year ...
on yıllık	ten year ...

kırkbeş dakikalık film	forty-five minute film
on dakikalık müzik	ten-minute music
bir saatlik ders	one-hour lesson
üç saatlik sınav	three-hour exam
iki günlük iş	two-day work
on beş günlük tatil	fifteen-day holiday
iki haftalık iş	two-week work
dört haftalık toplantı	four-week meeting
iki aylık bebek	two-month baby
altı aylık şirket	six-month company
beş yıllık araba	five-year car
on yıllık şarap	ten-year wine

Kırk beş dakikalık filmi seyrediyorlar.	They are watching the forty-five minute film.
Bu benim iki yıllık paltom.	This is my two-year overcoat.
On yıllık şarap içiyoruz.	We are drinking a ten-year wine.
Şimdi iki saatlik ders var.	There is a two-hour lesson now.
Üç saatlik sınav çok uzun.	A three-hour exam is very long.
On beş günlük tatile gidiyor.	She is going to a fifteen-day holiday.
İki haftalık işi bitiriyorum.	I am finishing the two-week work.
İşadamları üç günlük toplantı için geliyorlar.	The businessmen are coming for a three-day meeting.
Mühendis beş yıllık arabasını satıyor.	The engineer is selling his five-year old car.
Fabrikada iki aylık iş var.	There is two-month work in the factory.
Altı aylık bebek süt içer.	A six-month baby drinks milk.
Patrondan üç haftalık paranı al.	Take your three-week money from the boss.

NE ZAMAN, SAAT KAÇTA

Both of these are used to find out times, but they have different types of answer.

Ne zaman, like the English 'when', is more general, whereas **saat kaçta** asks for the time of day.

Fabrikaya ne zaman gidiyorsun?	When are you going to the factory?
İki gün sonra gidiyorum.	I am going in two days.
Ne zaman yatar?	When does she go to bed?
Saat on birde yatar.	She goes to bed at eleven o'clock.
Ne zaman eve dönüyorsunuz?	When are you going back home?
Pazartesi günü dönüyoruz.	We are going back on Monday.
Toplantı ne zaman?	When is the meeting?
Bugün.	Today.
Arabasını ne zaman satıyor?	When is she selling her car?
Yarın satıyor.	She is selling tomorrow.

The questions below need to be answered with a specific time.

Saat kaçta yatarsın?	What time do you go to bed?
On birde yatarım.	I go to bed at eleven o'clock.

Toplantı saat kaçta?	What time is the meeting?
Dokuz buçukta.	It's at half past nine.

Karın kaçta eve dönüyor?	What time is your wife going back home?
Dörtte dönüyor.	She is going back at four o'clock.

Annen kaçta uyuyor?	What time is your mother sleeping?
On ikide uyuyor.	She is sleeping at twelve o'clock.

Müdür sabahleyin kaçta gelir?	What time does the manager come in the morning?
On buçukta gelir.	He comes at half past ten.

Ne zaman işi bitiriyor?	When is she finishing the work?
Akşamleyin bitiriyor.	She is finishing in the evening.
Bugün bitiriyor.	She is finishing today.
Altıda bitiriyor.	She is finishing at six o'clock.

Turistler saat kaçta geliyorlar?	What time are the tourists coming?
Beşte geliyorlar.	They are coming at five o'clock.

DIALOGUE

A : **Ne zamandır burada çalışıyorsunuz?**	How long have you been working here?
B : **İki yıldır çalışıyorum.**	I have been working for two years.
A : **Burada ne iş yapıyorsunuz?**	What do you do here?
B : **Sekreterim.**	I am a secretary.
A : **Şimdi ne yazıyorsunuz?**	What are you writing now?
B : **Bir mektup.**	A letter.
A : **Ne zaman bitiriyorsunuz?**	When are you finishing?
B : **Bir saat sonra.**	In an hour.
A : **Sabah ofise kaçta geliyorsunuz?**	What time do you arrive at tha office in the morning?
B : **Dokuzda geliyorum.**	I arrive at nine o'clock.
A : **Ne zaman çıkıyorsunuz?**	When do you leave?
B : **Akşamleyin. Saat altıda.**	In the evening. At six o'clock.
A : **Akşam altıda ofisin önündeki otobüs durağına gelin, lütfen.**	Come to the bus-stop in front of the office at six o'clock in the evening, please.

A

Answer using the word in brackets with the suffixes **-dır, -dir** or **-den beri**.

> 1. **Kaç gündür onu görmüyorsunuz? (iki)**
> 2. **Kaç saattir orada bekliyorsun? (altı)**
> 3. **Saat kaçtan beri uyuyor? (üç)**
> 4. **Ne zamandan beri fabrikaya gitmiyorsun? (Pazartesi)**
> 5. **Kaç dakikadır otobüs bekliyorsunuz? (yirmi)**
> 6. **Saat kaçtan beri ders çalışıyorlar? (dört)**

B

Add the suffixes **-dır, -dir** or **-den beri** to the time expressions.

> 1. üç gün   6. saat üç
> 2. altı saat   7. perşembe
> 3. saat yedi   8. on iki saat
> 4. salı   9. saat on iki
> 5. üç hafta

C

Put the words in brackets with **sonra** into the sentence.

> 1. **Eve dönüyor. (iki hafta)**
> 2. **Neredesiniz? (bir ay)**
> 3. **Evdeyiz. (iki gün)**
> 4. **Toplantıya geliyorlar. (dört saat)**
> 5. **Amerika'ya gidiyor. (bir yıl)**
> 6. **Evi temizliyoruz. (yarım saat)**
> 7. **Kapıyı kapıyorlar. (on beş dakika)**

D

Put the words in brackets with the suffix **-lık, -lik, -luk, -lük** into the sentence.

> 1. **Evde ekmek var. (iki gün)**
> 2. **Elbise giyiyor. (üç yıl)**
> 3. **İş var. (iki saat)**
> 4. **Tatile gidiyor. (üç hafta)**
> 5. **Bu bir şirkettir. (dört ay)**

E

Translate into English.

1. İki saattir onu bekliyorum.
2. Altı haftadır Paris'te.
3. Pazartesiden beri ne yapıyorlar?
4. Saat ikiden beri kitap okuyorum.
5. Üç yıl sonra Türkiye'ye dönüyorlar.
6. İki gün sonra seninle konuşmak istiyorum.
7. Kırk beş dakikalık bir ders var.
8. On yıllık bir evde yaşıyorlar.
9. Saat kaçta toplantıya gidiyor?
10. Ne zaman telefon edersin?

F

Translate into Turkish.

1. We have been waiting for the bus for twenty minutes.
2. He has been working here for two years.
3. What time are they having breakfast?
4. When does the film start?
5. She is finishing a two-month work this evening.
6. My husband is going to İzmir in five months.
7. We haven't been watching TV since Tuesday.
8. He has been in the restaurant since four o'clock.
9. There is a two-hour meeting in the office.
10. You'll see your mother in two weeks.

PRACTICE 37 - ANSWERS

A. 1. İki gündür onu görmüyoruz./görmüyorum. 2. Altı saattir orada bekliyorum. 3. Saat üçten beri uyuyor. 4. Pazartesiden beri fabrikaya gitmiyorum. 5. Yirmi dakikadır otobüs bekliyoruz. 6. Saat dörtten beri ders çalışıyorlar.

B. 1. üç gündür 2. altı saattir 3. saat yediden beri 4. salıdan beri 5. üç haftadır 6. saat üçten beri 7. perşembeden beri 8. on iki saattir 9. saat on ikiden beri

C. 1. İki hafta sonra eve dönüyor. 2. Bir ay sonra neredesiniz? 3. İki gün sonra evdeyiz. 4. Dört saat sonra toplantıya geliyorlar. 5. Bir yıl sonra Amerikaya gidiyor. 6. Yarım saat sonra evi temizliyoruz. 7. On beş dakika sonra kapıyı kapıyorlar.

D. 1. Evde iki günlük ekmek var. 2. Üç yıllık elbise giyiyor. 3. İki saatlik iş var. 4. Üç haftalık tatile gidiyor. 5. Bu dört aylık bir şirkettir.

E. 1. I have been waiting for him for two hours. 2. He is in Paris for six weeks. 3. What have they been doing since Monday? 4. I have been reading book since two o'clock. 5. They are going back to Türkiye in three years. 6. I want to talk to you in two days. 7. There is a forty five-minute lesson. 8. They live in a ten-year old house. 9. What time is he going to the meeting? 10. When do you telephone?

F. 1. Yirmi dakikadır otobüsü bekliyoruz. 2. İki yıldır burada çalışıyoruz. 3. Saat kaçta kahvaltı ediyorlar? 4. Film ne zaman başlar? 5. İki aylık bir işi bu akşam bitiriyor. 6. Kocam beş ay sonra İzmir'e gidiyor. 7. Salıdan beri televizyon seyretmiyoruz. 8. Saat dörtten beri lokantada. 9. Ofiste iki saatlik bir toplantı var. 10. İki hafta sonra anneni göreceksin.

temel TÜRKÇE kursu

DERS 38

VOCABULARY

CÜMLE		SENTENCE
Mektuptaki cümleleri anlamıyorum.		I don't understand the sentences in the letter.

SÖZCÜK, KELİME		WORD
Yeni sözcükleri öğren, lütfen.		Learn the new words, please.

BİRLİKTE, BERABER		TOGETHER
Ahmet Bey ve Suna Hanım birlikte çalışırlar.		Ahmet Bey and Suna Hanım work together.

ŞEMSİYE		UMBRELLA
Hava yağmurlu, şemsiyeni al.		It's rainy, take your umbrella.

MAĞAZA		STORE
Elbiselerini bu mağazadan alır.		She buys her dresses from this store.

HAVAALANI		AIRPORT
Uçak havaalanındadır.		The plane is at the airport.

371

... kere (defa, kez) / times

These words all have the same basic meaning, used for talking about the number of times something happens.

dört kere	four times
üç kere	three times
beş kere	five times
altı defa	six times
üç defa	three times
dört defa	four times
yedi kez	seven times
on kez	ten times
beş kez	five times

In English there are special words for one or two times, but not in Turkish.

bir kere	once
iki kere	twice

Bebek üç kez uyur.	The baby sleeps three times.
Mağazayı iki kez temizlerler.	They clean the store twice.
Sözcükleri dört kez oku.	Read the words four times.
Havaalanına bir kez gelir.	She comes to the airport once.
Kitapları iki kez okurum.	I read the books twice.
Kadın iki defa çay içer.	The woman drinks tea twice.
Üç defa otobüse binerler.	They get on the bus three times.
Dört defa Ankara'ya gider.	He goes to Ankara four times.
Üç defa yemek yeriz.	We eat three times.
İki defa arkadaşıma telefon ederim.	I telephone my friend twice.
Bebek üç kere süt içer.	The baby drinks milk three times.
İşadamı iki kere mektup yazar.	The businessman writes letter twice.
Doktor hastayı bir kere ziyaret eder.	The doctor visits the patient once.
Patron üç kere fabrikaya gelir.	The boss comes to the factory three times.
Ayhan iki kere kız arkadaşını görür.	Ayhan sees his girl friend twice.
Oraya iki kere giderim.	I go there twice.
Buraya üç kez gelirler.	They come here three times.
Kadın beş kere odayı temizler.	The woman cleans the room five times.
Dört defa kahve içeriz.	We drink coffee four times.
Üç defa sinemaya gider.	He goes to the cinema three times.

saatte (günde, haftada, ayda, yılda) ... kere

To make proper sentences from the above examples, the suffix **-de/-da** is added to a word for a time period, which is placed before the number.

saatte	an hour ...
günde	a day ...
haftada	a week ...
ayda	a month ...
yılda	a year ...

iki kere	twice
saatte iki kere	twice an hour

üç defa	three times
günde üç defa	three times a day

beş kez	five times
haftada beş kez	five times a week

günde iki kere	twice a day
günde bir kez	once a day
günde altı kere	six times a day
günde üç kere	three times a day

haftada bir kere	once a week
haftada iki kere	twice a week
haftada dört defa	four times a week
haftada altı kez	six times a week

ayda beş kere	five times a month
ayda iki defa	twice a month
ayda altı kez	six times a month
ayda sekiz defa	eight times a month

yılda bir kere	once a year
yılda iki kez	twice a year
yılda yedi kez	seven times a year
yılda on defa	ten times a year

saatte iki kere	twice an hour
günde dört kez	four times a day
haftada altı defa	six times a week
ayda beş kez	five times a month
yılda yedi defa	seven times a year

Haftada bir kez sinemaya giderler.	They go to the cinema once a week.
Yılda iki kez tiyatroya giderim.	I go to the theatre twice a year.
Günde üç kez yemek yeriz.	We eat three times a day.
Bebek günde iki kez uyur.	The baby sleeps twice a day.
Kadın haftada bir kez evi temizler.	The woman cleans the house once a week.
Saatte bir defa hastaya bak.	Look at the patient once an hour.
Haftada üç kez telefon ederim.	I telephone three times a week.
İşadamı ayda bir kez Türkiye'ye gelir.	The businessman comes to Türkiye once a month.
Ayşe yılda dört kez ailesini ziyaret eder.	Ayşe visits her family four times a year.
İşçiler günde altı kere çay içerler.	The workers drink tea six times a day.
Ayda beş kere toplantıya gider.	He goes to the meeting five times a month.
Haftada üç defa kız arkadaşını görür.	He sees his girl friend three times a week.
Taksi günde bir kez havaalanına gider.	The taxi goes to the airport once a day.
Ayda dört defa bu lokantaya ge-liriz.	We come to this restaurant four times a month.
Yılda iki kez onu görürsün.	You see her twice a year.
Haftada dört kez bize gelir.	She comes to us four times a week.
Yılda üç defa bu otelde kalır.	They stay at this hotel three times a year.
Yaşlı kadın günde bir kez parka gider.	The old woman goes to the park once a day.

ne kadar sık, kaç kere (kez, defa)

These expressions are used to make questions about how often something happens. We saw **sık sık** (= often) earlier.

sık sık	often
ne kadar sık	how often
kaç defa/kere	how many times

Sinemaya ne kadar sık/kaç defa gidersin?	How often do you go to the cinema?
Ne kadar sık şarap içerler?	How often do they drink wine?
Ne kadar sık telefon eder?	How often does she telephone?
Kaç defa çay içersiniz?	How often do you drink tea?
Annen kaç kere İstanbul'a gelir?	How often does your mother come to Istanbul?
Kaç kez mektup yazarsın?	How often do you write letters?

Ayda kaç kez sinemaya gidersin?	How many times a month do you go to the cinema?
Haftada kaç kez şarap içerler?	How many times a week do they drink wine?
Günde kaç kere telefon eder?	How many times a day does she telephone?
Annen yılda kaç kez İstanbul'a gelir?	How many times a year does your mother come to Istanbul?
Ayda kaç kez mektup yazarsın?	How many times a month do you write letter?
Yılda kaç kez aileni ziyaret edersin?	How many times a year do you visit your family?
Ayda kaç kez toplantıya gider?	How many times a month does he go to the meeting?
Taksi günde kaç kez havaalanına gider?	How many times a day does the taxi go to the airport?
Haftada kaç kez size gelir?	How many times a week does she come to you?
Yaşlı kadın ayda kaç kez parka gider?	How many times a month does the old woman go to the park?
Yılda kaç kez elbise alırsın?	How many times a year do you buy dresses?
Ayda kaç kere bu lokantaya giderler?	How many times a month do they go to this restaurant?
Yılda kaç kere o otelde ka-lırsınız?	How many times a year do you stay at this hotel?
Dört kere kalırız.	We stay four times.
Kaç kez mektup yazarsın? **Haftada bir kez yazarım.**	How often do you write letters? I write once a week.
Günde kaç kere telefon eder?	How many times a day does she telephone?
Dört kere telefon eder.	She telephones four times.
Yılda kaç kez elbise alırsın?	How many times a year do you buy dresses?
Altı kez alırım.	I buy six times.
Ne kadar sık sinemaya giderler? **Ayda bir kez giderler.**	How often do they go to the cinema? They go once a month.

Words Used in the Reading Passage

rehber	guide
özlemek	to miss
gezmek	walk about

BİR AİLE

A FAMILY

Ali Bey bir lokantada müdürdür. İşini çok sever. Otuz yedi yaşındadır. Lokanta İzmir'dedir. Büyük ve güzel bir lokantadır. Bu lokantaya Japon turistler ve Türk müşteriler gelir.

Ali Bey is a manager at a restaurant. He likes his job very much. He is thirty seven years old. The restaurant is in Izmir. It is a big and nice restaurant. Japanese tourists and Turkish customers come to this restaurant.

Ali Bey'in karısı ve kızı İstanbul'-dadır. Karısı Ayten Hanım bir rehberdir, ama şimdi İngilizce öğretir. Kızı Sumru üç yaşındadır. Ali Bey kızını çok seviyor ve özlüyor. Altı ay sonra Ayten Hanım ve Sumru da İzmir'e gidiyor.

Ali Bey's wife and daughter are in Istanbul. His wife Ayten Hanım is a guide, but now she teaches English. His daughter Sumru is three years old. Ali Bey likes his daughter very much and he misses her. In six months, Ayten Hanım and Sumru are also going to Izmir.

Ayten Hanım haftada üç kez kızı ile birlikte parka gidiyor. Onunla parkta oynuyor.

Ayten Hanım is going to the park together with her daughter. She is playing with her in the park.

Ali Bey ayda iki kez İstanbul'a gelir. Kızı ile oynar. Akşamleyin bazen Ayten Hanım ile beraber güzel bir lokantaya gider ve yemek yer. Müzik dinler.

Ali Bey comes to Istanbul twice a month. He plays with his daughter. In the evening, he goes to a nice restaurant with Ayten Hanım and has dinner. He listens to music.

Sık sık Ayten Hanım ve Sumru da İz-mir'e giderler. Ali Bey İzmir'de güzel bir dairede oturur. O dairede kalırlar. Onlar İzmir'de gezerler.

Sometimes Ayten Hanım and Sumru also go to Izmir. Ali Bey lives in a nice flat in Izmir. They live in that flat. They walk about in Izmir.

Bir yıl sonra orada bir ev satın almak istiyorlar. Ali Bey'in arkadaşı Kenan Bey de aynı işi yapıyor. Kenan

They want to buy a house there in a year. Ali Bey's friend Kenan Bey also does the same job. Kenan Bey's wife Junri

376

Bey'in karısı Junri Hanım Japon'dur.
Onlar İstanbul'da oturuyorlar ama İzmir'i
seviyorlar ve orada yaşamak istiyorlar.

Hanım is Japanese. They live in Istanbul but they like Izmir and they want to live there.

Questions and Answers to the Reading Passage

Ali Bey ne iş yapar?
What is Ali Bey's job?

O bir lokantada müdürdür.
He is a manager in a restaurant.

İşini sever mi?
Does he like his job?

Evet, sever.
Yes, he does.

Lokanta nerededir?
Where is the restaurant?

İzmir'dedir.
It is in Izmir.

Ali Bey kaç yaşındadır?
How old is Ali Bey?

Otuz yedi yaşındadır.
He is thirty seven years old.

Lokantaya kimler gelir?
Who comes to the restaurant?

Japon turistler ve Türk müşteriler gelir.
Japanese tourists and Turkish customers do.

Ali Bey'in karısı ve kızı nerededir?
Where are Ali Bey's wife and daughter?

Onlar İstanbul'dadır.
They are in Istanbul.

Ayten Hanım'ın işi nedir?
What is Ayten Hanım's job?

O bir rehberdir.
She is a guide.

O şimdi ne yapıyor?
What is she doing now?

İngilizce öğretiyor.
She is teaching English.

Sumru kaç yaşındadır?
How old is Sumru?

Üç yaşındadır.
She is three years old.

Ayten Hanım ve Sumru ne zaman İzmir'e gidiyor?
When are Ayten Hanım and Sumru going to Izmir?

Altı ay sonra İzmir'e gidiyorlar.
They are going to Izmir in six months.

Ayten Hanım parka ne kadar sık gidiyor?
How often does Ayten Hanım go to the park?

Haftada üç kez gider.
He goes three times a week.

Parka kiminle gider?
Who goes she go to the park with?

Kızı ile beraber gider.
She goes together with her daughter.

Ali Bey ne kadar sık İstanbula gelir?
How often does Ali Bey come to Istanbul?

Ayda iki kez gelir.
He comes twice a month.

Akşamleyin bazen nereye giderler?
Where do they sometimes go in the evening?

Güzel bir lokantaya giderler.
They go to a nice restaurant.

Orada ne yaparlar?
What do they do there?

Yemek yer ve müzik dinlerler.
They eat and listen to music.

Ayten Hanım ve Sumru İzmir'e gider mi? Evet, gider.
Do Ayten Hanım and Sumru go to Izmir? Yes, they do.

Ali Bey İzmir'de nerede oturur?
Where does Ali Bey live in Izmir?

Güzel bir dairede oturur (yaşar).
He lives in a nice flat.

Ne zaman İzmir'de bir ev almak istiyorlar?
When do they want to buy a house in Izmir?

Bir yıl sonra almak istiyorlar.
They want to buy one in one year.

Kenan Bey kimdir?
Who is Kenan Bey?

Ali Bey'in arkadaşıdır.
He is Ali Bey's friend.

Kenan Bey'in karısı nerelidir?
Where does Kenan Bey's wife come from? She is Japanese.

O Japon'dur.

Onlar nerede yaşıyorlar?
Where do they live?

İstanbul'da yaşıyorlar.
They live in Istanbul.

İzmir'de yaşamak isterler mi?
Do they want to live in Izmir?

Evet, isterler.
Yes, they do.

PRACTICE 38

A

Answer using the number given.

1. **Kaç kez çay içersin? (1)**
2. **Kaç kere telefon eder? (6)**
3. **Kaç defa otobüse binerler? (4)**
4. **Kaç defa markete gidersiniz? (3)**
5. **Doktor kaç kez hastanın odasına gelir? (2)**

B

Use the words given to make questions as in the example.

Example : **sen - hafta - sinemaya gitmek**

        Haftada kaç kez sinemaya gidersin?

        1. **sen - yıl - tiyatroya gitmek**
        2. **biz - gün - kahve içmek**
        3. **kadın - hafta - yemek yapmak**
        4. **sen - ay - mektup yazmak**
        5. **o - yıl - oraya gitmek**
        6. **onlar - ay - seni ziyaret etmek**
        7. **siz - gün - ona telefon etmek**
        8. **sen - hafta - para almak**

C

Make questions using **ne zaman** or **saat kaçta**.

        1. **Sütçü sabahleyin gelir.**
        2. **Her ay bir mektup yazarlar.**
        3. **Saat altıda ofisten çıkarız.**
        4. **Toplantı Pazartesi günüdür.**
        5. **Kahvaltı 7.30'dadır.**
        6. **Bu taksi akşamleyin havaalanına gidiyor.**
        7. **Akşam yedide işi bitiriyorum.**
        8. **Sınav 2'dedir.**

D

Add the suffix **-dır, -dir** or **-den beri**.

1.**üç saat**	5.**iki ay**
2.**saat üç**	6.**saat dört**
3.**çarşamba**	7.**dört hafta**
4.**altı gün**	8.**perşembe**

E

Translate into English.

        1. **Dört saattir otobüs durağında bekliyoruz.**
        2. **İki kez yemek yerim.**

3. Ne kadar sık lokantada yemek yerler?
4. Haftada kaç kez size gelir?
5. Yılda iki kere hastaneye giderim.
6. Dört günlük bir toplantı var.
7. Bir yıl sonra arkadaşım dönüyor.

F

Translate into Turkish.

1. How often does he drink water?
2. They come to us three times a month.
3. The man opens the door once a day.
4. The doctor comes here twice a week.
5. I am buying a five-year old car.
6. What have you been doing since Wednesday?
7. How often does she use this knife?

PRACTICE 38 - ANSWERS

A. 1. Bir kez çay içerim. 2. Altı kere telefon eder. 3. Dört defa otobüse binerler. 4. Üç defa markete gideriz. 5. Doktor iki kez hastanın odasına gelir.

B. 1. Yılda kaç kez tiyatroya gidersin? 2. Günde kaç kere kahve içeriz? 3. Kadın haftada kaç defa yemek yapar? 4. Ayda kaç kere mektup yazarsın? 5. Yılda kaç kez oraya gider? 6. Ayda kaç kez seni ziyaret ederler? 7. Günde kaç kere ona telefon edersiniz? 8. Haftada kaç kez para alırsın?

C. 1. Sütçü ne zaman gelir? 2. Ne zaman bir mektup yazarlar? 3. Saat kaçta ofisten çıkarsınız? 4. Toplantı ne zamandır? 5. Kahvaltı saat kaçtadır? 6. Bu taksi ne zaman havaalanına gidiyor? 7. Akşam kaçta işi bitiriyorsun? 8. Sınav kaçtadır?

D. 1. üç saattir 2. saat üçten beri 3. çarşambadan beri 4. altı gündür 5. iki aydır 6. saat dörtten beri 7. dört haftadır 8. perşembeden beri

E. 1. We have been waiting at the bus-stop for four hours. 2. I eat twice. 3. How often do they eat in this restaurant? 4. How many times does she come to you in a week? 5. I go to the hospital twice a year. 6. There is a four-day meeting. 7. My friend is coming back in one year.

F. 1. Ne kadar sık (kaç kere) su içer? 2. Ayda üç kez bize gelirler. 3. Adam günde bir kez kapıyı açar. 4. Doktor haftada iki kez buraya gelir. 5. Beş yıllık bir araba alıyorum. 6. Çarşambadan beri ne yapıyorsun? 7. Bu bıçağı ne kadar sık (kaç kere) kullanır?

t e m e l
TÜRKÇE
k u r s u

DERS
39

VOCABULARY

ANLATMAK

Arkadaşına ne
anlatıyorsun?

TO TELL

What are you telling your
friend?

DAĞ

Dağda kar var mı?

MOUNTAIN

Is there snow on the mountain?

ORMAN

Bugün ailesiyle birlikte
ormana gidiyor.

FOREST

He is going to the forest
together with his family.

ZARF

Mektubu zarfa koy, lütfen.

ENVELOPE

Put the letter into the
envelope, please.

DEDE, BÜYÜKBABA

Dedem çok yaşlıdır.

GRANDFATHER

My grandfather is very old.

ANNEANNE, BÜYÜKANNE		**GRANDMOTHER**
Anneanneni sık sık ziyaret eder misin?		Do you often visit your grandmother?

KÜTÜPHANE		**LIBRARY**
Bu kütüphanede ilginç kitaplar var.		There are interesting books in this library.

EŞEK		**DONKEY**
Bahçedeki eşek kimindir?		Whose is the donkey in the garden?

KOYUN		**SHEEP**
İşadamı bu koyunları alıyor.		The businessman is buying these sheep.

-BİLMEK

The verb **bilmek** refers to ability (eg the power or permission to do something). It is like the English word 'can', and is usually used as a suffix.

Let us use the verb **yapmak** as an example. To the root **yap** is added **-abilmek**. The suffix forms of **bilmek** are **-(y)abilmek** and **-(y)ebilmek**. In making sentences, the **-mek/-mak** infinitive suffix is dropped and personal suffixes added.

yapmak	to do
yap	do
yapabilmek	to be able to do
gelmek	to come
gel	come
gelebilmek	to be able to come
satmak	to sell
sat	sell
satabilmek	to be able to sell
yazmak	to write
yaz	write
yazabilmek	to be able to write

anlatmak	to tell
anlat	tell
anlatabilmek	to be able to tell
duymak	to hear
duy	hear
duyabilmek	to be able to hear
almak	to take
al	take
alabilmek	to be able to take
uyumak	to sleep
uyu	sleep
uyuyabilmek	to be able to sleep
beklemek	to wait
bekle	wait
bekleyebilmek	to be able to wait
oynamak	to play
oyna	play
oynayabilmek	to be able to play
yürümek	to walk
yürü	walk
yürüyebilmek	to be able to walk

Some verbs are irregular.

gitmek	to go
git	go
gidebilmek	to be able to go
yemek	to eat
ye	eat
yiyebilmek	to be able to eat
seyretmek	to watch
seyret	watch
seyredebilmek	to be able to watch

Now we shall make sentences.

Using **yapmak**, the first person singular structure is made like this. First, the root:

yap

Then the suffix **-abilir**:

yap - abilir

Last the personal suffix:

yap - abilir - im

Yapabilirim.	I can do.
Alabilirim.	I can take.
Satabilirim.	I can sell.
Gelebilirim.	I can come.
Yazabilirim.	I can write.
Uyuyabilirim.	I can sleep.
Bekleyebilirim.	I can wait.
Oynayabilirim.	I can play.
Yürüyebilirim.	I can walk.
Gidebilirim.	I can go.
Seyredebilirim.	I can watch.
Yiyebilirim.	I can eat.

Sen

Yapabilirsin.	You can do.
Alabilirsin.	You can take.
Satabilirsin.	You can sell.
Uyuyabilirsin.	You can sleep.
Bekleyebilirsin.	You can wait.
Oynayabilirsin.	You can play.
Gidebilirsin.	You can go.
Seyredebilirsin.	You can watch.

O

Yapabilir.	He can do.
Alabilir.	He can take.
Satabilir.	He can sell.
Uyuyabilir.	He can sleep.
Bekleyebilir.	He can wait.
Oynayabilir.	He can play.
Gidebilir.	He can go.
Seyredebilir.	He can watch.

Biz

Yapabiliriz.	We can do.
Alabiliriz.	We can take.
Satabiliriz.	We can sell.
Uyuyabiliriz.	We can sleep.
Bekleyebiliriz.	We can wait.
Oynayabiliriz.	We can play.
Gidebiliriz.	We can go.
Seyredebiliriz.	We can watch.

Siz

Yapabilirsiniz.	You can do.
Alabilirsiniz.	You can take.
Satabilirsiniz.	You can sell.
Uyuyabilirsiniz.	You can sleep.
Bekleyebilirsiniz.	You can wait.
Oynayabilirsiniz.	You can play.
Gidebilirsiniz.	You can go.
Seyredebilirsiniz.	You can watch.

Onlar

Yapabilir(ler).	They can do.
Alabilir(ler).	They can take.
Satabilir(ler).	They can sell.
Uyuyabilir(ler).	They can sleep.
Bekleyebilir(ler).	They can wait.
Oynayabilir(ler).	They can play.
Gidebilir(ler).	They can go.
Seyredebilir(ler).	They can watch.

Subject	Verb Root	Ability Suffix	Personal Suffix
Ben	gel	ebilir	im.
Sen	gel	ebilir	sin.
O	gel	ebilir.	-
Biz	gel	ebilir	iz.
Siz	gel	ebilir	siniz.
Onlar	gel	ebilir	(ler).

385

Forms with this structure have more than one possible meaning. The sentence below, for example, may have four different meanings. (This is much the same in English.)

Odayı temizleyebilirim.   I can clean the room.

a) I have the power/energy
b) I have (been given) permission   to clean the room.
c) I know how
d) It is possible for me

In English these different meanings are all possible using the word 'can', except **d)** which would be better translated by 'might' or 'could'. The meaning be used is understood from the context.

Bu mektubu yazabilirim.	I can write this letter.
Oraya gidebilirim.	I can go there.
Bu odada sigara içebilirim.	I can smoke in this room.
Müdürle konuşabilirim.	I can talk to the manager.
Japonca konuşabilirim.	I can speak Japanese.
Ormana gidebilirim.	I can go to the forest.

Bir bardak şarap içebilirsin.	You can drink a glass of wine.
Annene yardım edebilirsin.	You can help your mother.
O resmi gösterebilirsin.	You can show that picture.
İşini bitirebilirsin.	You can finish your work.
Bu denizde yüzebilirsin.	You can swim in this sea.

Oraya arkadaşıyla gidebilir.	She can go there with her friend.
O eteği giyebilir.	She can wear that skirt.
Bize telefon edebilir.	He can telephone us.
Mutfakta kahvaltı edebilir.	He can have breakfast in the kitchen.
Ekmeği kesebilir.	She can cut the bread.

Burada bekleyebiliriz.	We can wait here.
Balkonda oturabiliriz.	We can sit in the balcony.
Bu hafta sinemaya gidebiliriz.	We can go to the cinema this week.
İspanyolca öğrenebiliriz.	We can learn Spanish.
Soruları yanıtlayabiliriz.	We can answer the questions.

Evinizi satabilirsiniz.	You can sell your house.
Arkadaşınıza anlatabilirsiniz.	You can tell your friend.
Caddede yürüyebilirsiniz.	You can walk in the street.
Patronla konuşabilirsiniz.	You can talk to the boss.
Bu odada sigara içebilirsiniz.	You can smoke in this room.

Türkçe öğretebilirler.	They can teach Turkish.
Bu odada uyuyabilirler.	They can sleep in this room.
Saat on ikide kalkabilirler.	They can get up at twelve o'clock.
Şu otobüse binebilirler.	They can get on that bus.
Müziği dinleyebilirler.	They can listen to the music.

Doktor hastaneye gidebilir.	The doctor can go to hospital.
Perşembe günü arkadaşım gelebilir.	My friend can come on Thursday.
Annem tabağı masaya koyabilir.	My mother can put the plate on the table.
O kitapları getirebilirsiniz.	You can bring those books.
Turistler müzeye girebilir.	The tourists can enter the museum.
Misafirler bira içebilir.	The guests can drink beer.

Yes/No Questions with -Bilmek

To make yes/no questions with **-bilmek**, to the ability suffix **-(y)abilir/ -(y)ebilir** is added the question marker **-mı/-mi** and then the personal suffix. Let us use **yap-mak** again to show this.

Ben

yap

After the verb root, the ability suffix:

yap - abilir

Then the question marker:

yap - abilir - mi

Last the personal suffix:

Yap - abilir - mi - yim?

Satabilir miyim?	Can I sell?
Alabilir miyim?	Can I take?
Kullanabilir miyim?	Can I use?
Dinleyebilir miyim?	Can I listen?
Gidebilir miyim?	Can I go?
Yiyebilir miyim?	Can I eat?

Satabilir misin?	Can you sell?
Alabilir misin?	Can you take?
Kullanabilir misin?	Can you use?
Dinleyebilir misin?	Can you listen?
Gidebilir misin?	Can yu go?
Yiyebilir misin?	Can you eat?

Satabilir mi?	Can she sell?
Alabilir mi?	Can she take?
Kullanabilir mi?	Can he use?
Dinleyebilir mi?	Can she listen?
Gidebilir mi?	Can he go?
Yiyebilir mi?	Can she eat?

| Satabilir miyiz? | Can we sell? |
| Alabilir miyiz? | Can we take? |

Kullanabilir miyiz?	Can we use?
Dinleyebilir miyiz?	Can we listen?
Gidebilir miyiz?	Can we go?
Yiyebilir miyiz?	Can we eat?
Satabilir misiniz?	Can you sell?
Alabilir misiniz?	Can you take?
Kullanabilir misiniz?	Can you use?
Dinleyebilir misiniz?	Can you listen?
Gidebilir misiniz?	Can you go?
Yiyebilir misiniz?	Can you eat?
Satabilirler mi?	Can they sell?
Alabilirler mi?	Can they take?
Kullanabilirler mi?	Can they use?
Dinleyebilirler mi?	Can they listen?
Gidebilirler mi?	Can they go?
Yiyebilirler mi?	Can they eat?

Subject	Verb Root	Ability Suffix	Question Suffix	Personal Suffix
Ben	gel	ebilir	mi	yim?
Sen	gel	ebilir	mi	sin?
O	gel	ebilir	mi?	-
Biz	gel	ebilir	mi	yiz?
Siz	gel	ebilir	mi	siniz?
Onlar	gel	ebilir	(ler)mi?	-

Oraya gidebilir miyim?	Can I go there?
Müdürle konuşabilir miyim?	Can I speak to the manager?
Bu odada sigara içebilir miyim?	Can I smoke in this room?
Bir bardak şarap içebilir misin?	Can you drink a glass of wine?
O resmi gösterebilir misin?	Can you show that picture?
Annene yardım edebilir misin?	Can you help your mother?
O eteği giyebilir mi?	Can she wear that skirt?
Ekmeği kesebilir mi?	Can he cut the bread?
Burada bekleyebilir miyiz?	Can we wait here?
Balkonda oturabilir misiniz?	Can you sit in the balcony?
Türkçe öğrenebilir miyiz?	Can we learn Turkish?
Evinizi satabilir misiniz?	Can you sell your house?
Caddede yürüyebilirler mi?	Can they walk in the street?
Soruları yanıtlayabilirler mi?	Can they answer the questions?
Müziği dinleyebir miyiz?	Can we listen to the music?
Şu otobüse binebilir misiniz?	Can you get on that bus?
O kitapları getirebilir misiniz?	Can you bring those books?
Doktor hastaneye gidebilir mi?	Can the doctor go to hospital?
Misafirler bira içebilir mi?	Can the guests drink beer?
Turistler müzeye girebilir mi?	Can the tourists enter the museum?
İşadamları toplantıya gidebilir mi?	Can the businessmen go to the meeting?

A

Make sentences using **-bilmek**.

1. ben - gazeteyi - okumak
2. onlar - kapıyı - açmak
3. çocuklar - bahçede - oynamak
4. Arkadaşın - bu şirkette - çalışmak
5. sen - erken - kalkmak
6. bebek - yumurta - yemek
7. Annem - otobüse - koşmak
8. biz - arabayı - görmek

B

Rewrite using **-bilmek**.

1. Her gün bu parkta otururuz.
2. Yarın evi temizliyor.
3. Sekreter her sabah mektupları okur.
4. Çocuklar film seyrediyorlar.
5. Günde iki kez telefon ediyoruz.
6. Burada Türkçe öğretirsiniz.
7. Tereyağını buzdolabına koyarsın.
8. Lokantanın önünde bekliyorum.

C

Change into questions.

1. Bu mektubu okuyabilirim.
2. Şu sözcükleri öğrenebilirsin.
3. Teyzem bu arabayı alabilir.
4. Masadaki sandviçleri yiyebiliriz.
5. O paltoları giyebilirsiniz.
6. Bu filmi sevebiliriz.
7. Çantasını arayabilir.

D

Change into positive forms.

1. Odanda yemek yiyebilir misin?
2. Ablam telefon edebilir mi?
3. Kapıyı açabilirler mi?
4. Sınıfa girebilir miyim?
5. Saat dokuzda hazır olabilir miyiz?
6. Anneannenizi ziyaret edebilir misiniz?
7. Pencereyi kapayabilir misin?

E

Translate into English.

1. **Buzdolabındaki sütü içebilirsin.**
2. **Evin önünde bekleyebilirsiniz.**
3. **Oraya seninle birlikte gidebiliriz.**
4. **Arkadaşına ne kadar sık mektup yazarsın?**
5. **Haftada üç kez hastaneye gider.**
6. **İki saat sonra bu mektubu yazabilir misiniz?**

F

Translate into Turkish.

1. You can stay at this hotel.
2. Your daughter can play in the garden.
3. My grandmother can walk there.
4. Can we bring our bags?
5. Can they help me?
6. The taxi can go to the airport.

PRACTICE 39 - ANSWERS

A. 1. Ben gazeteyi okuyabilirim. 2. Onlar kapıyı açabjlirler. 3. Çocuklar bahçede oynaya-bilirler. 4. Arkadaşın bu şirkette çalışabilir. 5. Sen erken kalkabilirsin. 6. Bebek yumurta yiyebilir. 7. Annem otobüse koşabilir. 8. Biz arabayı görebiliriz.

B. 1. Her gün bu parkta oturabiliriz. 2. Yarın evi temizleyebilir. 3. Sekreter mektupları okuyabilir. 4. Çocuklar film seyredebilir(ler). 5. Günde iki kez telefon edebiliriz. 6. Bura-da Türkçe öğretebilirsiniz. 7. Tereyağını buzdolabına koyabilirsin. 8. Lokantanın önünde bekleyebilirim.

C. 1. Bu mektubu okuyabilir miyim? 2. Şu sözcükleri öğrenebilir misin? 3. Teyzem bu arabayı alabilir mi? 4. Masadaki sandviçleri yiyebilir miyiz? 5. O paltoları giyebilir misi-niz? 6. Bu filmi sevebilir miyiz? 7. Çantasını arayabilir mi?

D. 1. Odanda yemek yiyebilirsin. 2. Ablam telefon edebilir. 3. Kapıyı açabilirler. 4. Sınıfa girebilirim. 5. Saat dokuzda hazır olabiliriz. 6. Anneannenizi ziyaret edebilirsiniz. 7. Pen-cereyi kapayabilirsin.

E. 1. You can drink the milk in the fridge. 2. You can wait in front of the house. 3. We can go there together with you. 4. How often do you write a letter to your friend? 5. He goes to the hospital three times a week. 6. Can you write this letter in two hours?

F. 1. Bu otelde kalabilirsin. 2. Kızınız bahçede oynayabilir. 3. Büyükannem oraya yürüye-bilir. 4. Çantalarımızı getirebilir miyiz? 5. Bana yardım edebilirler mi? 6. Taksi havaalanı-na gidebilir.

temel
TÜRKÇE
kursu

DERS 40

VOCABULARY

YIKAMAK

Annem tabakları yıkıyor.

TO WASH

My mother is washing the plates.

PİYANO

Arkadaşım piyano çalabilir.

PIANO

My friend can play the piano.

GİTAR

Gitar çalamam.

GUITAR

I can't play the guitar.

ZİL

Zil çalıyor.

BELL

The bell is ringing.

ÇALMAK

Zil çalıyor.
Kız piyano çalıyor.
Adam parayı çalıyor.

TO PLAY; TO STEAL; TO RING

The bell is ringing.
The girl is playing the piano.
The man is stealing the money.

PEÇETE		**NAPKIN**
Masadaki peçeteleri ver, lütfen.		Give the napkins on the table.

ÜTÜLEMEK, ÜTÜ YAPMAK		**TO IRON**
Annem haftada bir kez ütü yapar.		My mother does the ironing once a week.

MEYVE SUYU		**FRUIT JUICE**
Sık sık meyve suyu içerim.		I often drink fruit juice.

Negative Forms with -Bilmek

-Bilmek in the negative takes a somewhat different form than usual, with only a small part of the suffix being used. Let us see this with **yapmak** again.

Ben

yap

After **yap**, the negative ability suffix:

yap - a

Then the negative suffix (which may have a **z** added, according to the subject):

yap - a - ma

Last the personal suffix:

Yap - a - ma - m.

Satamam.	I can't sell.
Alamam.	I can't buy.
Kullanamam.	I can't use.
Dinleyemem.	I can't listen.
Gidemem.	I can't go.
Yiyemem.	I can't eat.

Satamazsın.		You can't sell.
Alamazsın.		You can't buy.
Kullanamazsın.		You can't use.
Dinleyemezsin.		You can't listen.
Gidemezsin.		You can't go.
Yiyemezsin.		You can't eat.
Satamaz.		She can't sell.
Alamaz.		He can't buy.
Kullanamaz.		She can't use.
Dinleyemez.		He can't listen.
Gidemez.		She can't go.
Yiyemez.		He can't eat.
Satamayız.		We can't sell.
Alamayız.		We can't buy.
Kullanamayız.		We can't use.
Dinleyemeyiz.		We can't listen.
Gidemeyiz.		We can't go.
Yiyemeyiz.		We can't eat.
Satamazsınız.		You can't sell.
Alamazsınız.		You can't buy.
Kullanamazsınız.		You can't use.
Dinleyemezsiniz.		You can't listen.
Gidemezsiniz.		You can't go.
Yiyemezsiniz.		You can't eat.
Satamazlar.		They can't sell.
Alamazlar.		They can't buy.
Kullanamazlar.		They can't use.
Dinleyemezler.		They can't listen.
Gidemezler.		They can't go.
Yiyemezler.		They can't eat.

Subject	Verb Root	Ability Suffix	Negative Suffix	Personal Suffix
Ben	gel	e	me	m.
Sen	gel	e	mez	sin.
O	gel	e	mez	-
Biz	gel	e	me	yiz.
Siz	gel	e	mez	siniz.
Onlar	gel	e	mez	(ler).

Orava gidemem.	I can't go there.
Müdürle konuşamam.	I can't talk to the manager.
Bu odada sigara içemem.	I can't smoke in this room.
Bir bardak şarap içemezsin.	You can't drink a glass of wine.
O resmi gösteremezsin.	You can't show that picture.
Annene yardım edemezsin.	You can't help your mother.
O eteği giyemez.	She can't wear that skirt.
Ekmeği kesemez.	He can't cut the bread.
Ütü yapamaz.	She can't iron.
Gitar çalamayız.	We can't play the guitar.
Türkçe öğrenemeyiz.	We can't learn Turkish.
Evimizi satamayız.	We can't sell our house.
Piyano çalamazsınız.	You can't play the piano.
Soruları yanıtlayamazsınız.	You can't answer the questions.
Müziği dinleyemezler.	They can't listen to the music.
Şu otobüse binemezler.	They can't get on that bus.
O kitapları getiremezler.	They can't bring those books.
Doktor hastaneye gidemez.	The doctor can't go to hospital.
Misafirler bira içemez.	The guests can't drink beer.
Turistler müzeye giremez.	The tourists can't enter the museum.
İşadamları toplantıya gidemez.	The businessmen can't go to the meeting.
Kız kardeşin piyano çalabilir mi?	Can your sister play the piano?
Hayır, çalamaz.	No, she can't.

Wh-Questions with -Bilmek

We have seen Wh-question forms using the present tenses (simple and continuous). The structure is similar with **-ebilir**.

Gidiyorum.	I am going.
Nereye gidiyorsun?	Where are you going?
Bir ceket alıyor.	He is buying a jacket.
Ne zaman bir ceket alıyor?	When is he buying a jacket?
Ne alıyor?	What is he buying?
Her gün süt içeriz.	We drink milk every day.
Her gün ne içersiniz?	What do you drink every day?
Ayşe parka gider.	Ayşe goes to the park.
Ayşe nereye gider?	Where does Ayşe go?
Kim parka gider? (Parka kim gider?)	Who goes to the park?

Adam yiyebilir mi?	Can the man eat?
Adam yiyebilir.	The man can eat.
Adam ne yiyebilir?	What can the man eat?

Gidebilirim.	I can go.
Ormana gidebilirim.	I can go to the forest.
Nereye gidebilirsin?	Where can you go?

Çocuk uyuyabilir.	The child can sleep.
Çocuk saat onda uyuyabilir.	The child can sleep at ten o'clock.
Çocuk ne zaman uyuyabilir?	When does the child sleep?

Amcam oturabilir.	My uncle can live.
Amcam bu evde oturabilir.	My uncle can live in this house.
Amcan nerede oturabilir?	Where can your uncle live?

Kitap alabilirsin.	You can take book.
Dört tane kitap alabilirsin.	You can take four books.
Kaç tane kitap alabilirim?	How many books can I take?

İçeri girebilir.	He can go in.
Müdür içeri girebilir.	The manager can go in.
Kim içeri girebilir?	Who can go in?

To make yes/no questions, the question marker is used.

Tabakları yıkayabilir misin?	Can you wash the plates?
Tabakları saat kaçta yıkayabilirsin?	What time can you wash the plates?

Odada bekleyebilir mi?	Can he wait in the room?
Nerede bekleyebilir?	Where can he wait?

Elbise ütüleyebilir misin?	Can you iron dresses?
Ne ütüleyebilirsin?	What can you iron?

Ayşe bu dersi anlatabilir mi?	Can Ayşe tell this lesson?
Kim bu dersi anlatabilir?	Who can tell this lesson?
Ayşe ne anlatabilir?	What can Ayşe tell?

ÇALMAK

Çalmak has three meanings: 'play', 'steal' and 'ring'.

1. To play a musical instrument,

Ali gitar çalıyor.	Ali is playing the guitar.
Piyano çalamam.	I can't play the piano.

2. To steal something,

Adam parayı çalamaz.	The man can't steal the money.
Kadın mağazadan elbiseler çalar.	The woman steal dresses from the store.

3. To refer to telephones or doorbells/knocking at doors,

Telefon çalıyor.	The telephone is ringing.
Her sabah kapıyı çalar.	She knocks at the door every morning.

Words Used in the Reading Passages

tur	tour, excursion
cami	mosque
araba kullanmak	to drive
(araba sürmek)	
hızlı	fast
pansiyon	boarding house, digs

Suphi Bey bir turist rehberidir. O sık sık turlara gider. İstanbul ve Anadolu'da gezer. Turistlerle birlikte müze ve camileri gider. Turistler onu sever. İyi ve ilginç bir rehberdir. Üç dil konuşabilir. İngilizce, Japonca ve İspanyolca.

Suphi Bey is a tourist guide. He often goes to tours. He walks around Istanbul and Anatolia. He goes to the museums and the mosques together with the tourists. Tourists like him. He is a good and interesting guide. He can speak three languages. English, Japanese and Spanish.

O evli değil. Bostancı'da oturuyor. Bazen tura gitmez. Evde kalır. Arkadaşları gelir. Suphi Bey iyi yemek yapabilir. Birlikte yemek yerler ve bira içerler. O gitar da çalabilir. Arkadaşları onu dinler.

He isn't married. He lives in Bostancı. He doesn't sometimes go to the tour. He stays at home. His friends come. Suphi Bey can cook well. They eat and drink beer together. He can also play the guitar. His friends listen to him.

Ayten Hanım bir sekreterdir. Büyük bir şirkette çalışır. Yirmi sekiz yaşındadır. Sabah saat dokuzda şirkete gelir. Mektupları okur ve yeni mektupları yazar.

Ayten Hanım is a secretary. She works in a big company. She is twenty eight years old. She comes to the company at nine o'clock in the morning. She reads the letters and writes new letters.

O İngilizce konuşabilir. Bazen İngilizce mektuplar yazar. Çok hızlı yazabilir. Masasında bir bilgisayar var. Ayten Hanım bilgisayar kullanabilir.

She can speak English. She sometimes writes English letters. She can write very fast. There is a computer on her table. Ayten Hanım can use a computer.

Cumartesi ve Pazar günleri evdedir. Bazen arabayla gezer. İyi araba kullanır (sürer). Her yıl tatilde Bodrum'a gider. Aynı pansiyonda kalır. Orası temiz ve iyi bir pansiyondur. Her gün yüzer. Hızlı yüzebilir.

She is at home on Saturdays and Sundays. She sometimes goes for a ride. She drives well. She goes to Bodrum every year on holiday. She stays at the same pension. That place is a clean and good pension. She swims every day. She can swim fast.

Questions and Answers to the Reading Passages

Suphi Bey ne iş yapar?
What is Suphi Bey's job?

O turist rehberidir.
He is a tourist guide.

Turistlerle nereye gider?
Where does he go with tourists?

Cami ve müzelere gider.
He goes to the mosques and the museums.

Turistler onu sever mi?
Do the tourists like him?

Evet, sever.
Yes, they do.

O kaç dil konuşabilir?
How many languages can he speak?

Üç dil konuşabilir.
He can speak three languages.

Hangi dilleri konuşabilir?
Which languages can he speak?

İngilizce, Japonca ve İspanyolca konuşabilir.
He can speak English, Japanese and Spanish.

O evli mi?
Is he married?

Hayır, değil.
No, he isn't.

397

Evi nerede?
Where is his house?

Bostancı'da.
It is in Bostancı.

Bazen nerede kalır?
Where does he sometimes stay?

Evde kalır.
He stays at home.

Arkadaşlarıyla birlikte ne yapar?
What does he do with his friends?

Onlarla yemek yer ve bira içer.
He eats and drinks beer with them.

Gitar çalabilir mi?
Can he play the guitar?

Evet, çalabilir.
Yes, he can.

Kim onu dinler?
Who listens to him?

Arkadaşları onu dinler.
His friends listen to him.

Ayten Hanım ne iş yapar?
What is Ayten Hanım's job?

O bir sekreterdir.
She is a secretary.

O nerede çalışır?
Where does she work?

Büyük bir şirkette çalışır.
She works in a big company.

Kaç yaşındadır?
How old is she?

Yirmi sekiz yaşındadır.
She is twenty eight years old.

Saat kaçta şirkete gelir?
What time does she come to the company?

Dokuzda gelir.
She comes at nine o'clock.

Şirkette ne yapar?
What does she do in the company?

Mektupları okur ve yeni mektuplar yazar.
She reads the letters and writes the new letters.

Hangi dili konuşabilir?
Which languages can she speak?

İngilizce konuşabilir.
She can speak English.

Bilgisayar kullanabilir mi?
Can she use a computer?

Evet, kullanabilir.
Yes, she can.

Cumartesi ve pazar günleri bazen ne yapar?
What does she sometimes do on Saturdays and Sundays?

Arabayla gezer.
She goes for a ride.

Her yıl tatil için nereye gider?
Where does she go for holiday every year?

Bodrum'a gider.
She goes to Bodrum.

Bodrum'da nerede kalır?	**Bir pansiyonda kalır.**
Where does she stay in Bodrum?	She stays at a pension.
Her gün ne yapar?	**Yüzer.**
What does she do every day?	She swims.
Hızlı yüzebilir mi?	**Evet, yüzebilir.**
Can she swim fast?	Yes, she can.

PRACTICE 40

A

Change into questions.

1. Babam ütü yapabilir.
2. İki dil konuşabilirim.
3. Kadın her gün tabakları yıkar.
4. Ona bir peçete veriyor.
5. Arkadaşım piyano çalabilir.
6. Her akşam sekizde telefon çalar.
7. Bebek meyve suyu içebilir.
8. Müdür odaya girebilir.

B

Change into negative form.

1. Bu odada sigara içebilirsin.
2. Bu akşam telefon edebiliriz.
3. Bu dersi anlatabilir mi?
4. Bahçede gezebilirsiniz.
5. Müşteriler mağazaya girebilirler.
6. Hızlı araba kullanabilirim.
7. İşini bugün bitirebilir.

C

Make questions using the question words in brackets.

1. Altıda gelebilirim. (ne zaman)
2. Bu kitapları okuyabilir. (ne)
3. Saat onda evden çıkabiliriz. (saat kaçta)
4. Arkadaşımla birlikte ormana gidiyoruz. (nereye)
5. Bu odada bekleyebilirsiniz. (nerede)
6. Garson çorba getirebilir. (kim, ne)

D

Change into the tense given.

    1. **Bu odada toplantı yaparlar. (Şimdiki Zaman)**
    2. **Onlara ne anlatıyorsun? (Geniş Zaman)**
    3. **O gömleği yıkamam. (-Ebilmek Yapısı)**
    4. **Bana Türkçe öğretebilirsin. (Geniş Zaman)**
    5. **Evimizi satmayız. (Şimdiki Zaman)**

E

Translate into English.

    1. **Bize ne zaman gelebilirsin?**
    2. **Bir bardak su getirebilir misin?**
    3. **İşadamı toplantıya gidemez.**
    4. **Bize mağazayı gösterebilir mi? Hayır, gösteremez.**
    5. **Onu özlüyorum ama oraya gidemem.**

F

Translate into Turkish.

    1. Can you understand these sentences?
    2. She can't swim fast.
    3. I can't play the piano but my mother can.
    4. Who can drive well?
    5. What can I do for you?

PRACTICE 40 - ANSWERS

A. 1. Babam ütü yapabilir mi? 2. İki dil konuşabilir misin?(konuşabilir miyim?) 3. Kadın her gün tabakları yıkar mı? 4. Ona bir peçete veriyor mu? 5. Arkadaşım piyano çalabilir mi? 6. Her akşam sekizde telefon çalar mı? 7. Bebek meyve suyu içebilir mi? 8. Müdür odaya girebilir mi?

B. 1. Bu odada sigara içemezsin. 2. Bu akşam telefon edemeyiz. 3. Bu dersi anlatamaz. 4. Bahçede gezemezsiniz. 5. Müşteriler mağazaya giremezler. 6. Hızlı araba kullanamam. 7. İşini bugün bitiremez.

C. 1. Ne zaman gelebilirsin? 2. Ne okuyabilir? 3. Saat kaçta evden çıkabilirsiniz? 4. Nereye gidiyorsunuz? 5. Nerede bekleyebiliriz? 6. Garson ne getirebilir? Kim çorba getirebilir?

D. 1. Bu odada toplantı yapıyorlar. 2. Onlara ne anlatırsın? 3. O gömleği yıkayamam. 4. Bana Türkçe öğretirsin. 5. Evimizi satmıyoruz.

E. 1. When can you come to us? 2. Can you bring me a glass of water? 3. The businessman can't go to the meeting. 4. Can she show us the store? No, she can't. 5. I miss him, but I can't go there.

F. 1. Bu cümleleri anlayabilir misin? 2. Hızlı yüzemez. 3. Piyano çalamam ama annem çalabilir. 4. Kim iyi sürebilir? (araba kullanabilir?) 5. Senin/sizin için ne yapabilirim?

temel
TÜRKÇE
kursu

DERS 41

VOCABULARY

BİRİSİ, BİRİ

Kapının önünde birisi
(biri) var.

SOMEBODY, SOMEONE

There is somebody in
front of the door.

BİR YER

Patron bu akşam
bir yere gidiyor.

SOMEWHERE

The boss is going some-
where this evening.

BİR ŞEY

Buzdolabında bir şey yok.

SOMETHING, ANYTHING

There isn't anything in the
fridge.

BİSİKLET

Çocuğun bisikleti
evin önündedir.

BICYCLE

The child's bicycle is in front
of the house.

TARAK

Tarağım nerede?

COMB

Where is my comb?

401

FIRIN		OVEN
Fırın buzdolabının yanındadır.		The oven is near the fridge.

ÇARŞAF		SHEET
Çarşaflar pis. Onları yıka, lütfen.		The sheets are dirty. Wash them, please.

BİRİ(Sİ), BİR YER, BİR ŞEY

These words are used in positive, negative and question forms, to express the idea of a person, place or object which is not known, or not important. In positive sentences English translations would be respectively 'somebody, somewhere, something', but in negative or question forms, more usual would be 'anybody, anywhere, anything'.

Parkta birisi var.	There is someone in the park.
Birisi seni bekliyor.	Someone is waiting for you.
Birisi onu görebilir.	Someone can see him.
Müdürün odasında biri oturuyor.	Someone is sitting in the manager's room.
Birisi zili çalıyor.	Someone is ringing the bell.
Adamlar bir yere bakıyor.	The men are looking at somewhere.
Bugün bir yere gidebiliriz.	We can go somewhere today.
Her yıl tatil için bir yere gidiyor.	She is going somewhere for holiday every year.
O sokakta bir yerde kalıyorlar.	They are staying somewhere in that street.
Bakırköy'de bir yere gitmek istiyor.	She wants to go somewhere in Bakırköy.
Kocasından her ay bir şey ister.	She wants something from her husband every month.
Dolabın üstünde bir şey görüyorum.	I see something on the cupboard.
Sık sık bir şey alırız.	We often buy something.
Garson bir şey getiriyor.	The waiter is bringing something.
Öğretmen onlara bir şey anlatıyor.	The teacher is telling them something.

Now, let us see these words used in negative and question forms.

Parkta birisi var mı?	Is there anybody in the park?
Birisi onu görebilir mi?	Can anybody see him?
Müdürün odasında biri oturuyor mu?	Is anybody sitting in the manager's room?
Dükkânda birisi yok mu?	Isn't there anybody in the shop?
Oraya birisi geliyor mu?	Is anybody coming there?

Adamlar bir yere bakıyor mu?	Are the men looking at anywhere?
Bugün bir yere gidiyor musunuz?	Are you going anywhere today?
Her yıl tatil için bir yere gidiyor musun?	Are you going anywhere for holiday every year?
O sokakta bir yerde kalıyor musunuz?	Are you staying anywhere in that street?
Bakırköy'de bir yere gitmek istiyor mu?	Does he want to go anywhere in Bakırköy?
Kocasından bir şey istiyor mu?	Does she want anything from her husband?
Dolabın üstünde bir şey görüyor musun?	Do you see anything on the cupboard?
Sık sık bir şey alır mısınız?	Do you often buy anything?
Garson bir şey getiriyor mu?	Is the waiter bringing anything?
Öğretmen onlara bir şey anlatıyor mu?	Is the teacher telling them anything?
Parkta birisi yok.	There isn't anybody in the park.
Birisi onu göremez.	Anybody can't see him.
Müdürün odasında biri oturmuyor.	Anybody isn't sitting in the manager's room.
Dükkânda birisi yok.	There isn't anybody in the shop.
Oraya birisi gelmiyor.	Anybody isn't coming there.
Adamlar bir yere bakmıyor.	The men aren't looking at anywhere.
Bugün bir yere gitmiyorum.	I am not going anywhere today.
Her yıl tatil için bir yere gitmeyiz.	We don't go anywhere for holiday every year.
O sokakta bir yerde kalmıyorlar.	They aren't staying anywhere in that street.
Bakırköy'de bir yere gitmek istemiyorum.	I don't want to go anywhere in Bakırköy.
Kocasından bir şey istemiyor.	She doesn't want anything from her husband.
Dolabın üstünde bir şey görmüyorum.	I don't see anything on the cupboard.
Sık sık bir şey almayız.	We don't often buy anything.
Garson bir şey getirmiyor.	The waiter isn't bringing anything.
Öğretmen onlara bir şey anlatmıyor.	The teacher isn't telling them anything.
Masanın üstünde bir şey var.	There is something on the table.
Bahçede birisi yok.	There isn't anybody in the garden.
Bu akşam bir yere gidiyor musunuz?	Are you going anywhere this evening?
Birisi bana mektuplar yazıyor.	Somebody is writing letters to me.
Süpermarketten bir şey almıyorum.	I am not buying anything from the supermarket.
Babam birisine telefon ediyor.	My father is telephoning somebody.
Evde bir yeri temizleme.	Don't clean anywhere at home.

Summary of Short Answers

In previous lessons we have looked at questions which can be answered 'yes' or 'no'. Here are some more examples.

Bu bir ev midir?	Is it a house?
Evet, evdir.	Yes, it is.
Hayır, değildir.	No it isn't.

O bir bilgisayar mıdır?	Is it a computer?
Evet, bilgisayardır.	Yes, it is.
Hayır, değildir.	No, it isn't.

Kadın bir öğretmen midir?	Is the woman a teacher?
Evet, öğretmendir.	Yes, she is.
Hayır, değildir.	No, she isn't.

Ablası bir hemşire midir?	Is his elder sister a nurse?
Evet, hemşiredir.	Yes, she is.
Hayır, değildir.	No, she isn't.

Arkadaşın evde midir?	Is your friend at home?
Evet, evdedir.	Yes, he is.
Hayır, değildir.	No, he isn't.

Çarşaflar temiz midir?	Are the sheets clean?
Evet, temizdir.	Yes, they are.
Hayır, değildir.	No, they aren't.

Bu araba pahalı mıdır?	Is this car expensive?
Evet, pahalıdır.	Yes, it is.
Hayır, değildir.	No, it isn't.

Bardaklar masanın üstünde midir?	Are the glasses on the table?
Evet, üstündedir.	Yes, they are.
Hayır, değildir.	No, they aren't.

Bu kadın senin annen midir?	Is this woman your mother?
Evet, annemdir.	Yes, she is.
Hayır, değildir.	No, she isn't.

Evde ekmek var mı?	Is there any bread at home?
Evet, var.	Yes, there is.
Hayır, yok.	No, there isn't.

Odada bir halı var mı?	Is there a carpet in the room?
Evet, var.	Yes, there is.
Hayır, yok.	No, there isn't.
Kapının önünde birisi var mı?	Is there anybody in front of the door?
Evet, var.	Yes, there is.
Hayır, yok.	No, there isn't.
Toplantıya gidiyor musun?	Are you going to the meeting?
Evet, gidiyorum.	Yes, I am.
Hayır, gitmiyorum.	No, I am not.
Bu gece geliyor mu?	Is she coming tonight?
Evet, geliyor.	Yes, she is.
Hayır, gelmiyor.	No, she isn't.
Bu sabunu kullanıyor musunuz?	Are you using this soap?
Evet, kullanıyoruz.	Yes, we are.
Hayır, kullanmıyoruz.	No, we aren't.
Bu filmi seyrediyorlar mı?	Are they watching this film?
Evet, seyrediyorlar.	Yes, they are.
Hayır, seyretmiyorlar.	No, they aren't.
Bir bardak şarap ister misiniz?	Do you want a glass of wine?
Evet, isteriz.	Yes, we do.
Hayır, istemeyiz.	No, we don't.
Cumartesi günleri çalışır mı?	Does he work on Saturdays?
Evet, çalışır.	Yes, he does.
Hayır, çalışmaz.	No, he doesn't.
Sabahleyin erken kalkar mısın?	Do you get up early in the morning?
Evet, kalkarım.	Yes, I do.
Hayır, kalkmam.	No, I don't.
İyi araba kullanır mı?	Does she drive well?
Evet, kullanır.	Yes, she does.
Hayır, kullanmaz.	No, she doesn't.
Burada oturmak ister misin?	Do you want to sit here?
Evet, isterim.	Yes, I do.
Hayır, istemem.	No, I don't.

Bisiklete binmek ister mi?	Does she want to ride the bicycle?
Evet, ister.	Yes, she does.
Hayır, istemez.	No, she doesn't.

Now, some more examples, introducing **-bilmek**.

Gitar çalabilir misin?	Can you play the guitar?
Evet, çalabilirim.	Yes, I can.
Hayır, çalamam.	No, I can't.

Yarın buraya gelebilir mi?	Can he come here?
Evet, gelebilir.	Yes, he can.
Hayır, gelemez.	No, he can't.

Bu işi yapabilirler mi?	Can they do this work?
Evet, yapabilirler.	Yes, they can.
Hayır, yapamazlar.	No, they can't.

Bunu yaşlı kadına verebilir misiniz?	Can you give it to the old woman?
Evet, verebiliriz.	Yes, we can.
Hayır, veremeyiz.	No, we can't.

Bu salonda bekleyebilir miyim?	Can I wait in this hall?
Evet, bekleyebilirsin.	Yes, you can.
Hayır, bekleyemezsin.	No, you can't.

Şemsiyeni alabilir miyiz?	Can we take your umbrella?
Evet, alabilirsiniz.	Yes, you can.
Hayır, alamazsınız.	No, you can't.

Günde (haftada, ayda, yılda) ... saat (gün, hafta, ay)

We have already seen expressions like 'twice a day, three times a week', etc. Here we see words for time periods used in frequency expressions.

günde bir saat	an hour a day
günde iki saat	two hours a day
günde beş saat	five hours a day
günde sekiz saat	eight hours a day
günde on iki saat	twelve hours a day

haftada on beş saat	fifteen hours a week
haftada bir gün	one day a week
haftada iki gün	two days a week
haftada üç gün	three days a week
haftada yedi gün	seven days a week
ayda on saat	ten hours a month
ayda yirmi beş saat	twenty five hours a month
ayda altı gün	six days a month
ayda on gün	ten days a month
ayda iki hafta	two weeks a month
yılda on gün	ten days a year
yılda yetmiş gün	seventy days a year
yılda üç yüz altmış beş gün	three hundred and sixty five days a year
yılda beş hafta	five weeks a year
yılda on iki hafta	twelve weeks a year
yılda iki ay	two months a year
yılda dört ay	four months a year
yılda altı ay	six months a year
yılda on iki ay	twelve months a year

Günde bir saat ofiste kalır.	She stays in the office an hour a day.
Günde iki saat ders çalışırız.	We study two hours a day.
Günde on saat araba sürerler.	They drive ten hours a day.
Bir günde yirmi dört saat vardır.	There are twenty four hours a day.

Haftada on beş saat Türkçe öğretir.	She teaches Turkish fifteen hours a week.
Haftada dört saat okula gideriz.	We go to school four hours a week.
Haftada üç gün bize gelir.	He comes to us three days a week.
Kadın haftada bir gün evi temizler.	The woman cleans the house one day a week.
Bir haftada yedi gün vardır.	There are seven days a week.

Ayda otuz saat bilgisayar kullanırım.	I use the computer thirty hours a month.
Ayda on beş gün Ankara'da kalırlar.	They stay in Ankara fifteen days a month.
Ayda dört gün şirkette toplantı var.	We have a meeting four days a month in the company.
Ayda bir hafta bu otelde kalırız.	We stay at this hotel one week a month.
Bir ayda dört hafta vardır.	There are four weeks a month.

Yılda iki ay Japonya'da kalırlar.	They stay in Japan two months a year.
Bu mağaza yılda sekiz hafta açıktır.	This store is open eight weeks a year.
Okullar yılda sekiz ay açıktır.	Schools are open eight months a year.
Yılda otuz gün Antalya'da kalırız.	We stay in Antalya thirty days a year.
Bir yılda on iki ay vardır.	There are twelve months a year.

DIALOGUE

A : **Patron haftada kaç gün ofise geliyor?**
How many days a week does the boss come to the office?

B : **Üç gün.**
Three days.

A : **Erken mi gelir?**
Does he come early?

B : **Evet. Sabah saat sekiz buçukta gelir.**
Yes. He comes at half past eight.

A : **Siz kaçta geliyorsunuz?**
What time do you come?

B : **Dokuzda geliyorum.**
I come at nine o'clock.

A : **Günde kaç saat çalışıyorsunuz?**
How many hours a day do you work?

B : **Dokuz saat.**
Nine hours.

A : **Haftada kaç gün çalışıyorsunuz?**
How many days a week do you work?

B : **Altı gün.**
Six days.

A : **Yılda kaç hafta tatil var?**
How many weeks of holiday a year are there?

B : **Üç hafta.**
Three weeks.

A : **Kaç yıldır burada çalışıyorsunuz?**
How many years have you been working here?

B : **Dört yıldır.**
For four years.

A : **İşinizi seviyor musunuz?**
Do you like your job?

B : **Evet, seviyorum.**
Yes, I do.

PRACTICE 41

A

Fill the gaps with **birisi, bir yer, bir şey** as appropriate, adding any suffixes necessary.

1. **Odanda ...... oturuyor.**
2. **Yarın ...... gidebiliriz.**
3. **Masanın üstünde ...... var.**
4. **Kapının önünde ...... var mı?**
5. **O bizden ...... istemiyor.**
6. **Salonda ...... yok.**
7. **Balkondan ...... bakıyor mu?**
8. **Benden ...... istiyor musun?**
9. **Bu kitapları ...... koy.**
10. **...... bakıyorlar.**

B

Give short positive answers.

1. Evde dört halı var mı?
2. Şu bir top mudur?
3. Bu elbise ucuz mudur?
4. Şu kız senin arkadaşın mıdır?
5. Çanta koltuğun üstünde midir?
6. Cuma günü bize geliyor musun?
7. Arabasını satmak istiyor mu?
8. Her hafta ütü yapar mı?
9. Pis tabakları yıkayabilirler mi?
10. Benim için bir şey yapabilir misin?

C

Give short, negative answers to the above.

D

Rewrite to include the information given in brackets.

1. Okula gidiyor. (haftada üç gün)
2. Ders çalışıyoruz. (günde dört saat)
3. Burada yemek yeriz. (ayda bir gün)
4. İşadamı Amerika'da kalır. (yılda iki ay)
5. Arkadaşım Türkçe öğretiyor. (günde iki saat)
6. Çarşafları yıkıyor. (haftada iki gün)
7. Mağazaya geliyor. (ayda dört gün)
8. Tatil var. (yılda on beş gün)

E

Translate into English.

1. Öğretmen bana bir şey soruyor.
2. Her gün bir yere gider misin?
3. Her ay o mağazadan bir şey satın alır.
4. Birine telefon edebilir misin?
5. Çocuklara bir şey anlat, lütfen.
6. Günde dört saat evde kalır.
7. Haftada üç gün hastaneye gidersin.
8. Baban bir şey veriyor mu?
9. Oraya haftada üç kez gidebilir misin?
   Evet, gidebilirim.
10. Yılda bir ay İstanbul'dadır.

F

Translate into Turkish.

1. Do you often buy anything?
2. The waiter isn't bringing anything.
3. Someone is waiting for her.
4. He wants to sit somewhere in the garden.
5. There isn't anybody here.
6. Does she want to wear this skirt?
   Yes, she does.
7. Can you speak French?
   Yes, I can.
8. We wait there one hour a day.
9. They are learning Turkish four hours a week.
10. Can you come here one day a month?

PRACTICE 41 - ANSWERS

A. 1. birisi 2. bir yere 3. bir şey 4. birisi/bir şey 5. bir şey 6. birisi/ bir şey 7. birisi 8. bir şey 9. bir yere 10. bir yere

B. 1. Evet, var. 2. Evet, toptur. 3. Evet, ucuzdur. 4. Evet, arkadaşımdır. 5. Evet, üstündedir. 6. Evet, geliyorum. 7. Evet, istiyor. 8. Evet, yapar. 9. Evet, yıkayabilirler. 10. Evet, yapabilirim.

C. 1. Hayır, yok. 2. Hayır, değildir. 3. Hayır, değildir. 4. Hayır, değildir. 5. Hayır, değildir. 6. Hayır, gelmiyorum. 7. Hayır, istemiyor. 8. Hayır, yapmaz. 9. Hayır, yıkayamazlar. 10. Hayır, yapamam.

D. 1. Haftada üç gün okula gidiyor. 2. Günde dört saat ders çalışıyoruz. 3. Ayda bir gün burada yemek yeriz. 4. İşadamı yılda bir ay Amerika'da kalır. 5. Arkadaşım günde iki saat Türkçe öğretiyor. 6. Haftada iki gün çarşafları yıkıyor.(Çarşafları haftada iki gün yıkıyor.) 7. Ayda dört gün mağazaya geliyor. (Mağazaya ayda dört gün geliyor.) 8. Yılda on beş gün tatil var.

E. 1. The teacher is asking me something. 2. Do you go anywhere every day? 3. She buys something from that store every month. 4. Can you telephone anybody? 5. Tell the children something, please. 6. She stays at home four hours a day. 7. You go to hospital three days a week. 8. Is your father giving anything? 9. Can you go there three times a week? Yes, I can. 10. He is in Istanbul one month a year.

F. 1. Sık sık bir şey satın alır mısın? 2. Garson bir şey getirmiyor. 3. Birisi onu bekliyor. 4. Bahçede bir yerde oturmak istiyor. 5. Burada birisi yok. 6. Bu eteği giymek ister mi? Evet, ister. 7. Fransızca konuşabilirmisin? Evet, konuşabilirim. 8. Günde bir saat orada bekleriz. 9. Haftada dört saat Türkçe öğreniyorlar. 10. Ayda bir gün buraya gelebilir misin?

temel
TÜRKÇE
kursu

DERS 42

VOCABULARY

AĞIZ

Ağzında ne var?

MOUTH

What is there in your mouth?

BURUN

Bebeğin burnu çok küçüktür.

NOSE

The baby's nose is very small.

BAŞ

Adamın başında ne var?

HEAD

What is there on the man's head?

KOL

Bize kolunu gösteriyor.

ARM

She is showing us her arm.

BACAK

Bacakları suyun içindedir.

LEG

His legs are in the water.

KULAK

Kızın kulakları büyük müdür yoksa küçük müdür?

EAR

Are the girl's ears big or small?

411

PARMAK

Resimde senin parmaklarını görüyorum.

FINGER

I see your fingers in the picture.

DUDAK

Kadının dudakları kırmızıdır.

LIP

The woman's lips are red.

SAHİP OLMAK, VAR (OLMAK)

Güzel bir eve sahibim.
(Güzel bir evim var.)

TO HAVE (GOT)

I have got a nice house.

Ağız - Ağzı, Burun - Burnu

Ağız (= mouth) and **burun** (= nose) change to **ağzı** and **burnu** when possessed (ie the ı of **ağız** is dropped, and the possessed suffix **-ı** added, and similarly for **burun**).

ağız

benim ağızım değil,	my mouth
benim ağzım	my mouth
senin ağzın	your mouth
onun ağzı	his/her mouth
bizim ağzımız	our mouths
sizin ağzınız	your mouths/your mouth
onların ağzı	their mouths

burun

benim burunum değil,	my nose
benim burnum	my nose
senin burnun	your nose
onun burnu	his/her nose
bizim burnumuz	our noses
sizin burnunuz	your noses/your nose
onların burnu	their noses

Senin ağzında ne var?	What is there in your mouth?
Ağzı çok büyüktür.	Her mouth is very big.
Bu peyniri ağzınıza koyun.	Put this cheese into your mouth.
Ağzımızda bir şey yok.	There isn't anything in our mouths.

Burnum çok büyüktür.	My nose is very big.
Kızın burnuna bak.	Look at the girl's nose.
Bebeğin burnu çok küçüktür.	The baby's nose is very small.
Kadının burnu kırmızıdır.	The woman's nose is red.

SAHİP OLMAK (VAR)

We have seen **var** and **yok** used to refer to the existence of something somewhere. In this lesson we shall see **var** used for possession or ownership. These two usages for **var** should not be confused. Let us first remind ourselves of **var** used in the sense of existence.

Burada iki sandalye var.	There are two chairs here.
Evde bir kedi var.	There is a cat in the house.
Masanın üstünde kitaplar var.	There are books on the table.
Yatağın üstünde bir elbise var.	There is a dress on the bed.

Now, some examples to introduce **var** used for possession. (The Turkish expression for 'to possess' is **sahip olmak**, which is given in brackets).

Adamın iki sandalyesi var.	The man has got two chairs.
(Adam iki sandalyeye sahip.)	
Bir kedim var. (Bir kediye sahibim.)	I have got a cat.
Kitaplarımız var. (Kitaplara sahibiz.)	We have got books.
Kadının bir elbisesi var.	The woman has got a dress.
(Elbiseye sahip.)	

In these sentences the English translation uses 'to have (got)'.

When talking about possession/ownership, that which is possessed takes the directional suffix **-(y)a/-(y)e**. When **sahip olmak** is used to **sahip** is added the personal suffix.

Ben bir eve sahibim.*	I have got a house.
Sen bir eve sahipsin.	You have got a house.
O bir eve sahip.	He/She has got a house.
Biz bir eve sahibiz. *	We have got a house.
Siz bir eve sahipsiniz.	You have got a house.
Onlar bir eve sahip(ler).	They have got a house.

* Remember that the **p** changes to **b** when followed by a vowel (ie in the first person for **sahip**).

Onlar bir arabaya sahip.	They have got a car.
Sen bir ata sahipsin.	You have got a horse.
O bir bisiklete sahip.	He has got a bicycle.
Ben bir dükkâna sahibim.	I have got a shop.
Biz bisikletlere sahibiz.	We have got bicycles.

413

Yeşil gözlere sahiptir.	She has got green eyes.
Büyük kulaklara sahibim.	I have got big ears.
Küçük bir buruna sahipsin.	You have got a small nose.
Güzel bir eve sahipler.	They have got a nice house.
Büyük bir arabaya sahibiz.	We have got a big car.
İyi bir öğretmene sahipsiniz.	You have got a good teacher.

Now, some more examples, this time using **var**. With the **var** structure, the structure for a relationship of possession is used. This is widely used to talk about possession/ownership.

Onların bir arabası var.	They have got a car.
(onların arabası)	
Senin bir atın var.	You have got a horse.
(senin atın)	
Onun bir bisikleti var.	She has got a bicycle.
(onun bisikleti)	
Benim bir dükkânım var.	I have got a shop.
(benim dükkânım)	
Bizim bisikletlerimiz var.	We have got bicycles.
(bizim bisikletlerimiz)	
Sizin bir köpeğiniz var.	You have got a dog.
(sizin köpeğiniz)	
Yeşil gözleri var.	She has got green eyes.
(onun gözleri)	
Büyük kulaklarım var.	I have got big ears.
(benim kulaklarım)	
Küçük bir burnun var.	You have got a small nose.
(senin burnun)	
Güzel bir evleri var.	They have got a nice house.
(onların evi)	
Büyük bir arabamız var.	We have got a big car.
(bizim arabamız)	
İyi bir öğretmeniniz var.	You have got a good teacher.
(sizin öğretmeniniz)	

İki gözüm var.	I have got two eyes.
İki kulağım var.	I have got two ears.
Bir ağzım var.	I have got a mouth.
İki ağabeyim var.	I have got two elder brothers.
Siyah bir elbisem var.	I have got a black dress.
Güzel bir odam var.	I have got a nice room.

İki kolun var.	You have got two arms.
Bir çok kalemlerin var.	You have got a lot of pencils.
Büyük bir köpeğin var.	You have got a big dog.
Hızlı bir araban var.	You have got a fast car.
Güzel bir bahçen var.	You have got a beautiful garden.

414

Uzun kolları var.	He has got long arms.
Bir saati var.	She has got a watch.
Bir paket bisküvisi var.	He has got a packet of biscuit.
Büyük bir mağazası var.	He has got a big store.
İki penceresi var.	It has got two windows.
Üç evimiz var.	We have got three houses.
Güzel bir bebeğimiz var.	We have got a nice baby.
Dört tane sandviçimiz var.	We have got four sandwiches.
Buzdolabında bir kilo domatesimiz var.	We have got one kilo of tomatoes in the fridge.
Dört koltuğunuz var.	You have got four armchairs.
Küçük bir dolabınız var.	You have got a small cupboard.
Uzun bir köprünüz var.	You have got a long bridge.
Hızlı bir arabanız var.	You have got a fast car.
Güzel kitapları var.	They have got nice books.
İki erkek kardeşleri var.	They have got two brothers.
Bir piyanoları var.	They have got a piano.
Küçük bir kedileri var.	They have got a little cat.
Odanın iki penceresi var.	The room has got two windows.
Kadının büyük bir çantası var.	The woman has got a big bag.
Doktorun küçük bir odası var.	The doctor has got a small room.
Annemin mavi gözleri var.	My mother has got blue eyes.
Evin iki kapısı var.	The house has got two doors.
Kedinin küçük kulakları var.	The cat has got small ears.
Köpeğin dört bacağı var.	The dog has got four legs.
Kızın bir ağabeyi var.	The girl has got one elder brother.
Ayşe'nin bir bilgisayarı var.	Ayşe has got a computer.
Babamın eski bir paltosu var.	My father has got an old overcoat.
Öğretmenin büyük bir masası var.	The teacher has got a big table.
Arkadaşımın film için iki bileti var.	My friend has got two tickets for the film.
Mutfağın küçük bir penceresi var.	The kitchen has got a small window.

In English only the third person 'have-has' change is made. In Turkish the change is between the relevant person ending for possession.

Bir köpeğim var.	I have got a dog.
Bakırköy'de bir dükkânımız var.	We have got a shop in Bakırköy.
Bodrum'da bir evin var.	You have got a house in Bodrum.
Kırmızı peçeteleriniz var.	You have got red napkins.
Yeni bir bilgisayarları var.	They have got a new computer.
Mavi bir şapkası var.	She has got a blue hat.
Dört kapısı var.	It has got four doors.
Arkadaşımın birçok ayakkabısı var.	My friend has got a lot of shoes.
Müdürün güzel bir odası var.	The manager has got a nice room.
Teyzemin küçük bir lokantası var.	My aunt has got a small restaurant.

Words Used in the Reading Passage

saç	hair
sarı (saç)	blond, blonde

ÜÇ ARKADAŞ

**Güzel bir pazar günü. Hava
guneşli ve sıcak. Avcılar'da
bir ev. Salonda üç kişi var.
Koltuklarda oturuyorlar. Onların
biri erkek, ikisi kadın. Adları
Cemile, Beyhan ve Halil.**

**Burası güzel ve büyük bir salon.
Salonun üç tane penceresi var.
Pencerelerin yanında çiçekler
var. Koltukların rengi kırmızıdır.
Salonun ortasında büyük bir masa
var. Bisküviler ve kek masanın
üzerindedir.**

**Cemile yirmi bir yaşında. Üniversiteye
gidiyor. Onun siyah saçları ve siyah
gözleri var. Taksimde oturuyor. Bir
erkek, bir kız kardeşi var. Şimdi
elinde bir bardak çay var. Onu
içiyor. Kek yiyor. Keki çok
seviyor.**

**Beyhan yirmi dört yaşında. O bir
bilgisayar programcısı. Sarı saçları
ve mavi gözleri var. Avcılar'da oturuyor.
İki erkek kardeşi var. Kardeşleri ve
annesiyle birlikte bu evde oturuyor.
Babası bir mühendis. Şimdi Edirne'de**

THREE FRIENDS

It's a nice Sunday. It's sunny and hot.
A house in Avcılar. There are three
people in the hall. They are sitting
in the armchairs. One of them is a
man and two of them are women. Their
names are Cemile, Beyhan and Halil.

This place is a nice and big hall.
It has got three windows in the hall.
There are flowers near the windows.
The colour of the armchairs is red.
There is a big table in the middle of
the hall. The biscuits and cake are on the
table.

Cemile is twenty years old. She is
going to university. She has got
black hair and black eyes. She lives
in Taksim. She has got one brother and
one sister. Now, there is a glass of
tea in her hand. She is drinking it.
She is eating cake. She likes cake
very much.

Beyhan is twenty four years old. She
is a computer programmer. She has got
blond hair and blue eyes. She lives in
Avcılar. She has got two brothers. She
lives in this house with her brothers and
her mother. Her father is an engineer. He

çalışıyor. Babasının bir arabası var. Onu şimdi Beyhan sürüyor. Mecidiyeköy'de çalışıyor. İyi bir işi var. Sabahleyin şirkete arabayla gidiyor.

is working in Edirne now. Her father has got a car. Beyhan is driving it, now. She is working in Mecidiyeköy. She has got a good job. She is going to the company by car.

Bir erkek arkadaşı var. Bu akşam onunla bir lokantaya gitmek istiyor. O şimdi sütlü kahve içiyor.

She has got a boy friend. She wants to go to a restaurant with him this evening. She is drinking coffee with milk now.

Halil yirmi sekiz yaşında. O bir öğretmen. Etiler'de bir okulda çalışıyor. Kahverengi saçları ve siyah gözleri var. Evli. Bir kızı var. İki yaşında. Karısı da öğretmen. Onlar aynı okulda çalışıyorlar. Küçük bir evleri ve bir arabaları var. Karısının adı Senem. Kızının adı Aylin. Onlar şimdi evdeler. Halil birşey içmiyor. O biraz kek yiyor.

Halil is twenty eight years old. He is a teacher. He is works at a school in Etiler. He has got brown hair and black eyes. He is married. He has got one daughter. She is two years old. His wife is also a teacher. They are working at the same school. They have got a small house and a car. His wife's name is Senem. His daughter's name is Aylin. They are at home, now. Halil isn't drinking anything. He is eating some cake.

Questions and Answers to the Reading Passage

Hava nasıl?
How is the weather?

Güneşli ve sıcak.
It's sunny and hot.

Ev nerede?
Where is the house?

Avcılarda.
It's in Avcılar.

Salonda kaç kişi var?
How many people are there in the hall?

Üç kişi var.
There are three people.

Onlar nerede oturuyorlar?
Where are they sitting?

Koltuklarda oturuyorlar.
They are sitting in the armchairs.

Pencerelerin yanında ne var?
What are there near the windows?

Çiçekler var.
There are flowers.

Masa nerededir?
Where is the table?

Salonun ortasındadır.
It's in the middle of the hall.

Masanın üzerinde neler var?
What is there on the table?

Biraz kek ve bisküvi var.
There is some cake and biscuits.

Cemile kaç yaşında?
How old is Cemile?

Yirmi bir yaşında.
She is twenty one years old.

Onun gözleri ne renktir? What colour are her eyes?	**Siyahtır.** They are black.
O nerede yaşar? Where does she live?	**Taksim'de.** She lives in Taksim.
O ne içiyor? What is she drinking?	**Bir bardak çay içiyor.** She is drinking a glass of tea.
Beyhan kaç yaşında? How old is Beyhan?	**Yirmi dört yaşında.** She is twenty four years old.
O ne iş yapıyor? What is her job?	**O bir bilgisayar programcısı.** She is a computer programmer.
Siyah gözleri mi var? Has she got black eyes?	**Hayır, mavi gözleri var.** No, she has got blue eyes.
Nerede oturuyor? Where does she live?	**Avcılar'da oturuyor.** She lives in Avcılar.
Babası ne iş yapıyor? What is her father's job?	**O mühendistir.** He is an engineer.
Babası şimdi nerede? Where is her father now?	**Edirne'de.** He is in Edirne.
Babasının arabası nerede? Where is her father's car?	**O Avcılar'da.** It is in Avcılar.
Şimdi arabayı kim sürüyor? Who is driving the car now?	**Beyhan sürüyor.** Beyhan is.
O nerede çalışıyor? Where does she work?	**Mecidiyeköy'de çalışıyor.** She works in Mecidiyeköy.
Erkek arkadaşıyla nereye gitmek istiyor? Where does she want to go with her boy friend?	**Bir lokantaya gitmek istiyor.** She wants to go to a restaurant.
Halil ne iş yapıyor? What is Halil's job?	**O bir öğretmendir.** He is a teacher.
Nerede çalışıyor? Where does he work?	**Etiler'de çalışıyor.** He works in Etiler.
O evli mi? Is he married?	**Evet, evli.** Yes, he is.

418

Kızının adı nedir?
What is his daughter's name?

Aylin.
Her name is Aylin.

Karısı ne iş yapıyor?
What is his wife's job?

O öğretmendir.
She is a teacher.

Halil ne içiyor?
What is Halil drinking?

O bir şey içmiyor.
He isn't drinking anything.

PRACTICE 42

A

Rewrite using **var** form for possession/ownership.

Ex.: **Biz bir eve sahibiz.**
　　　 Bizim bir evimiz var.

1. **Çocuklar bir kediye sahipler.**
2. **Annem güzel elbiselere sahiptir.**
3. **İşadamı büyük bir arabaya sahiptir.**
4. **Sekreter güzel bir şemsiyeye sahiptir.**
5. **Öğretmenler okulda bir odaya sahiptir.**
6. **Arkadaşım mavi gözlere sahiptir.**

B

Make sentences using the words given, as in the example.

Ex.: **kedi - dört - bacak**
　　　 Kedinin dört bacağı var.

1. **ev - iki - oda**
2. **babam - büyük - bir - çanta**
3. **Ayşe - sarı - saç**
4. **ben - bir - kız**
5. **onlar - iki - erkek kardeş**
6. **o - çok - para**

C

Give short positive answers.

1. **Yarın buraya gelebilir misin?**
2. **O mağazada elbiseler var mı?**
3. **Annen sık sık kek yapar mı?**
4. **Evinizi satıyor musunuz?**
5. **Buralarda bir postane var mı?**
6. **Onun bilgisayarı yeni midir?**

D

Rewrite adding the information in brackets.

1. **Ankara'ya gidiyor. (ayda iki gün)**
2. **Türkçe çalışıyoruz. (günde üç saat)**
3. **Parka gidiyorlar. (haftada bir gün)**
4. **Amerika'da kalıyorum. (yılda bir ay)**
5. **Kadın evi temizliyor. (haftada iki gün)**
6. **Burada çalış. (ayda on saat)**

E

Translate into English.

1. **Beş tane kitabı var.**
2. **İki kız kardeşim var.**
3. **Okulda birçok arkadaşımız var.**
4. **Büyük bir bahçeleri var.**
5. **Bir erkek ve bir kız çocuğunuz var.**
6. **Bugün bir şey istemiyorum.**

F

Translate into Turkish.

1. We have got a house in Giresun.
2. The girl has got a small mouth.
3. The businessman has got a blue shirt.
4. They are eating something in the restaurant.
5. They come here two months a year.
6. I have got a good teacher.

PRACTICE 42 - ANSWERS

A. 1. Çocukların bir kedisi var. 2. Annemin güzel elbiseleri var. 3. İşadamının büyük bir arabası var. 4. Sekreterin güzel bir şemsiyesi var. 5. Öğretmenlerin okulda bir odası(odaları) var. 6. Arkadaşımın mavi gözleri var.

B. 1. Evin iki odası var. 2. Babamın büyük bir çantası var. 3. Ayşenin sarı saçları var. 4. Benim bir kızım var. 5. Onların iki erkek kardeşleri var. 6. Onun çok parası var.

C. 1. Evet, gelebilirim. 2. Evet, var. 3. Evet, yapar. 4. Evet, satıyoruz. 5. Evet, var. 6. Evet, yenidir.

D. 1. Ayda iki gün Ankara'ya gidiyor. 2. Günde üç saat Türkçe çalışıyoruz. 3. Haftada bir gün parka gidiyorlar. 4. Yılda bir ay Amerika'da kalıyorum. 5. Haftada iki gün kadın evi temizliyor. 6. Ayda on saat burada çalış.

E. 1. He has got five books. 2. I have got two sisters. 3. We have got a lot of friends in the school. 4. They have got a big garden. 5. You have got a son and a daughter. 6. I don't want anything today.

F. 1. Giresun'da bir evimiz var. 2. Kızın küçük bir ağzı var. 3. İşadamının mavi bir gömleği var. 4. Lokantada bir şey yiyorlar. 5. Yılda iki ay buraya gelirler. 6. İyi bir öğretmenim var.

temel
TÜRKÇE
kursu

DERS 43

VOCABULARY

DİL

Doktor çocuğun diline
bakıyor.
Hangi dili konuşabilirsin?

TONGUE; LANGUAGE

The doctor is looking at the
child's tongue.
Which languages can you
speak?

DİŞ

Yaşlı adamın dişleri yok.

TOOTH

The old man hasn't got any
teeth.

TIRNAK

Sekreterin tırnakları
çok uzundur.

NAIL

The secretary's nails are too
long.

PANTOLON

Pantolonun yatağın
üstündedir.

TROUSERS

Your trousers are on the
bed.

KAZAK

Mağazadaki kazağı
almak istiyorum.

SWEATER

I want to buy the sweater in
the store.

ÇAMAŞIR MAKİNESİ		WASHING MACHINE
Yeni bir çamaşır makinesi var.		She has got a new washing machine.

BULAŞIK MAKİNESİ		DISHWASHER
Tabakları bulaşık makinesine koy, lütfen.		Put the plates into the dishwasher.

ELEKTRİK SÜPÜRGESİ	VACUUM CLEANER, HOOVER
Elektrik süpürgesi salondadır.	The vacuum cleaner is in the hall.

DİL

The Turkish word **dil** has two meanings: 'tongue' and 'language'.

Bebeğin diline bak.	Look at the baby's tongue.
Doktor onun diline bakıyor.	The doctor is looking at his tongue.

Kaç dil konuşur?	How many languages does she speak?
Hangi dili konuşabilirsin?	Which language can you speak?

SAHİP OLMAK (VAR OLMAK) - QUESTION FORM

Bir arabam var.	I have got a car.
Güzel bir evleri var.	They have got a nice house.
Siyah gözleri var.	She has got black eyes.
Büyük bir çantam var.	I have got a big bag.
Büyük bir burnun var.	You have got a big nose.

To make questions about possession/ownership, the **var** form, rather than **sahip olmak**, is usually used.

Evde bir kedi var.	There is a cat in the house.
Evde bir kedi var mı?	Is there a cat in the house?

422

Masada tabaklar var.	There are plates on the table.
Masada tabaklar var mı?	Are there plates on the table?
Banyoda bir çamaşır makinesi var.	There is a washing machine in the bathroom.
Banyoda bir çamaşır makinesi var mı?	Is there a washing machine in the bathroom?

As you can see, where as the English inverts 'I have (to Have I)' to make questions about possession/ownership, in the Turkish this is not so merely, the question marker is added to the statement.

Bir kedim var.	I have got a cat.
Bir kedim var mı?	Have I got a cat?
Bir kedin var mı?	Have you got a cat?
Kitaplarımız var.	We have got books.
Kitaplarımız var mı?	Have we got books?
Kitaplarınız var mı?	Have you got books?
Kadının bir elbisesi var.	The woman has got a dress.
Kadının bir elbisesi var mı?	Has the woman got a dress?
Senin bir evin var.	You have got a house.
Senin bir evin var mı?	Have you got a house?
Onun bir evi var.	He/She has got a house.
Onun bir evi var mı?	Has she/he got a house?
Bizim bir evimiz var.	We have got a house.
Bizim bir evimiz var mı?	Have we got a house?
Sizin bir eviniz var.	You have got a house.
Sizin bir eviniz var mı?	Have you got a house?
Onların bir evi var.	They have got a house?
Onların bir evi var mı?	Have they got a house?
Onların bir arabası var mı?	Have they got a car?
Senin bir atın var mı?	Have you got a horse?
Onun bir bisikleti var mı?	Has he got a bicycle?
Onların bir dükkânı var mı?	Have they got a shop?
Bizim bisikletlerimiz var mı?	Have we got bicycles?
Sizin bir köpeğiniz var mı?	Have you got a dog?

Yeşil gözleri var mı?	Has she got green eyes?
Büyük kulaklarım var mı?	Have I got big ears?
Küçük bir burnun var mı?	Have you got a small nose?
Güzel bir evleri var mı?	Have they got a nice house?
Büyük bir arabamız var mı?	Have we got a big car?
İyi bir öğretmeniniz var mı?	Have you got a good teacher?
İki ağabeyin var mı?	Have you got two elder brothers?
Siyah bir elbiseniz var mı?	Have you got a black dress?
Güzel bir odam var mı?	Have I got a nice room?
İki kolun var mı?	Have you got two arms?
Bir çok kalemlerin var mı?	Have you got a lot of pencils?
Hızlı bir arabası var mı?	Has she got a fast car?
Güzel bir bahçesi var mı?	Has he got a beautiful garden?
Büyük bir mağazası var mı?	Has he got a big store?
Küçük bir dolabınız var mı?	Have you got a small cupboard?
Uzun bir köprünüz var mı?	Have you got a long bridge?
Güzel kitapları var mı?	Have they got nice books?
Bir piyanoları var mı?	Have they got a piano?

Odanın iki penceresi var mı?	Has the room got two windows?
Kadının büyük bir çantası var mı?	Has the woman got a big bag?
Doktorun küçük bir odası var mı?	Has the doctor got a small room?
Annemin mavi gözleri var mı?	Has my mother got blue eyes?
Evin iki kapısı var mı?	Has the house got two doors?
Kızın bir ağabeyi var mı?	Has the girl got one elder brother?
Ayşe'nin bir bilgisayarı var mı?	Has Ayşe got a computer?
Babamın eski bir paltosu var mı?	Has my father got an old overcoat?
Arkadaşımın film için iki bileti var mı?	Has my friend got two tickets for the film?
Mutfağın küçük bir penceresi var mı?	Has the kitchen got a small window?
Bakırköy'de bir dükkânınız var mı?	Have you got a shop in Bakırköy?
Bodrum'da bir evin var mı?	Have you got a house in Bodrum?

SAHİP OLMAK (VAR OLMAK) - NEGATIVES

In English 'not' is added to change positive sentences about possession into negative; in Turkish **var** is changed **yok**.

Evde bir kedi var.	There is a cat in the house.
Evde bir kedi var mı?	Is there a cat in the house?
Evde bir kedi yok.	There isn't a cat in the house.

Masada tabaklar var.	There are plates on the table.
Masada tabaklar var mı?	Are there plates on the table?
Masada tabaklar yok.	There aren't plates on the table.

424

Banyoda bir çamaşır makinesi var.	There is a washing machine in the bathroom.
Banyoda bir çamaşır makinesi var mı?	Is there a washing machine in the bathroom?
Banyoda bir çamaşır makinesi yok.	There isn't a washing machine in the bathroom.

Here are some more examples of negative sentences.

Kahverengi bir pantolonu var.	He has got a pair of brown trousers.
Kahverengi bir pantolonu var mı?	Has he got a pair of brown trousers?
Kahverengi bir pantolonu yok.	He hasn't got a pair of brown trousers.

Yeni bir bulaşık makinemiz var.	We have got a new dishwasher.
Yeni bir bulaşık makinemiz var mı?	Have we got a new dishwasher?
Yeni bir bulaşık makinemiz yok.	We haven't got a new dishwasher.

Eski bir evi var.	She has got an old house.
Eski bir evi var mı?	Has she got an old house?
Eski bir evi yok.	She hasn't got an old house.

İyi arkadaşlarınız var.	You have got good friends.
İyi arkadaşlarınız var mı?	Have you got good friends?
İyi arkadaşlarınız yok.	You haven't got good friends.

| Bir kedim var. | I have got a cat. |
| Bir kedim yok. | I haven't got a cat. |

| Kitaplarımız var. | We have got books. |
| Kitaplarımız yok. | We haven't got books. |

| Kadının bir elbisesi var. | The woman has got a dress. |
| Kadının bir elbisesi yok. | The woman hasn't got a dress. |

| Benim bir evim var. | I have got a house. |
| Benim bir evim yok. | I haven't got a house. |

| Senin bir evin var. | You have got a house. |
| Senin bir evin yok. | You haven't got a house. |

| Onun bir evi var. | He has got a house. |
| Onun bir evi yok. | He hasn't got a house. |

| Bizim bir evimiz var. | We have got a house. |
| Bizim bir evimiz yok. | We haven't got a house. |

| Sizin bir eviniz var. | You have got a house. |
| Sizin bir eviniz yok. | You haven't got a house. |

| Onların bir evi var. | They have got a house. |
| Onların bir evi yok. | They haven't got a house. |

Senin bir atın yok.	You haven't got a horse.
Onun bir bisikleti yok.	He hasn't got a bicycle.
Onların bir dükkânı yok.	They haven't got a shop.
Bizim bisikletlerimiz yok.	We haven't got bicycles.
Sizin bir köpeğiniz yok.	You haven't got a dog.
Yeşil gözleri yok.	She hasn't got green eyes.
Büyük kulaklarım yok.	I haven't got big ears.
Büyük bir arabamız yok.	We haven't got a big car.
İyi bir öğretmeniniz yok.	You haven't got a good teacher.
Siyah bir elbisemiz yok.	We haven't got a black dress.
Güzel bir odam yok.	I haven't got a nice room.
Hızlı bir arabası yok.	She hasn't got a fast car.
Büyük bir mağazası yok.	He hasn't got a big store.
Küçük bir dolabınız yok.	You haven't got a small cupboard.
Güzel kitapları yok.	They haven't got nice books.
Bir piyanoları yok.	They haven't got a piano.
Odanın iki penceresi yok.	The room hasn't got two windows.
Kadının büyük bir çantası yok.	The woman hasn't got a big bag.
Doktorun küçük bir odası yok.	The doctor hasn't got a small room.
Annemin mavi gözleri yok.	My mother hasn't got blue eyes.
Evin iki kapısı yok.	The house hasn't got two doors.
Kızın bir ağabeyi yok.	The girl hasn't got one elder brother.
Ayşe'nin bir bilgisayarı yok.	Ayşe hasn't got a computer.
Babamın eski bir paltosu yok.	My father hasn't got an old overcoat.
Arkadaşımın film için iki bileti yok.	My friend hasn't got two tickets for the film.
Mutfağın küçük bir penceresi yok.	The kitchen hasn't got a small window.
Bakırköy'de bir dükkânınız yok.	You haven't got a shop in Bakırköy.
Bodrum'da bir evin yok.	You haven't got a house in Bodrum.

Questions with "Kaç (tane)" and "Kimin"

To ask questions about possession/ownership 'how many' and 'who', **kaç (tane)** and **kimin** are used with the noun and person ending followed by **var**.

kaç tane ev	how many houses
kaç tane araba	how many cars
kaç kitap	how many books
kaç kazak	how many sweaters
kaç tarak	how many combs
kaç şişe	how many bottles
Kaç (tane) evin var?	How many houses have you got?
Kaç (tane) çantan var?	How many bags have you got?
Kaç kazağın var?	How many sweaters have you got?
Kaç pantolonun var?	How many trousers have you got?
Kaç kalemin var?	How many pencils have you got?

Kaç bilgisayarı var?	How many computers has he got?
Kaç kızı var?	How many daughters has she got?
Kaç oğlu var?	How many sons has he got?
Kaç bavulu var?	How many suitcases has he got?
Kaç şapkanız var?	How many hats have you got?
Kaç öğrenciniz var?	How many students have you got?
Kaç eteğiniz var?	How many skirts have you got?
Kaç köpeğiniz var?	How many dogs have you got?
Kaç arabaları var?	How many cars have they got?
Kaç işçileri var?	How many workers have they got?
Kaç çarşafları var?	How many sheets have they got?
Kaç erkek kardeşleri var?	How many brothers have they got?
Kaç kitabım var?	How many books have I got?
Kaç elbisem var?	How many dresses have I got?
Kaç anahtarımız var?	How many keys have we got?
Kaç çantamız var?	How many bags have we got?
Evin kaç kapısı var?	How many doors has the house got?
Ayşenin kaç bilgisayarı var?	How many computers has Ayşe got?
Arkadaşının film için kaç bileti var?	How many tickets has your friend for the film?
Doktorun kaç hastası var?	How many patients has the doctor got?
Patronun kaç arabası var?	How many cars has the boss got?
Kadının kaç çiçeği var?	How many flowers has the woman got?
Ağabeyinin kaç bisikleti var?	How many bicycles has your elder brother?
Babamın kaç paltosu var?	How many overcoats has my father got?
Annenin kaç kazağı var?	How many sweaters has your mother got?
Yaşlı adamın kaç dükkânı var?	How many shops has the old man got?
Kızın kaç arkadaşı var?	How many friends has the girl got?
Kaç paket şekerin var?	How many packets of sugar have you got?
Kaç kilo domatesimiz var?	How many kilos of tomatoes have we got?
Kaç şişe sütün var?	How many bottles of milk have you got?
Kaç kutu çayı var?	How many box of tea has she got?
Kimin bir evi var?	Who has got a house?
Kimin bir köpeği var?	Who has got a dog?
Kimin mavi bir pantolonu var?	Who has got blue trousers?
Kimin büyük bir çantası var?	Who has got a big bag?
Kimin hızlı bir arabası var?	Who has got a fast car?
Kimin bir şişe şarabı var?	Who has got a bottle of wine?

Short Answers

Kız kardeşin var mı?	Have you got any sisters?
Evet, var.	Yes, I have.
Güzel elbiseleri var mı?	Has she got nice dresses?
Evet, var.	Yes, she has.
Kadının güzel bir evi var mı?	Has the woman got a nice house?
Evet, var.	Yes, she has.
Yaşlı adamın büyük bir köpeği var mı?	Has the old man got a big dog?
Evet, var.	Yes, he has.
Yeni bir elektrik süpürgesi var mı?	Has she got a new vacuum cleaner?
Evet, var.	Yes, she has.
Bir bardak meyve suyun var mı?	Have you got a glass of fruit juice?
Hayır, yok.	No, I haven't.
Arkadaşının gitarı var mı?	Has your friend got a guitar?
Hayır, yok.	No, she hasn't.
Babanın bir arabası var mı?	Has your father got a car?
Hayır, yok.	No, he hasn't.
Sekreterin bir bilgisayarı var mı?	Has the secretary got a computer?
Hayır, yok.	No, she hasn't.
Doktorun büyük bir odası var mı?	Has the doctor got a big room?
Hayır, yok.	No, he hasn't.

PRACTICE 43

A

Change into negative form.

1. **On tane sigaram var.**
2. **Yeşil bir arabası var.**
3. **Kızın uzun bir paltosu var.**
4. **Yaşlı kadının çok parası var.**
5. **Çok öğrencim var.**
6. **İstanbul'da çok arkadaşımız var.**
7. **Kız arkadaşının yeşil gözleri var.**
8. **Doktorun çok hastası var.**

B

Change into question form.

1. Kadının bir çamaşır makinesi var.
2. Teyzesinin büyük bir burnu var.
3. Kedinin küçük kulakları var.
4. İki bardak biramız var.
5. Üç tane pantolonun var.
6. Bir toplantım var.
7. Kızının sarı saçları var.
8. Amcamın parası yok.

C

Make questions using **kaç (tane)**.

1. İki tane elbisesi var.
2. İşadamının bilgisayarı var.
3. Kadının güzel çantaları var.
4. Üç biletimiz var.
5. Beş öğrencim var.
6. Altı tane halıları var.
7. Patronun iki dükkânı var.
8. İki oğlu var.

D

Make questions using **kimin**.

1. Kadının elbiseleri var.
2. İşadamının bir bilgisayarı var.
3. Sekreterin büyük bir odası var.
4. Amcamın bir şirketi var.
5. Annemin yeni bir paltosu var.
6. Ayten'in büyük kulakları var.
7. Yaşlı kadının iki kedisi var.
8. Çocuğun bisikleti var.

E

Translate into English.

1. Yeni bir şemsiyen var mı?
2. Adamın üç bavulu var.
3. Kaç dil konuşabilir?
4. Bodrum'da bir evleri yok.
5. Ayşe'nin kaç kız kardeşi var?
6. Kimin yumurtası var?
7. Erkek arkadaşın var mı? Evet, var.
8. Hiç ekmeğimiz yok.

F

Translate into Turkish.

1. The doctor has got two houses.
2. Who has got a newspaper?
3. How many glasses has the waiter got?
4. Have they got two shops in İzmir?
5. The girl hasn't got a friend.
6. How many trousers has the dentist got?
7. Have you got any cigarettes? No, I haven't.
8. My son hasn't got a guitar.

PRACTICE 43 - ANSWERS

A. 1. On tane sigaram yok. 2. Yeşil bir arabası yok. 3. Kızın uzun bir paltosu yok. 4. Yaşlı kadının çok parası yok. 5. Çok öğrencim yok. 6. İstanbul'da çok arkadaşımız yok. 7. Kız arkadaşının yeşil gözleri yok. 8. Doktorun çok hastası yok.

B. 1. Kadının bir çamaşır makinesi var mı? 2. Teyzesinin büyük bir burnu var mı? 3. Kedinin küçük kulakları var mı? 4. İki bardak biramız var mı? 5. Üç tane pantolonun var mı? 6. Bir toplantın var mı? 7. Kızının sarı saçları var mı? 8. Amcamın/amcanın parası var mı?

C. 1. Kaç tane elbisesi var? 2. İşadamının kaç bilgisayarı var? 3. Kadının kaç çantası var? 4. Kaç biletimiz/biletiniz var? 5. Kaç öğrencim/öğrencin var? 6. Kaç tane halıları var? 7. Patronun kaç dükkânı var? 8. Kaç tane oğlu var?

D. 1. Kimin elbiseleri var? 2. Kimin bir bilgisayarı var? 3. Kimin büyük bir odası var? 4. Kimin bir şirketi var? 5. Kimin yeni bir paltosu var? 6. Kimin büyük kulakları var? 7. Kimin iki kedisi var? 8. Kimin bisikleti var?

E. 1. Have you got a new umbrella? 2. The man has got three suitcases. 3. How many languages can she speak? 4. They haven't got a house in Bodrum. 5. How many sisters has Ayşe got? 6. Who has got an egg? 7. Have you got a boy friend? Yes, I have. 8. We haven't got any bread.

F. 1. Doktorun iki evi var. 2. Kimin bir gazetesi var? 3. Garsonun kaç bardağı var? 4. İzmir'de iki dükkânları var mı? 5. Kızın bir arkadaşı yok. 6. Dişçinin kaç pantolonu var? 7. Hiç sigaran var mı? Hayır, yok. 8. Oğlumun bir gitarı yok.

430

t e m e l
TÜRKÇE
k u r s u

DERS 44

VOCABULARY

GRİ

Gri bir gömleğim var.

GREY

I have got a grey shirt.

LACİVERT

Lacivert bir eteğin
var mı?

DARK BLUE

Have you got a dark blue
skirt?

KRAVAT

Bir kravat satın almak istiyor.

NECKTIE

She wants to buy a necktie.

SÜPÜRMEK

Kadın her gün odayı
süpürüyor.

TO SWEEP

The woman sweeps the
room every day.

YÜZ

Kızın yüzü çok güzel.

FACE

The girl's face is very
beautiful.

AYNA

Aynaya bak!

MIRROR

Look at the mirror.

431

DİŞ FIRÇASI		**TOOTHBRUSH**
Diş fırçan banyodadır.		Your toothbrush is in the bathroom.

DİŞ MACUNU		**TOOTHPASTE**
Süpermarketten diş macunu al, lütfen.		Buy a tube of toothpaste at the supermarket, please.

TENSES (REVIEW)

We have looked at present (continuous and simple) tenses, and more recently the **-bilmek** (ability) tense/structure. In the last lesson we saw the **var** structure for possession/ownership. Let us review all these, with examples of positive, question and negative forms.

PRESENT CONTINUOUS TENSE

Positive

Gri bir gömlek giyiyor.	He is wearing a grey shirt.
Kadın pis tabakları yıkıyor.	The woman is washing the dirty plates.
Turistler rehberle müzeye giriyorlar.	The tourists are going into the museum with the guide.
Adamlar bisikletlere biniyorlar.	The men are riding the bicycles.
Öğretmen şimdi dersi anlatıyor.	The teacher is telling the lesson now.
Ayhan odada gitar çalıyor.	Ayhan is playing the guitar in the room.
Müşteriler mağazada bekliyor.	The customers are waiting in the store.
Bugün eve dönüyoruz.	We are going back home.
İşadamı arabayla havaalanına gidiyor.	The businessman is going to the airport by car.
Çocuklar sandviçleri yiyorlar.	The children are eating the sandwiches.

Question

Babam radyo dinliyor mu?	Is my father listening to the radio?
Sabahleyin kahve içiyor musunuz?	Are you drinking coffee in the morning?
Bu fabrikada çalışıyorlar mı?	Are they working in this factory?
Bu akşam sinemaya gidiyorlar mı?	Are they going to the cinema this evening?
Arabasını satıyor mu?	Is he selling his car?
Burada sigara içiyor musun?	Are you smoking here?
Bu odada uyuyor muyuz?	Are we sleeping in this room?
Her hafta ormana gidiyor musunuz?	Are you going to the forest every week?
Sekreter mektupları okuyor mu?	Is the secretary reading the letters?
Kapıyı kapıyor musun?	Are you shutting the door?

Negative

Çocuk meyve yemiyor.	The child isn't eating fruit.
Kadın tabakları masadan almıyor.	The woman isn't taking the plates from the table.
Annem bugün odayı süpürmüyor.	My mother isn't sweeping the room today.
Doktor bu pantolonu giymiyor.	The doctor isn't wearing these trousers.
Aynaya bakmıyoruz.	We aren't looking at the mirror.
Patron odaya girmiyor.	The boss isn't entering the room.
Sandviç yemiyorlar.	They aren't eating sandwiches.
Yarın oraya gitmiyorsunuz.	You aren't going there tomorrow.
Selma Hanım doktoru beklemiyor.	Selma Hanım isn't waiting for the doctor.
İşadamı bira içmiyor.	The businessman isn't drinking beer.

SIMPLE PRESENT TENSE

Positive

Her sabah bir fincan kahve içerim.	I drink a cup of coffee every morning.
Ankaradaki üniversiteye gider.	She goes to university in Ankara.
Ali her akşam bir bardak bira içer.	Ali drinks a glass of beer every evening.
Taksiler her gece buraya gelir.	The taxis come here every night.
Her sabah bu otobüse bineriz.	We get on this bus every morning.
Her akşam kız arkadaşına telefon eder.	He telephones his girl friend every evening.
Kadın gömlekleri ütüler.	The woman irons the shirts.
Her gün futbol oynarsın.	You play football every day.
Sabri Bey araba satar.	Sabri Bey sells cars.
Sık sık bu parka gelirler.	They often come to this park.

Question

Sabahleyin yumurta yer misin?	Do you eat eggs in the morning?
Kedileri sever misiniz?	Do you like cats?
Öğrenciler Fransızca öğrenirler mi?	Do the students learn French?
Amcası bu evde oturur mu?	Does her uncle live in this house?
Bazen o lokantaya gider misiniz?	Do you sometimes go to that restaurant?
Her sabah bize çay getirir mi?	Does she bring tea to us every morning?
Daima geç yatar mısın?	Do you always go to bed late?
Müdür şirkete erken gelir mi?	Does the manager come to the company early?
Araba sürer mi?	Does she drive?
Pansiyonda kalırlar mı?	Do they stay in the digs?

Negative

Her hafta evi temizlemeyiz.	We don't clean the house every week.
Annesi İngilizce öğretmez.	Her mother doesn't teach English.
Bahçede oturmazlar.	They don't sit in the garden.
Kız daima bu durakta beklemez.	The girl doesn't wait at this bus-stop.
Babam odasında gazete okumaz.	My father doesn't read newspapers in his room.
Daima bu süpermarkete gitmeyiz.	We don't always go to this supermarket.
Her hafta bankaya telefon etmezler.	They don't telephone the bank every week.
Babam bu kasaptan et almaz.	My father doesn't buy meat from this butcher's.
Pazar günü erken kalkmam.	I don't get up early on Sunday.
Her gün gazete almayız.	We don't buy newspapers every day.

-BİLMEK

Positive

Bu mektubu yazabilirim.	I can write this letter.
İşini bitirebilirsin.	You can finish your work.
Japonca konuşabilirim.	I can speak Japanese.
Burada sigara içebilir.	He can smoke here.
Ekmeği kesebilir.	She can cut the bread.
Benim eteğimi giyebilirsiniz.	You can wear my skirt.
Annene yardım edebilirsin.	You can help your mother.
Çarşamba günü arkadaşım gelebilir.	My friend can come on Wednesday.
Balkonda oturabiliriz.	We can sit on the balcony.
Şu otobüse binebilirler.	They can get on that bus.

Question

Oraya gidebilir miyim?	Can I go there?
Bir bardak şarap içebilir mi?	Can she drink a glass of wine?
Kadın odayı süpürebilir mi?	Can the woman sweep the room?
Türkçe öğrenebilir misiniz?	Can you learn Turkish?
Müziği dinleyebilir miyiz?	Can we listen to the music?
O resmi gösterebilir misin?	Can you show that picture?
Soruları yanıtlayabilirler mi?	Can they answer the questions?
Bu mektubu yazabilir misin?	Can you write this letter?
Pencereyi kapayabilir misiniz?	Can you shut the window?
Evin önünde bekleyebilir miyiz?	Can we wait in front of the house?

434

Negative

Piyano çalamazsınız.	You can't play the piano.
Müdürle konuşamam.	I can't speak to the manager.
Evimizi satamayız.	We can't sell our house.
Ütü yapamaz.	She can't iron.
İşadamları toplantıya gidemez.	The businessman can't go to the meeting.
Ayşe bu dersi anlatamaz.	Ayşe can't tell this lesson.
İşini bugün bitiremez.	She can't finish her work today.
Saat onda evden çıkamayız.	We can't go out of the house at ten o'clock.
Bize mağazayı gösteremez.	He can't show us the store.
Oraya gidemem.	I can't go there.

SAHİP OLMAK (VAR OLMAK)

Positive

Bir dükkânım var.	I have got a shop.
Güzel bir evleri var.	They have got a nice house.
Siyah bir elbisesi var.	She has got a black dress.
İki gözün var.	You have got two eyes.
Bir paket bisküvisi var.	She has got a packet of biscuit.
İyi bir öğretmenimiz var.	We have got a good teacher.
Hızlı bir arabanız var.	You have got a fast car.
Bir saati var.	He has got a watch.
Bir kızımız var.	We have got a daughter.
Yeni bir bilgisayarın var.	You have got a computer.

Question

Kızın bir ağabeyi var mı?	Has the girl got an elder brother?
Öğretmenin büyük bir masası var mı?	Has the teacher got a big table?
Onların bir arabası var mı?	Have they got a car?
Büyük bir mağazası var mı?	Has she got a big store?
Güzel bir bahçeniz var mı?	Have you got a beautiful garden?
Küçük bir dolabın var mı?	Have you got a small cupboard?
Bir piyanonuz var mı?	Have you got a piano?
Mavi gözleri var mı?	Has she got blue eyes?
Küçük bir burnun var mı?	Have you got a small nose?
Çocuğun bir bisikleti var mı?	Has the child got a bicycle?

435

Negative

Kahverengi pantolonu yok.	She hasn't got brown trousers.
Yeni bir bulaşık makinemiz yok.	We haven't got a new dishwasher.
İyi arkadaşlarım yok.	I haven't got good friends.
Büyük bir evimiz yok.	We haven't got a big house.
Onların bir dükkânı yok.	They haven't got a shop.
Gri bir kazağım yok.	I haven't got a grey sweater.
Sigaram yok.	I haven't got any cigarettes.
Bugün paramız yok.	We haven't got any money today.
Erkek arkadaşı yok.	She hasn't got a boy friend.
Babası yok.	He hasn't got a father.

Possession/Ownership - Negative Questions

To make negative questions, merely add the question marker **mu** to negative state-ments.

Bir evimiz yok.	We haven't got a house.
Bir evimiz yok mu?	Haven't we got a house?
Bugün param yok.	I haven't got any money today.
Bugün param yok mu?	Haven't I got any money today?
Elektrik süpürgesi yok.	She hasn't got a vacuum cleaner.
Elektrik süpürgesi yok mu?	Hasn't she got a vacuum cleaner?
İyi arkadaşların yok.	You haven't got good friends.
İyi arkadaşların yok mu?	Haven't you got good friends?
Mühendisin arabası yok.	The engineer hasn't got a car.
Mühendisin arabası yok mu?	Hasn't the engineer got a car?
Fahri Bey'in bileti yok.	Fahri Bey hasn't got a ticket.
Fahri Bey'in bileti yok mu?	Hasn't Fahri Bey got a ticket?
Bugün toplantınız yok.	You haven't got a meeting today.
Bugün toplantınız yok mu?	Haven't you got a meeting today?

Words Used in the Reading Passage

vitrin	shopwindow
tezgâhtar	shop assistant
giysi	clothes
seçmek	to choose

436

BİR MAĞAZA

A STORE

Burası büyük bir mağaza. Taksim'de, İstiklal Caddesi'nde. Mağazanın vitrininde elbiseler, gömlekler, kazaklar, etekler ve ceketler var. Caddede birçok insan var. İnsanlardan bazıları mağazanın önünde duruyur ve vitrine bakıyorlar.

This is a big store. It's in Taksim, in İstiklal Street. There are dresses, shirts, sweaters, skirts and jackets in the window of the store. There are a lot of people in the street. Some of the people are standing in front of the store and looking at the shopwindow.

Mağazanın içinde de birçok elbise, gömlek, etek ve ceket var. Müşteriler onlara bakıyorlar. Tezgâhtarlar müşterilere yardım ediyorlar. Onlara giysileri gösteriyorlar. Bu mağazada on tane tezgâhtar var.

There are a lot of dresses, shirts, skirts and jackets in the store. The customers are looking at them. The shop assistants are helping the customers. They are showing them the clothes. There are ten shop assistants in this store.

Bir müşteri mavi bir elbise seçiyor ve onu giyiyor. Duvarda aynalar var. O, aynaya bakıyor.

A customer is choosing a blue dress and putting it on. There are mirrors on the wall. She is looking at the mirror.

Bir adam karısıyla birlikte etek ve ceketlere bakıyor. Kadın bir etek giyiyor ve onu satın alıyorlar.

A man is looking at the skirts and jackets with his wife. The woman is wearing a skirt and they are buying it.

Sağda müdürün odası var. Onun küçük ama güzel bir odası var. Adı Fikret. Fikret Bey işini çok seviyor. O genç bir adam. Evli ve bir oğlu var. Sabahleyin mağazaya erken gelir. Tezgâhtarlarla konuşur ve giysilere bakar. Akşamleyin bazen eve geç gider. Etiler'de bir evi ve arabası var.

On the right is the manager's room. right. He has got a small but nice room. His name is Fikret. Fikret Bey likes his job very much. He is a young man. He is married and he has got a son. He comes to the store early in the morning. He speaks to the shop assistants and looking at the clothes. He sometimes goes home late in the evening. He has got a house in Etiler and a car.

Questions and Answers to the Reading Passage

Mağaza nerededir?
Where is the store?

Taksim'de, İstiklal Caddesi'ndedir.
It's in İstiklal Street in Taksim.

Mağazanın vitrininde neler var?
What are there in the shopwindow of
the store?

**Elbiseler, kazaklar, gömlekler, etekler
ve ceketler var.**
There are dreses, sweaters, shirts,
skirts and jackets.

**İnsanlar mağazanın önünde duruyorlar
mı?**
Are the people standing in front of
the store?

Evet, duruyorlar.
Yes, they are.

Mağazada tezgâhtarlar var mı?
Are there any shop assistants in the
store?

Evet, var.
Yes, there are.

Onlar ne yapıyorlar?
What are they doing?

**Müşterilere yardım ediyorlar.(Giysileri
gösteriyorlar.)**
They are helping the customers.
(They are showing the clothes.)

Mağazada kaç tane tezgâhtar var?
How many shop assistants are there
in the store?

On tane.
There are ten shop assistants.

Bir müşteri ne seçiyor?
What is a customer choosing?

Mavi bir elbise seçiyor.
She is choosing a blue dress.

O nereye bakıyor?
Where is she looking at?

Aynaya bakıyor.
She is looking at the mirror.

**Bir adam karısıyla birlikte ne
satın alıyor?**
What is a man buying together with
his wife?

Bir etek alıyor.
He is buying a skirt.

**Müdürün odası büyük mü yoksa
küçük mü?**
Is the manager's room big or small?

Küçüktür.
It's small.

Müdürün adı nedir?
What is the manager's name?

Fikret'tir.
His name is Fikret.

İşini seviyor mu?
Does he like his job?

Evet, seviyor.
Yes, he does.

Evli mi?
Is he married?

Evet, evlidir.
Yes, he is married.

Sabahleyin mağazaya erken mi gelir?
Does he come to the store early in the
morning?

Evet, erken gelir.
Yes, he does.

Evi var mı?
Has he got a house?

Evet, var.
Yes, he has.

Evi nerede?
Where is his house?

Etiler'de.
It is in Etiler.

Arabası var mı?
Has he got a car?

Evet, var.
Yes, he has.

PRACTICE 44

A

Change into negative question form.

1. **Büyük bir bahçemiz var.**
2. **Bugün oraya gidiyorlar.**
3. **Akşamleyin ders çalışır.**
4. **Parkta çocuklar yok.**
5. **Bize telefon etmiyorsun.**
6. **Evde zeytin var mı?**
7. **Size yardım ediyor mu?**
8. **Otobüste arkadaşın yok.**

B

Rewrite using the present simple.

1. **Her gün buraya geliyorlar.**
2. **Bu otelde kalıyor musun?**
3. **Bu kazağı giymiyor.**
4. **Bu evde oturmuyorum.**
5. **Öğretmen bu okulda çalışmıyor.**
6. **Her gün evi temizliyoruz.**
7. **Bu lokantada yemek yiyor musunuz?**
8. **O evi satıyoruz.**

C

Make questions using **kimin.**

1. **Kadının güzel elbiseleri var.**
2. **Mühendisin bir arabası yok.**
3. **Özlem'in yeni bir televizyonu var.**
4. **Aysel'in bu caddede bir dükkânı var.**
5. **Babamın eski bir paltosu var.**
6. **Teyzemin eski resimleri var.**

D

Make questions using **kaç (tane).**

1. **İki tane paltom var.**
2. **Hemşirenin beş tane eteği var.**

3. Patronun iki tane arabası var.
4. Yirmi tane kitabımız var.
5. İki kızları var.
6. Üç erkek kardeşin var.

E

Translate into English.

1. Süpermarketten bir kilo peynir al, lütfen.
2. Adamlar ofisi süpürüyorlar.
3. Yaşlı adamın kaç köpeği var?
4. Kimin kravatı var?
5. Sık sık futbol oynamazlar.
6. Erkek kardeşim yok.

F

Translate into Turkish.

1. He has got four white shirts.
2. How many sisters has Özlem got?
3. She doesn't sweep the room every day.
4. Hasn't the manager got a computer?
5. Have you got a new television?
6. They have been waiting there for three hours.

PRACTICE 44 - ANSWERS

A. 1. Büyük bir bahçemiz yok mu? 2. Bugün oraya gitmiyorlar mı? 3. Akşamleyin ders çalışmaz mı? 4. Parkta çocuklar yok mu? 5. Bize telefon etmiyor musun? 6. Evde zeytin yok mu? 7. Size yardım etmiyor mu? 8. Otobüste arkadaşın yok mu?

B. 1. Her gün buraya gelirler. 2. Bu otelde kalır mısın? 3. Bu kazağı giymez. 4. Bu evde oturmam. 5. Öğretmen bu okulda çalışmaz. 6. Her gün evi temizleriz. 7. Bu lokantada yemek yer misiniz? 8. O evi satarız.

C. 1. Kimin güzel elbiseleri var? 2. Kimin bir arabası yok. 3. Kimin yeni bir televizyonu var? 4. Kimin bu caddede bir dükkânı var. 5. Kimin eski bir paltosu var? 6. Kimin eski resimleri var?

D. 1. Kaç tane paltom/palton var? 2. Hemşirenin kaç tane eteği var? 3. Patronun kaç tane arabası var? 4. Kaç tane kitabımız/kitabınız var? 5. Kaç kızları var? 6. Kaç erkek kardeşin/kardeşim var?

E. 1. Buy one kilo of cheese from the supermarket, please. 2. The men are sweeping the office. 3. How many dogs has the old man got? 4. Who has got a necktie? 5. They don't often play football. 6. I haven't got a brother.

F. 1. Dört beyaz gömleği var. 2. Özlem'in kaç kız kardeşi var? 3. Odayı her gün temizlemez. 4. Müdürün bir bilgisayarı yok mu? 5. Yeni bir televizyonunuz var mı? 6. Üç saattir orada bekliyorlar.

FONO açıköğretim kurumu

temel
TÜRKÇE
kursu

DERS 45

VOCABULARY

OLMAK

Bir doktor olmak istiyor.

TO BE; TO BECOME; TO HAPPEN

She wants to be a doctor.

VAZO

Vazonun içinde çiçekler var.

VASE

There are flowers in the vase.

GELECEK

Gelecek hafta Almanya'ya gidecek.
Geleceğimi bilemem.

NEXT; FUTURE

He will go to Germany next week.
I can't know my future.

ÇAMAŞIR

Bugün çamaşır yıkıyor.

LAUNDRY

She is washing the laundry.

BULAŞIK

Bulaşıkları yıka, lütfen.

O tabak bulaşıktır.

DIRTY DISHES; DIRTY

Wash the dirty dishes, please.
That plate is dirty.

KİRPİK		EYELASH
Kızın kirpikleri çok uzun-dur.		The girl's eyelashes are very long.

KAŞ		EYEBROW
Adamın kaşları siyahtır.		The man's eyebrows are black.

HARİTA		MAP
Bu yer nerede? Haritaya bak.		Where is this place? Look at the map.

ÇARŞI		BAZAAR, SHOPPING AREA
Turistler çarşıdan halılar alıyorlar.		The tourist are buying carpets from the bazaar.

FUTURE TENSE

The future tense, used to talk about the future, is made by adding the suffix **-(y)ecek/-(y)acak**. In English, 'will' or 'going to' is used.

We shall look at the basics of this tense, that is, the suffix forms with personal suffixes.

Ben

The pronom **"ben"** is an exception in taking temporal suffix of future tense: the suffixes **"-(y)ecek, -(y)acak"** changes into **"-(y)eceğ, -(y)acağ"**, the letter **"k"** at the end being **"ğ"**.

(Ben)	gel	- ece	- ğ	- im.	I'll come.
	giy	- ece	- ğ	- im.	I'll wear.
	yap	- aca	- ğ	- ım.	I'll do.
	sat	- aca	- ğ	- ım.	I'll sell.
	yat	- aca	- ğ	- ım.	I'll go to bed.
	bitir	- ece	- ğ	- im.	I'll finish.
	göster	- ece	- ğ	- im.	I'll show.
	anlat	- aca	- ğ	- ım.	I'll tell.

442

yıka	- y	- aca	- ğ	- ım.	I'll wash.
söyle	- y	- ece	- ğ	- im.	I'll say.
yürü	- y	- ece	- ğ	- im.	I'll walk.
iste	- y	- ece	- ğ	- im.	I'll want.

gid		-ece	- ğ	- im.	I'll go.
seyred		-ece	- ğ	- im.	I'll watch.
yi	- y	-ece	- ğ	- im.	I'll eat.

Konuşacağım.	I'll speak/talk.
Yürüyeceğim.	I'll walk.
Soracağım.	I'll ask.
Kullanacağım.	I'll use.
Oynayacağım.	I'll play.
Bekleyeceğim.	I'll wait.
Öğreneceğim.	I'll learn.
Yemek yapacağım.	I'll cook.
Telefon edeceğim.	I'll telephone.

Müdürle konuşacağım.	I'll speak to the manager.
Bu odada uyuyacağım.	I'll sleep in this room.
Bu eteği giyeceğim.	I'll wear this skirt.
Erken kalkacağım.	I'll get up early.
Otobüse koşacağım.	I'll run to the bus.
Parkta yürüyeceğim.	I'll walk in the park.
Onu dolaba koyacağım.	I'll put it into the cupboard.
Türkçe öğreneceğim.	I'll learn Turkish.
Evi temizleyeceğim.	I'll clean the house.
Gitar çalacağım.	I'll play the guitar.
Çarşıya gideceğim.	I'll go to the bazaar.
Bir sandviç yiyeceğim.	I'll eat a sandwich.

Sen

(Sen)	gel - ecek - sin.	You'll come.
	giy - ecek - sin.	You'll wear.
	yap - acak - sın.	You'll do.
	sat - acak - sın.	You'll sell.

	yıka - y - acak - sın.	You'll wash.
	söyle - y - ecek - sin.	You'll say.
	yürü - y - ecek - sin.	You'll walk.

	gid - ecek - sin.	You'll go.
	seyred - ecek - sin.	You'll watch.
	yi - y - ecek - sin.	You'll eat.

443

Konuşacaksın.	You'll talk.
Yürüyeceksin.	You'll walk.
Soracaksın.	You'll ask.
Kullanacaksın.	You'll use.
Oynayacaksın.	You'll play.
Bekleyeceksin.	You'll wait.
Yemek yapacaksın.	You'll cook.
Telefon edeceksin.	You'll telephone.

Bu odada uyuyacaksın.	You'll sleep in this room.
Erken kalkacaksın.	You'll get up early.
Müdürle konuşacaksın.	You'll speak to the manager.
Bulaşık yıkayacaksın.	You'll wash the dirty dishes.
Resimleri göstereceksin.	You'll show the pictures.
Dersi anlatacaksın.	You'll tell the lesson.
Piyano çalacaksın.	You'll play the piano.
Ormanda yürüyeceksin.	You'll walk in the forest.
Bu otelde kalacaksın.	You'll stay in this hotel.

Anneni ziyaret edeceksin.	You'll visit your mother.
Çarşıya gideceksin.	You'll go to the bazaar.

O

(O)			
	gel - ecek.		He'll come.
	giy - ecek.		She'll wear.
	sat - acak.		He'll sell.
	yap - acak.		She'll do.
	yat - acak.		He'll go to bed.
	anlat - acak.		He'll tell.
	bitir - ecek.		She'll finish.
	yıka - y - acak.		She'll wash.
	söyle - y - ecek.		She'll say.
	yürü - y - ecek.		He'll walk.
	iste - y - ecek.		She'll want.
	gid - ecek.		He'll go.
	yi - y - ecek.		She'll eat.

Konuşacak.	She'll talk.
Yürüyecek.	She'll walk.
Soracak.	She'll ask.
Kullanacak.	She'll use.
Oynayacak.	She'll play.
Bekleyecek.	She'll wait.
Yemek yapacak.	She'll cook.
Telefon edecek.	He'll telephone.

Bu odada uyuyacak.	He'll sleep in this room.
Geç kalkacak.	She'll get up late.
Müdürle konuşacak.	He'll speak to the manager.
Mağazaya gelecek.	She'll come to the store.
Evi temizleyecek.	He'll clean the house.
Meyve suyu içecek.	She'll drink orange juice.
Dersi anlatacak.	He'll tell the lesson.
Otobüse binecek.	She'll get on the bus.
Resimleri gösterecek.	He'll show the pictures.

Çarşıya gidecek.	She'll go to the bazaar.
Bir sandviç yiyecek.	He'll eat a sandwich.
Televizyon seyredecek.	She'll watch TV.

Biz

(Biz)	gel - ece - ğ - iz.	We'll come.
	giy - ece - ğ - iz.	We'll wear.
	yap - aca - ğ - ız.	We'll do.
	sat - aca - ğ - ız.	We'll sell.
	yat - aca - ğ - ız.	We'll go to bed.
	bitir - ece - ğ - iz.	We'll finish.
	göster - ece - ğ - iz.	We'll show.
	anlat - aca - ğ - ız.	We'll tell.
	yıka - y - aca - ğ - ız.	We'll wash.
	söyle - y - ece - ğ - iz.	We'll say.
	yürü - y - ece - ğ - iz.	We'll walk.
	iste - y - ece - ğ - iz.	We'll want.
	gid - ece - ğ - iz.	We'll go.
	seyred - ece - ğ - iz.	We'll watch.
	yi - y - ece - ğ - iz.	We'll eat.

Konuşacağız.	We'll talk.
Yürüyeceğiz.	We'll walk.
Soracağız.	We'll ask.
Oturacağız.	We'll sit.
Kalacağız.	We'll stay.
Bitireceğiz.	We'll finish.
Kullanacağız.	We'll use.
Oynayacağız.	We'll play.
Yemek yapacağız.	We'll cook.
Telefon edeceğiz.	We'll telephone.

Pantolon giyeceğiz.	We'll put on trousers.
Müzik dinleyeceğiz.	We'll listen to music.
Dersi anlatacağız.	We'll tell the lesson.
Bulaşık yıkayacağız.	We'll wash the dirty plates.
Odayı süpüreceğiz.	We'll sweep the room.
Otobüse bineceğiz.	We'll get on the bus.
Eve döneceğiz.	We'll come back home.
Fabrikaya gideceğiz.	We'll go to the factory.
Bir sandviç yiyeceğiz.	We'll eat a sandwich.

Siz

(Siz)	gel - ecek - siniz.	You'll come.
	giy - ecek - siniz.	You'll wear.
	yap - acak - sınız.	You'll do.
	sat - acak - sınız.	You'll sell.
	yıka - y - acak - sınız.	You'll wash.
	söyle - y - ecek - siniz.	You'll say.
	yürü - y - ecek - siniz.	You'll walk.
	gid - ecek - siniz.	You'll go.
	yi - y - ecek - siniz.	You'll eat.

Konuşacaksınız.	You'll talk.
Yürüyeceksiniz.	You'll walk.
Soracaksınız.	You'll ask.
Oynayacaksınız.	You'll play.
Bekleyeceksiniz.	You'll wait.
Yemek yapacaksınız.	You'll cook.
Telefon edeceksiniz.	You'll telephone.
Bu odada uyuyacaksınız.	You'll sleep in this room.
Erken kalkacaksınız.	You'll get up early.
Müdürle konuşacaksınız.	You'll speak to the manager.
Bulaşık yıkayacaksınız.	You'll wash the dirty plates.
Bu otelde kalacaksınız.	You'll stay in this hotel.
Beni bekleyeceksiniz.	You'll wait for me.
Çarşıya gideceksiniz.	You'll go to the bazaar.
Televizyon seyredeceksiniz.	You'll watch TV.

Onlar

(Onlar)	gel - ecek(ler).	They'll come.
	giy - ecek(ler).	They'll wear.
	sat - acak(lar).	They'll sell.
	yap - acak(lar).	They'll do.
	yat - acak(lar).	They'll go to bed.
	anlat - acak(lar).	They'll tell.
	yıka - y - acak(lar).	They'll wash.
	söyle - y - ecek(ler).	They'll say.
	yürü - y - ecek(ler).	They'll walk.
	gid - ecek(ler).	They'll go.
	yi - y - ecek(ler).	They'll eat.

Konuşacak(lar).	They'll talk.
Yürüyecek(ler).	They'll walk.
Soracak(lar).	They'll ask.
Kullanacak(lar).	They'll use.
Oynayacak(lar).	They'll play.
Bekleyecek(ler).	They'll wait.
Yemek yapacak(lar).	They'll cook.
Telefon edecek(ler).	They'll telephone.

Bu odada uyuyacak(lar).	They'll sleep in this room.
Geç kalkacak(lar).	They'll get up late.
Müdürle konuşacak(lar).	They'll speak to the manager.
Mağazaya gelecek(ler).	They'll come to the store.
Evi temizleyecek(ler).	They'll clean the house.
Meyve suyu içecek(ler).	They'll drink fruit juice.
Resimleri gösterecek(ler).	They'll show the pictures.

Çarşıya gidecek(ler).	They'll go to the bazaar.
Bir sandviç yiyecek(ler).	They'll eat a sandwich.
Televizyon seyredecek(ler).	They'll watch TV.

Saat onda gelecek.	He'll come at ten.
Bu elbiseyi giyeceksin.	You'll wear this dress.
Vazoya çiçekleri koyacağım.	I'll put the flowers into the vase.
Patron bu sabah erken gelecek.	The boss will come early this morning.
Sekreter mektupları yazacak.	The secretary will write the letters.
İşadamı perşembe günü İzmit'e gidiyor.	The businessman will go to İzmit on Thursday.
Babam bugün dönecek.	My father will come back today.
Bugün denizde yüzeceğiz.	We'll swim in the sea today.
Yeni bir ev alacaklar.	They'll buy a new house.
Film başlayacak.	The film will begin.
Ekmeği keseceğim.	I'll cut the bread.
Tiyatroya gideceksiniz.	You'll go to the theatre.
Kitapları bize göstereceksin.	You'll show us the books.
Mutfakta kahvaltı edeceğiz.	We'll have breakfast in the kitchen.
Bize Türkçe öğretecekler.	They'll teach us Turkish.

447

Doktor saat birde toplantıya gidecek.	The doctor will go to the meeting at one o'clock.
Garson bir tabak çorba getirecek.	The waiter will bring a plate of soup.
Kadın bir kilo portakal alacak.	The woman will buy one kilo of oranges.
Erkek arkadaşına telefon edecek.	She'll telephone her boy friend.
Selma Hanım oğlu için bir pantolon alacak.	Selma Hanım will buy some trousers for her son.
Bize yardım edeceksiniz.	You'll help us.

Expressions of time like 'tomorrow', next week', etc can be used as adverbials with the future tense. It is also possible to use present time expressions like 'now, today', etc with the future tense. In Turkish, these adverbials usually come at the beginning of sentences or after the object.

Şimdi film başlayacak.	The film will begin now.
Yarın çarşıya gideceğiz.	We'll go to the bazaar tomorrow.
Bu akşam tiyatroya gidecekler.	They'll go to the theatre this evening.
Yarın erkek arkadaşına telefon edecek.	Tomorrow she'll telephone her boyfriend.
Yarın evi temizleyecekler.	They'll clean the house tomorrow.
Gelecek ay yeni bir ev alacağız.	We'll buy a new house next month.
Gelecek hafta kitapları bize göstereceksin.	You'll show us the books next week.
Yarın bize yardım edeceksiniz.	You'll help us tomorrow.
Gelecek ay burada çalışacak.	She'll work here next month.
Yarın oraya trenle gideceksiniz.	You'll go there by train tomorrow.
İşi bugün bitireceğiz.	We'll finish the work today.
İşadamı gelecek hafta İzmit'e gidecek.	The businessman will go to İzmit next week.
Babam gelecek yıl dönecek.	My father will return next year.
Sekreter yarın sabah mektupları yazacak.	The secretary will write the letters tomorrow morning.
Garson şimdi bir tabak çorba getirecek.	The waiter will bring a plate of soup now.
Adam yarın hastaneye gidecek.	The man will go to hospital tomorrow.
Doktor gelecek hafta toplantıya gidecek.	The doctor will go to the meeting next week.
Öğretmen şimdi ona sorular soracak.	The teacher will ask him questions now.

PRACTICE 45

A

Write out the future tense forms of these verbs in the first person (singular and plural).

1. **gitmek**
2. **oturmak**
3. **yemek**

4. **beklemek**
5. **telefon etmek**
6. **dinlemek**
7. **sormak**
8. **kullanmak**
9. **göstermek**
10. **başlamak**

B

Write out the future tense forms of these verbs in the second person (singular and plural).

1. **öğrenmek**
2. **kesmek**
3. **gitmek**
4. **yemek**
5. **dinlemek**

6. **seyretmek**
7. **anlatmak**
8. **yıkamak**
9. **ütü yapmak**
10. **yürümek**

C

Change into future tense form.

1. **Annem odada ütü yapıyor.**
2. **İşçiler bugün fabrikada çalışıyorlar.**
3. **Turistler yarın bu otele geliyorlar.**
4. **Gelecek yıl Türkçe öğreniyorum.**
5. **Bu kafeteryada meşrubat içeriz.**
6. **Odayı yarın temizlersiniz.**
7. **Otobüs için burada bekliyorsun.**
8. **Babam bu akşam patronla konuşuyor.**

D

Make sentences using the future tense and adding appropriate suffixes.

1. **Arkadaşım - yarın - ora - beklemek**
2. **Biz - o - bir şey - anlatmak**
3. **Ben - vazo - masa - koymak**
4. **Siz - bu akşam - erken - yatmak**
5. **Mühendisler - köprü - yürümek**
6. **Sen - gelecek hafta - ora - çalışmak**
7. **Otobüs - bu durak - durmak**
8. **Misafirler - yarın akşam - gelmek**

E

Translate into English.

1. **Bu akşam otelde kalmak istiyoruz.**
2. **Yaşlı kadının iki evi ve bir arabası var.**
3. **Sizin kitaplarınız yok mu?**

4. Fabrikada kaç işçimiz var?
5. Gelecek yıl evi satacağım.
6. Yarın arabayla dükkâna gideceğiz.
7. Annem gelecek hafta müdürle konuşacak.
8. Yarın sabah erken kalkacaklar.

F

Translate into Turkish.

1. We'll open the door tomorrow.
2. They'll watch the film next week.
3. She doesn't do anything in the evening.
4. I'll buy a dress for my mother tomorrow.
5. The woman sees her son twice a month.
6. The teachers will go to the meeting next week.
7. You'll go somewhere tomorrow.
8. We'll use these bags.

PRACTICE 45 - ANSWERS

A. 1. Gideceğim. Gideceğiz. 2. Oturacağım. Oturacağız. 3. Yiyeceğim. Yiyeceğiz. 4. Bekleyeceğim. Bekleyeceğiz. 5. Telefon edeceğim. Telefon edeceğiz. 6. Dinleyeceğim. Dinleyeceğiz. 7. Soracağım. Soracağız. 8. Kullanacağım. Kullanacağız. 9. Göstereceğim. Göstereceğiz. 10. Başlayacağım. Başlayacağız.

B. 1. Öğreneceksin. Öğreneceksiniz. 2. Keseceksin. Keseceksiniz. 3. Gideceksin. Gideceksiniz. 4. Yiyeceksin. Yiyeceksiniz. 5. Dinleyeceksin. Dinleyeceksiniz. 6. Seyredeceksin. Seyredeceksiniz. 7. Anlatacaksın. Anlatacaksınız. 8. Yıkayacaksın. Yıkayacaksınız. 9. Ütü yapacaksın. Ütü yapacaksınız. 10. Yürüyeceksin. Yürüyeceksiniz.

C. 1. Annem odada ütü yapacak. 2. İşçiler bugün fabrikada çalışacaklar. 3. Turistler yarın bu otele gelecekler. 4. Gelecek yıl Türkçe öğreneceğim. 5. Bu kafeteryada meşrubat içeceğiz. 6. Odayı yarın temizleyeceğiz. 7. Otobüs için burada bekleyeceksin. 8. Babam bu akşam patronla konuşacak.

D. 1. Arkadaşım yarın orada bekleyecek. 2. Ona bir şey anlatacağız. 3. Vazoyu masaya koyacağım. 4. Bu akşam erken yatacaksınız. 5. Mühendisler köprüde yürüyecekler. 6. Gelecek hafta orada çalışacaksın. 7. Otobüs bu durakta duracak. 8. Misafirler yarın akşam gelecek.

E. 1. We want to stay at the hotel. 2. The old woman has two houses and a car. 3. Haven't you got any books? 4. How many workers have we got in the factory? 5. I'll sell the house next year. 6. We'll go to the shop by car tomorrow. 7. My mother will talk to the headmaster next week. 8. They'll get up early tomorrow morning.

F. 1. Yarın kapıyı açacağız. 2. Gelecek hafta filmi seyredecekler. 3. Akşamleyin bir şey yapmaz. 4. Yarın annem için bir elbise alacağım. 5. Kadın ayda iki kez oğlunu görür. 6. Gelecek hafta öğretmenler toplantıya gidecek. 7. Yarın bir yere gideceksin/gideceksiniz. 8. Bu çantaları kullanacağız.

FONO açıköğretim kurumu

temel
TÜRKÇE
k u r s u

DERS 46

VOCABULARY

KİLİSE

İstanbul'da birçok eski
kilise vardır.

CHURCH

There are a lot of old
churches in İstanbul.

TARLA

Çiftçiler tarlada çalışıyor.

FIELD

The farmers are working in
the field.

ÇİFTÇİ

Babası bir çiftçidir.

FARMER

Her father is a farmer.

MAKİNE

Fabrika için yeni bir makine
alacaklar.

MACHINE

They'll buy a new machine
for the factory.

FOTOĞRAF MAKİNESİ

Turistlerin fotoğraf makineleri
var.

CAMERA

The tourists have got the
cameras.

FOTOĞRAF

Kızının fotoğraflarını bana
gösterebilir misin?

PHOTOGRAPH

Can you show me your
daughter's photographs?

PUL

Zarfın üstünde ilginç bir pul var.

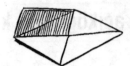

STAMP

There is an interesting stamp on the envelope.

FUTURE TENSE (Continued)

Yarın parka gideceğiz.
Gelecek hafta eve dönecekler.
Bu fotoğrafları sana göstereceğim.
Pulu zarfın üstüne koyacak.
Patron yeni bir makine alacak.

We have seen the future tense in the positive - now, question and negative forms.

FUTURE TENSE - Questions

As in the other tenses, to make (Yes/No) questions in the future tense, place the question marker before the personal suffix to make a new word (following the verb and tense suffix).

Let us see examples with each personal suffix.

Ben

Gel - ecek - mi - yim?	Will I come?
Giy - ecek - mi - yim?	Will I wear?
Yap - acak - mı - yım?	Will I do?
Sat - acak - mı - yım?	Will I sell?
Anlat - acak - mı - yım?	Will I tell?
Yürü - y - ecek - mi - yim?	Will I walk?
Yi - y - ecek - mi - yim?	Will I eat?
Seyred - ecek - mi - yim?	Will I watch?

Verecek miyim?	Will I give?
Anlatacak mıyım?	Will I tell?
Bitirecek miyim?	Will I finish?
Gidecek miyim?	Will I go?
Gösterecek miyim?	Will I show?
Yatacak mıyım?	Will I go to bed?
Kalkacak mıyım?	Will I get up?
Yıkayacak mıyım?	Will I wash?

Bu mektupları verecek miyim?	Will I give these letters?
Dersi anlatacak mıyım?	Will I tell the lesson?
İşi yarın bitirecek miyim?	Will I finish the work tomorrow?
Gelecek hafta oraya gidecek miyim?	Will I go there next week?
Bu fotoğrafları gösterecek miyim?	Will I show these photographs?
Bu odada uyuyacak mıyım?	Will I sleep in this room?
Yarın sabah erken kalkacak mıyım?	Will I get up early tomorrow morning?
Bu tabakları yıkayacak mıyım?	Will I wash these plates?

Sen

Gel - ecek - mi - sin?	Will you come?
Giy - ecek - mi - sin?	Will you wear?
Yap - acak - mı - sın?	Will you do?
Sat - acak - mı - sın?	Will you sell?
Anlat - acak - mı - sın?	Will you tell?
Yürü - y - ecek - mi - sin?	Will you walk?
Yi - y - ecek - mi - sin?	Will you eat?
Seyred - ecek - mi - sin?	Will you watch?

Verecek misin?	Will you give?
Anlatacak mısın?	Will you tell?
Seçecek misin?	Will you choose?
Dinleyecek misin?	Will you listen?
Yazacak mısın?	Will you write?
Yatacak mısın?	Will you go to bed?
Gidecek misin?	Will you go?

Bu sandviçi yiyecek misin?	Will you eat this sandwich?
Gelecek yıl buraya gelecek misin?	Will you come here next year?
Yarın ona anlatacak mısın?	Will you tell him tomorrow?
Odayı süpürecek misin?	Will you sweep the room?
Yarın sabah ofise gidecek misin?	Will you go to the office tomorrow morning?
Şimdi fotoğrafları gösterecek misin?	Will you show the photographs now?
Bu akşam mektubu yazacak mısın?	Will you write the letter this evening?
Makineyi kullanacak mısın?	Will you use the machine?

O

Gel - ecek - mi?	Will she come?
Giy - ecek - mi?	Will he wear?
Yap - acak - mı?	Will she do?
Sat - acak - mı?	Will he sell?
Anlat - acak - mı?	Will she tell?
Yürü - y - ecek - mi?	Will he walk?
Yi - y - ecek - mi?	Will she eat?
Seyred - ecek - mi?	Will he watch?

453

Verecek mi?	Will she give?
Anlatacak mı?	Will he tell?
Seçecek mi?	Will she choose?
Dinleyecek mi?	Will she listen?
Yazacak mı?	Will he write?
Gidecek mi?	Will she go?

Bu sandviçi yiyecek mi?	Will he eat this sandwich?
Bu akşam caddede yürüyecek mi?	Will she walk in the street this evening?
Yarın erken kalkacak mı?	Will he get up early tomorrow?
Yemek yapacak mı?	Will she cook?
Yarın sabah ofise gidecek mi?	Will he go to the office tomorrow morning?

Biz

Gel - ecek - mi - yiz?	Will we come?
Giy - ecek - mi - yiz?	Will we wear?
Sat - acak - mı - yız?	Will we sell?
Yürü - y - ecek - mi - yiz?	Will we walk?
Yi - y - ecek - mi - yiz?	Will we eat?
Seyred - ecek - mi - yiz?	Will we watch?

Okuyacak mıyız?	Will we read?
Satacak mıyız?	Will we sell?
Verecek miyiz?	Will we give?
Anlatacak mıyız?	Will we tell?
Yazacak mıyız?	Will we write?
Gidecek miyiz?	Will we go?

Gelecek yıl buraya gelecek miyiz?	Will we come here next year?
Makinayı kullanacak mıyız?	Will we use the machine?
Evi temizleyecek miyiz?	Will we clean the house?
Bu otelde kalacak mıyız?	Will we stay at this hotel?
Bu akşam mektubu yazacak mıyız?	Will we write the letter this evening?
Yarın sabah erken kalkacak mıyız?	Will we get up early tomorrow morning?

Siz

Gel - ecek - mi - siniz?	Will you come?
Giy - ecek - mi - siniz?	Will you wear?
Sat - acak - mı - sınız?	Will you sell?
Yürü - y - ecek - mi - siniz?	Will you walk?
Yi - y - ecek - mi - siniz?	Will you eat?
Seyred - ecek - mi - siniz?	Will you watch?

Okuyacak mısınız?	Will you read?
Satacak mısınız?	Will you sell?
Verecek misiniz?	Will you give?
Anlatacak mısınız?	Will you tell?
Yazacak mısınız?	Will you write?
Gidecek misiniz?	Will you go?

Gelecek yıl buraya gelecek misiniz?	Will you come here next year?
Makineyi kullanacak mısınız?	Will you use the machine?
Yarın mektubu yazacak mısınız?	Will you write the letter tomorrow?
Bu akşam sinemaya gidecek misiniz?	Will you go to the cinema this evening?
Yarın çarşıya gidecek misiniz?	Will you go to the bazaar tomorrow?
Şimdi dersi anlatacak mısınız?	Will you tell the lesson now?
Bu odada uyuyacak mısınız?	Will you sleep in this room?

Onlar

Gel - ecek(ler) - mi?	Will they come?
Giy - ecek(ler) - mi?	Will they wear?
Yap - acak(lar) - mı?	Will they do?
Sat - acak(lar) - mı?	Will they sell?
Anlat - acak(lar) - mı?	Will they tell?
Yürü - y - ecek(ler) - mi?	Will they walk?

Yi - y - ecek - (ler) - mi?	Will they eat?
Seyred - ecek - (ler) - mi?	Will they watch?

Verecekler mi?	Will they give?
Anlatacak mı?	Will they tell?
Seçecekler mi?	Will they choose?
Dinleyecekler mi?	Will they listen?
Yazacaklar mı?	Will they write?
Gidecekler mi?	Will they go?

Yarın patronla konuşacaklar mı?	Will they talk to the boss tomorrow?
Gelecek ay okula gidecekler mi?	Will they go to school next month?
Bu odada uyuyacaklar mı?	Will they sleep in this room?
Gelecek yıl buraya gelecekler mi?	Will they come here next year?
Şimdi makineyi kullanacaklar mı?	Will they use the machine?
Yarın sabah evi temizleyecekler mi?	Will they clean the house tomorrow morning?

Saat onda gelecek mi?	Will he come at ten?
Bu elbiseyi giyecek misin?	Will you wear this dress?
Vazoya çiçekleri koyacak mıyım?	Will I put the flowers into the vase?

455

Patron bu sabah erken gelecek mi?	Will the boss come early this morning?
İşadamı perşembe günü İzmit'e gidecek mi?	Will the businessman go to İzmit on Thursday?
Babam bugün dönecek mi?	Will my father come back today?
Bugün denizde yüzecek miyiz?	Will we swim in the sea today?
Yeni bir ev alacaklar mı?	Will they buy a new house?
Film başlayacak mı?	Will the film begin?
Ekmeği kesecek miyim?	Will I cut the bread?
Tiyatroya gidecek misiniz?	Will you go to the theatre?
Kitapları bize gösterecek misin?	Will you show us the books?
Mutfakta kahvaltı edecek miyiz?	Will we have breakfast in the kitchen?
Bize Türkçe öğretecekler mi?	Will they teach us Turkish?
Selma Hanım oğlu için bir pantolon alacak mı?	Will Selma Hanım buy some trousers for her son?
Yarın çarşıya gidecek miyiz?	Will we go to the bazaar tomorrow?
Yarın evi temizleyecekler mi?	Will they clean the house tomorrow?
Gelecek hafta kitapları bize gösterecek misin?	Will you show us the books next week?
Yarın bize yardım edecek misiniz?	Will you help us tomorrow?
Gelecek ay burada çalışacak mı?	Will she work here next month?
İşi bugün bitirecek miyiz?	Will we finish the work today?
Sekreter yarın sabah mektupları yazacak mı?	Will the secretary write the letters tomorrow morning?
Öğretmen şimdi ona sorular soracak mı?	Will the teacher ask him questions now?

OLMAK

The English equivalent of the verb **olmak** is 'to be; to become'.

Zengin olacağım.	I will be rich.
Bu kız güzel olacak.	This girl will be beautiful.
Bu ev büyük olacak.	This house will be big.
Yarın orada olacağız.	We'll be there tomorrow.
Saat sekizde lokantada olacaklar.	They'll be in the restaurant at eight o'clock.
Sabahleyin burada olacaksın.	You'll be here in the morning.
Akşam altıda burada ol.	Be here at six o'clock in the evening.
Seninle olmak istiyorum.	I want to be with you.
Yarın evde olmak istiyoruz.	We want to be at home tomorrow.
Bugün ofiste olabilir.	He can be in the office today.
Saat altıda orada olabilirsiniz.	You can be there at six o'clock.

Ev büyük olacak mı?	Will the house be big?
Saat sekizde lokantada olacaklar mı?	Will they be in the restaurant at eight o'clock?
Sabahleyin burada olacak mısın?	Will you be here in the morning?
Bugün ofiste olamaz.	He can't be in the office today.
Bir doktor olmak istemiyor.	She doesn't want to be a doctor.
Bir öğretmen olacak.	She will become a teacher.
Bir mühendis olacak.	He will become an engineer.
Bir müdür olacağım.	I will become a manager.
Bir doktor olmak istiyor.	He wants to become a doctor.
Bir doktor olacak mı?	Will she become a doctor?

TATİL

HOLIDAY

Sevgi Hanım ve Rafet Bey aynı şirkette çalışıyorlar. Sevgi Hanım, Rafet Bey'in karısıdır. Onların çocukları yok. Avcılar'da oturuyorlar. Bir evleri ve bir arabaları var.

Sevgi Hanım and Rafet Bey are working in the same company. Sevgi Hanım is Rafet Bey's wife. They haven't got any children. They live in Avcılar. They have got a house and a car.

Onlar yarın tatil için Alanya'ya gidecekler. Orada bir otelde kalacaklar. Otelin adı Güneş. Orası temiz ve iyi bir oteldir.

They'll go to Alanya tomorrow for holiday. They'll stay at a hotel there. The name of the hotel is Güneş. That place is a clean and good hotel.

Sevgi Hanım şimdi çamaşır yıkıyor. Akşamleyin giysileri dolaptan alacak ve bavullara koyacak.

Sevgi Hanım is washing laundry now. She'll take the clothes from the wardrobe and put them into the suitcases in the evening.

Yarın sabah erken kalkacaklar. Alanya'ya arabayla gitmiyorlar.

They'll get up early tomorrow morning. They aren't going to Alanya by car.

Otobüsle gidecekler. Otobüs
Esenler'den kalkacak. Saat yedi
buçukta orada olacaklar. Bu,
onlar için iyi bir tatil olacak.

They'll go by bus. The bus will leave
Esenler. They'll be there at
half past seven. This will be a good
holiday for them.

Questions and Answers to the Reading Passage

Sevgi Hanım kimdir?
Who is Sevgi Hanım?

O Rafet Bey'in karısıdır.
She is Rafet Bey's wife.

Onların çocukları var mı?
Have they got any children?

Hayır, yok.
No, they haven't.

Nerede oturuyorlar?
Where do they live?

Avcılar'da oturuyorlar.
They live in Avcılar.

Arabaları var mı?
Have they got a car?

Evet, var.
Yes, they have.

Tatil için nereye gidecekler?
Where will they go for holiday?

Alanya'ya gidecekler.
They'll go to Alanya.

Orada nerede kalacaklar?
Where will they stay there?

Otelde kalacaklar.
They'll stay at the hotel.

Otelin adı nedir?
What is the name of the hotel?

Güneş'tir.
It's Güneş.

Sevgi Hanım giysileri nereye koyacak?
Where will Sevgi Hanım put the clothes?

Bavullara koyacak.
They'll put them into the suitcases.

Alanya'ya neyle gidiyorlar?
How do they go to Alanya?

Otobüsle gidiyorlar.
They go by bus.

Otobüs nereden kalkıyor?
Where is the bus leaving?

Esenler'den kalkıyor.
It is leaving Esenler.

Saat kaçta orada olacaklar?
What time will they be there?

Yedi buçukta.
At half past seven.

PRACTICE 46

A

Change to future tense, including the adverbial in brackets.

1. **Bugün işe gidiyorum. (yarın)**
2. **Bu sabah bize geliyorlar. (gelecek hafta)**
3. **Şimdi lokantaya gidiyoruz. (yarın)**

4. Bugün Ankara'dan dönüyor. (yarın)
5. Şimdi ona telefon ediyoruz. (gelecek hafta)
6. Bugün kadınla konuşuyorsunuz. (yarın)
7. Mektubu şimdi okuyorum. (yarın)
8. Onu otobüs durağında bekliyorsun. (yarın sabah)

B

Change into question form.

1. Çorba içeceğim.
2. İki saat sonra sinemada olacak.
3. İstasyona arabayla gideceğiz.
4. Bunu onlara söyleyeceksin.
5. Yarın oraya gideceksiniz.
6. Onları burada bekleyecekler.
7. Yarın araba kullanacak.
8. Bir fotoğraf makinesi alacağım.

C

Using the question words given, make questions for which the words in brackets could be answers.

ne zaman, neyle, ne, kim, nereye, nereden, kiminle

Ex.: (Saat ikide) eve geliyor.   ---> Ne zaman eve geliyor?

1. Levent (kız arkadaşıyla) oturuyor.
2. Patron (Antalya'dan) gelebilir.
3. (Onlar) bu akşam geliyorlar.
4. Oraya (taksiyle) gidiyoruz.
5. Doktor (pazar günü) toplantıya gidiyor.
6. Çocuklar (parka) gidiyorlar.
7. Kadın (yemek yapıyor).

D

Fill the gaps with appropriate personal pronouns.

1. ...... bu işi yapacak mısın?
2. ...... televizyon seyredeceğim.
3. ...... uyuyacak mısınız?
4. ...... beyaz şarap içecek miyiz?
5. ...... oturacaklar mı?
6. ...... ne zaman geliyorsun?
7. ...... bu otelde kalacak mı?

459

E

Translate into English.

1. **Bu akşam otelde kalacaklar.**
2. **Yarın sabah dükkânda olacak mısın?**
3. **Bir hemşire olmak istiyor mu?**
4. **Gelecek hafta bir toplantıya gidecek misiniz?**
5. **Onun fotoğraflarını gösterecek miyiz?**
6. **Pulu zarfın üstüne koyacak.**
7. **Turistler kiliseye girecekler mi?**

F

Translate into Turkish.

1. Can you be here at seven o'clock tomorrow morning?
2. Will he watch the film on TV this evening?
3. They'll sit in these armchairs.
4. We'll go out of the house at six o'clock tomorrow.
5. Don't you want to be a teacher?
6. Will she buy a hat for her mother?
7. Will they go there by train?

PRACTICE 46 - ANSWERS

A. 1. Yarın işe gideceğim. 2. Gelecek hafta bize gelecekler. 3. Yarın lokantaya gideceğiz. 4. Yarın Ankara'dan dönecek. 5. Gelecek hafta ona telefon edeceğiz. 6. Yarın kadınla konuşacaksınız. 7. Yarın mektubu okuyacağım. 8. Yarın sabah onu otobüs durağında bekleyeceksin.

B. 1. Çorba içecek miyim? 2. İki saat sonra sinemada olacak mı? 3. İstasyona arabayla gidecek miyim? 4. Bunu onlara söyleyecek misin? 5. Yarın oraya gidecek misiniz? 6. Onları burada bekleyecekler mi? 7. Yarın araba kullanacak mı? 8. Bir fotoğraf makinesi alacak mıyım?

C. 1. Levent kiminle oturuyor? 2. Patron nereden gelebilir? 3. Bu akşam kim geliyor? 4. Oraya neyle gidiyorsunuz? 5. Doktor ne zaman toplantıya gidiyor? 6. Çocuklar nereye gidiyorlar? 7. Kadın ne yapıyor?

D. 1. Sen 2. Ben 3. Siz 4. Biz 5. Onlar 6. Sen 7. O

E. 1. They'll stay at the hotel. 2. Will you be in the shop tomorrow morning? 3. Does she want to be a nurse? 4. Will you go to a meeting next week? 5. Will we show her photographs? 6. He'll put the stamp on the envelope. 7. Will the tourists go into the church?

F. 1. Yarın sabah yedide burada olabilir misin? 2. Bu akşam televizyondaki filmi seyredecek mi? 3. Bu koltuklarda oturacaklar. 4. Yarın saat altıda evden çıkacağız. 5. Bir öğretmen olmak istemiyor musun?/istemez misin? 6. Annesi için bir şapka alacak mı? 7. Oraya trenle gidecekler mi? /Oraya trenle mi gidecekler?

temel
TÜRKÇE
kursu

DERS 47

VOCABULARY

DEĞİŞTİRMEK		TO CHANGE
Elbisesini değiştirecek.		She'll change her dress.

MUTLU		HAPPY
Çok mutlu olacaksın.		You'll be very happy.

ŞARKI		SONG
O şarkıyı dinliyor musunuz?		Are you listening to that song?

ŞARKI SÖYLEMEK		TO SING
Erkek kardeşim bir lokantada şarkı söylüyor.		My brother is singing in a restaurant.

DANS ETMEK		TO DANCE
Saat sekizden beri dans ediyorlar.		They have been dancing since eight o'clock.

FOTOĞRAF ÇEKMEK		TO TAKE PHOTOS/ PICTURES
Müzede fotoğraf çekebilir miyim?		Can I take photos in the museum?

MAYO		BATHING SUIT
Mayom nerede? **Yüzeceğim.**		Where is my bathing suit? I am going to go swim.

PLAJ		BEACH
Gelecek hafta plaja gidecek miyiz?		Will we go to the beach next week?

FUTURE TENSE - Negative

As in other tenses, negatives are made by inserting the **-ma/-me** suffix between the verb root and tense/personal suffixes.

Ben

(Ben)		
gel - me - y - ece - ğ - im.		I won't come.
giy - me - y - ece - ğ - im.		I won't wear.
yat - ma - y - aca - ğ - ım.		I won't go to bed.
yıka - ma - y - aca - ğ - ım.		I won't wash.
söyle - me - y - ece - ğ - im.		I won't say.
yürü - me - y - ece - ğ - im.		I won't walk.
ye - me - y - ece - ğ - im.		I won't eat.
git - me - y - ece - ğ - im.		I won't go.

Göstermeyeceğim.	I won't show.
Seyretmeyeceğim.	I won't watch.
Değiştirmeyeceğim.	I won't change.
Dans etmeyeceğim.	I won't dance.
Şarkı söylemeyeceğim.	I won't sing.
Fotoğraf çekmeyeceğim.	I won't take photos.
Yapmayacağım.	I won't do.
Anlatmayacağım.	I won't tell.
Bitirmeyeceğim.	I won't finish.

Bu işi bitirmeyeceğim.	I won't finish this work.
O filmi seyretmeyeceğim.	I won't watch that film.
Plaja gitmeyeceğim.	I won't go to the beach.
Elbisemi değiştirmeyeceğim.	I won't change (my dress).
Bu odada çalışmayacağım.	I won't work in this room.

Sen

(Sen)	gel - me - y - ecek - sin.	You won't come.
	giy - me - y - ecek - sin.	You won't wear.
	yat - ma - y - acak - sın.	You won't go to bed.
	yıka - ma - y - acak - sın.	You won't wash.
	söyle - me - y - ecek - sin.	You won't say.
	yürü - me - y - ecek - sin.	You won't walk.
	ye - me - y - ecek - sin.	You won't eat.
	git - me - y - ecek - sin.	You won't go.

Göstermeyeceksin.	You won't show.
Seyretmeyeceksin.	You won't watch.
Değiştirmeyeceksin.	You won't change.
Dans etmeyeceksin.	You won't dance.
Şarkı söylemeyeceksin.	You won't sing.
Fotoğraf çekmeyeceksin.	You won't take photos.
Yapmayacaksın.	You won't do.
Anlatmayacaksın.	You won't tell.
Bitirmeyeceksin.	You won't finish.

Bu işi bitirmeyeceksin.	You won't finish this work.
O filmi seyretmeyeceksin.	You won't watch that film.
Plaja gitmeyeceksin.	You won't go to the beach.
Elbiseni değiştirmeyeceksin.	You won't change (your dress).
Bu odada çalışmayacaksın.	You won't study in this room.

O

(O)	gel - me - y - ecek.	He won't come.
	giy - me - y - ecek.	She won't wear.
	yat - ma - y - acak.	He won't go to bed.
	yıka - ma - y - acak.	He won't wash.
	söyle - me - y - ecek.	She won't say.
	yürü - me - y - ecek.	She won't walk.
	ye - me - y - ecek.	He won't eat.
	git - me - y - ecek.	She won't go.

Göstermeyecek.	She won't show.
Seyretmeyecek.	He won't watch.
Değiştirmeyecek.	She won't change.
Dans etmeyecek.	He won't dance.
Şarkı söylemeyecek.	She won't sing.
Fotoğraf çekmeyecek.	He won't take photos.
Yapmayacak.	She won't do.
Anlatmayacak.	He won't tell.
Bitirmeyecek.	She won't finish.
Bu işi bitirmeyecek.	She won't finish this work.
O filmi seyretmeyecek.	He won't watch that film.
Plaja gitmeyecek.	He won't go to the beach.
Elbisesini değiştirmeyecek.	She won't change (her dress).
Bu odada çalışmayacak.	He won't study in this room.

Biz

(Biz)	gel - me - y - ece - ğ - iz.	We won't come.
	giy - me - y - ece - ğ - iz.	We won't wear.
	yat - ma - y - aca - ğ - ız.	We won't go to bed.
	yıka - ma - y - aca - ğ - ız.	We won't wash.
	söyle - me - y - ece - ğ - iz.	We won't say.
	yürü - me - y - ece - ğ - iz.	We won't walk.
	ye - me - y - ece - ğ - iz.	We won't eat.
	git - me - y - ece - ğ - iz.	We won't go.

Göstermeyeceğiz.	We won't show.
Seyretmeyeceğiz.	We won't watch.
Değiştirmeyeceğiz.	We won't change.
Dans etmeyeceğiz.	We won't dance.
Şarkı söylemeyeceğiz.	We won't sing.
Fotoğraf çekmeyeceğiz.	We won't take photos.
Yapmayacağız.	We won't do.
Anlatmayacağız.	We won't tell.
Bitirmeyeceğiz.	We won't finish.
Bu işi bitirmeyeceğiz.	We won't finish this work.
O filmi seyretmeyeceğiz.	We won't watch that film.
Plaja gitmeyeceğiz.	We won't go to the beach.
Elbisemizi değiştirmeyeceğiz.	We won't change (our dresses).
Bu odada çalışmayacağız.	We won't study in this room.

Siz

(Siz)	gel - me - y - ecek - siniz.	You won't come.
	giy - me - y - ecek - siniz.	You won't wear.
	yat - ma - y - acak - sınız.	You won't go to bed.
	yıka - ma - y - acak - sınız.	You won't wash.
	söyle - me - y - ecek - siniz.	You won't say.
	yürü - me - y - ecek - siniz.	You won't walk.
	ye - me - y - ecek - siniz.	You won't eat.
	git - me - y - ecek - siniz.	You won't go.

Göstermeyeceksiniz.	You won't show.
Seyretmeyeceksiniz.	You won't watch.
Değiştirmeyeceksiniz.	You won't change.
Dans etmeyeceksiniz.	You won't dance.
Şarkı söylemeyeceksiniz.	You won't sing.
Fotoğraf çekmeyeceksiniz.	You won't take photos.
Yapmayacaksınız.	You won't do.
Anlatmayacaksınız.	You won't tell.
Bitirmeyeceksiniz.	You won't finish.

Bu işi bitirmeyeceksiniz.	You won't finish this work.
O filmi seyretmeyeceksiniz.	You won't watch that film.
Plaja gitmeyeceksiniz.	You won't go to the beach.
Elbisenizi değiştirmeyeceksiniz.	You won't change (your dresses).
Bu odada çalışmayacaksınız.	You won't study in this room.

Onlar

(Onlar)	gel - me - y - ecek(ler).	They won't come.
	giy - me - y - ecek(ler).	They won't wear.
	yat - ma - y - acak(lar).	They won't go to bed.
	yıka - ma - y - acak(lar).	They won't watch.
	söyle - me - y - ecek(lar).	They won't say.
	yürü - me - y - ecek(ler).	They won't walk.
	ye - me - y - ecek(ler).	They won't eat.
	git - me - y - ecek(ler).	They won't go.

Göstermeyecekler.	They won't show.
Seyretmeyecekler.	They won't watch.
Değiştirmeyecekler.	They won't change.
Dans etmeyecekler.	They won't dance.
Şarkı söylemeyecekler.	They won't sing.
Fotoğraf çekmeyecekler.	They won't take photos.
Yapmayacaklar.	They won't do.
Anlatmayacaklar.	They won't tell.
Bitirmeyecekler.	They won't finish.

Bu işi bitirmeyecekler.	They won't finish this work.
O filmi seyretmeyecekler.	They won't watch that film.
Plaja gitmeyecekler.	They won't go to the beach.
Elbiselerini değiştirmeyecekler.	They won't change (their dresses).
Bu odada çalışmayacaklar.	They won't study in this room.
Buraya gelecek.	He'll come here.
Buraya gelecek mi?	Will he come here?
Buraya gelmeyecek.	He won't come here.
Sinemaya gideceğiz.	We'll go to the cinema.
Sinemaya gidecek miyiz?	Will we go to the cinema?
Sinemaya gitmeyeceğiz.	We won't go to the cinema.
Ona telefon edecekler.	They'll telephone him.
Ona telefon edecekler mi?	Will they telephone him?
Ona telefon etmeyecekler.	They won't telephone him.
Saat onda gelmeyecek.	She won't come at ten.
Bu elbiseyi giymeyecek.	She won't wear this dress.
Patron bu sabah erken gelmeyecek.	The boss won't come early this morning.
Film erken başlamayacak.	The film won't start early.
Tiyatroya gitmeyeceksiniz.	You won't go to the theatre.
Mutfakta kahvaltı etmeyeceğiz.	We won't have breakfast in the kitchen.
Erkek arkadaşına telefon etmeyecek.	She won't telephone her boy friend.
Çiçekleri vazoya koymayacağım.	I won't put the flowers into the vase.
Yarın evi temizlemeyecekler.	They won't clean the house tomorrow.
İşi bugün bitirmeyeceğiz.	We won't finish the work today.
Yarın çarşıya gitmeyeceğim.	I won't go to the bazaar tomorrow.
Gelecek ay burada çalışmayacak.	She won't work here next month.
Babam gelecek yıl dönmeyecek.	My father won't return next year.
İşadamı gelecek hafta İzmit'e gitmeyecek.	The businessman won't go to İzmit next week.
O sandviçi yemeyecek.	He won't eat the sandwich.

Questions

Nereye gideceksin?	Where will you go?
Yarın nereye gidecek?	Where will she go tomorrow?
Bu çantayı nereye koyacaklar?	Where will they put this bag?
Nereye oturacağız?	Where will we sit?
Bizi nerede bekleyecekler?	Where will they wait for us?
Nerede çalışacaksın?	Where will you work?
Nerede oynayacaksınız?	Where will you play?
Toplantı nerede olacak?	Where will the meeting be?
Şimdi ne yapacaksın?	What will you do now?
Bu akşam ne seyredeceksin?	What will you watch this evening?
Ne çalışacak?	What will she study?
Orada ne göreceğiz?	What will we see there?

Elbiseyi nereden alacaksın?	Where will you buy the dress?
Amcası nereden gelecek?	Where will his uncle come from?
Nereden bakacaklar?	Where will they look from?
Oraya nasıl gideceksiniz?	How will you go there?
Odayı nasıl temizleyeceksin?	How will you clean the room?
Arabayı nasıl sürecek?	How will she drive the car?
Bu işi nasıl bitireceğiz?	How will we finish this work?
Size kim anlatacak?	Who will tell you?
Ofise kim gelecek?	Who will come to the office?
Bizi kim bekleyecek?	Who will wait for us?
Kıza kim parayı verecek?	Who will give the money to the girl?
Ne zaman eve gelecek?	When will he come to the house?
Edirne'den ne zaman döneceksiniz?	When will you come back from Edirne?
Toplantıya ne zaman gideceğiz?	When will we go to the meeting?
Saat kaçta lokantada olacağım?	What time will I be in the restaurant?
Doktor saat kaçta gelecek?	What time will the doctor come?
Saat kaçta otobüse bineceğiz?	What time will we get on the bus?

Future Tense - Short Answers

Bugün gelecek misin?	Will you come today?
Evet, geleceğim.	Yes, I will.
Yarın okula gidecek mi?	Will she go to school tomorrow?
Evet, gidecek.	Yes, she will.
Turistler fotoğraf çekecek mi?	Will the tourists take photos?
Evet, çekecek.	Yes, they will.
Annem bugün gelecek mi?	Will my mother come today?
Evet, gelecek.	Yes, she will.
Meyve suyunu içecek misiniz?	Will you drink fruit juice?
Evet, içeceğiz.	Yes, we will.
Bugün çalışacak mıyız?	Will we work today?
Hayır, çalışmayacağız.	No, we won't.
Evi satacak mısınız?	Will you sell the house?
Hayır, satmayacağız.	No, we won't.

Yarın plaja gidecek misin?	Will you go to the beach?
Hayır, gitmeyeceğim.	No, I won't.

Kapıyı açacak mı?	Will she open the door?
Hayır, açmayacak.	No, she won't.

Televizyon seyredecek misin?	Will you watch TV?
Hayır, seyretmeyeceğim.	No, I won't.

Positive Structure

Subject	Verb Root	Future Suffix	Personal Ending
Ben	gel	eceğ	im.
Sen	gel	ecek	sin.
O	gel	ecek.	-
Biz	gel	eceğ	iz.
Siz	gel	ecek	siniz.
Onlar	gel	ecek	(ler).

Negative Structure

Subject	Verb Root	Negative Suffix	Future Suffix	Personal Ending
Ben	gel	me	(y)eceğ	im.
Sen	gel	me	(y)ecek	sin.
O	gel	me	(y)ecek.	-
Biz	gel	me	(y)eceğ	iz.
Siz	gel	me	(y)ecek	siniz.
Onlar	gel	me	(y)ecek	(ler).

Question Structure

Subject	Verb Root	Future Suffix	Question Suffix	Personal Ending
Ben	gel	ecek	mi	yim?
Sen	gel	ecek	mi	sin?
O	gel	ecek	mi?	-
Biz	gel	ecek	mi	miyiz?
Siz	gel	ecek	mi	siniz?
Onlar	gel	ecek	(ler) mi?	-

A

Change into Future Tense.

1. Yarın oraya gidiyor musunuz?
2. Tabakları yıkıyorlar.
3. Bizi görmüyor.
4. Bana yardım eder misin?
5. Gitar çalabilir mi?
6. Yarın ütü yapıyoruz.
7. Şimdi akşam yemeği yiyoruz.
8. Ablam havaalanına gitmez.

B

Change into question form.

1. Gelecek yıl orada olacak.
2. Yarın plaja gidecekler.
3. Sana bir şey anlatacağım.
4. Fotoğrafları göstereceğiz.
5. Şimdi elbisesini değiştirecek.
6. Yarın sabah erken kahvaltı edeceksiniz.
7. Gelecek hafta evde olacaksın.
8. Şimdi film başlayacak.

C

Change into negative form.

1. Bulaşık makinesı alacağız.
2. Yüzünü yıkayacak.
3. Bu akşam bahçede oturacaklar.
4. Tabakları masadan alacaksın.
5. Saat yedide hazır olacaksınız.
6. Soruları yarın yanıtlayacağız.
7. Çantayı arayacağım.
8. Toplantı için mavi elbisesini giyecek.

D

Give short answers, positive (+) or negative (-) as indicated.

Example : **Yarın oraya gidecek misiniz? (+)   ---> Evet, gideceğiz.**
Yarın oraya gidecek misiniz? (-)   ---> Hayır, gitmeyeceğiz.

1. Gelecek hafta burada olacak mıyız? (+)
2. Odayı süpürecek misin? (-)
3. Filmi seyredecek mi? (-)
4. Bir saat sonra hazır olacak mısınız? (+)

5. Gelecek hafta toplantıya gidecek misin? (-)
6. Araba kullanacak mı? (+)

E

Translate into English.

1. Film saat kaçta başlayacak?
2. Gelecek hafta bir yere gidecek mi?
3. Dans edecekler mi? Hayır, etmeyecekler.
4. Bu sabah kahvaltı edecek misin?
5. Arkadaşım iki gün sonra gelecek.
6. Zili çalmayacak.
7. Ne zaman Türkçe öğreneceksin?

F

Translate into Turkish.

1. We'll go there by car.
2. I'll study with my father.
3. Will she write the letter this evening?
4. Will you eat this cake? No, I won't.
5. Ali won't come to us on Sunday.
6. When will he stay there?
7. How will they go there?

PRACTICE 47 - ANSWERS

A. 1. Yarın oraya gidecek misiniz? 2. Tabakları yıkayacaklar. 3. Bizi görmeyecek. 4. Bana yardım edecek misin? 5. Gitar çalacak mı? 6. Yarın ütü yapacağız. 7. Şimdi akşam yemeği yiyeceğiz. 8. Ablam havaalanına gitmeyecek.

B. 1. Gelecek yıl orada olacak mı? 2. Yarın plaja gidecekler mi? 3. Sana birşey anlatacak mıyım? 4. Fotoğrafları gösterecek miyiz? 5. Şimdi elbisesini değiştirecek mi? 6. Yarın sabah erken kahvaltı edecek misiniz? 7. Gelecek hafta evde olacak mısın? 8. Şimdi film başlayacak mı?

C. 1. Bulaşık makinesi almayacağız. 2. Yüzünü yıkamayacak. 3. Bu akşam bahçede oturmayacaklar. 4. Tabakları masadan almayacaksın. 5. Saat yedide hazır olmayacaksınız. 6. Soruları yarın yanıtlamayacağız. 7. Çantayı aramayacağım. 8. Toplantı için mavi elbisesini giymeyecek.

D. 1. Evet, olacağız. 2. Hayır, süpürmeyeceğim. 3. Hayır, seyretmeyecek. 4. Evet, olacağız. 5. Hayır, gitmeyeceğim. 6. Evet, kullanacak.

E. 1. What time will the film start? 2. Will she go anywhere next week? 3. Will they dance? No, they won't. 4. Will you have breakfast this morning? 5. My friend will come two days later. 6. He won't ring the bell. 7. When will you learn Turkish?

F. 1. Oraya arabayla gideceğiz. 2. Babamla ders çalışacağım. 3. Bu akşam mektubu yazacak mı? 4. Bu keki yiyecek misin? Hayır, yemeyeceğim. 5. Ali Pazar günü bize gelmeyecek. 6. Orada ne zaman kalacak? (Ne zaman orada kalacak?) 7. Oraya nasıl gidecekler?

F O N O açıköğretim kurumu

temel
TÜRKÇE
kursu

VOCABULARY

DOĞU	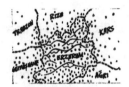	EAST
Doğuda çok kar yağar.		It snows very much in the east.

BATI		WEST
İzmir Türkiye'nin batısındadır.		İzmir is in the west of Türkiye.

KUZEY		NORTH
Giresun kuzeydedir.		Giresun is in the north.

GÜNEY	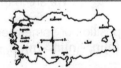	SOUTH
Onlar güneyde yaşarlar.		They live in the south.

DIŞARI		OUT
Şimdi dışarı çıkacağım.		I'll go out.

İÇERİ		IN
İçeri gelin, lütfen.		Come in, please.

471

HAKKINDA

Onun hakkında konuşmak istemiyorum.

ABOUT

I don't want to talk about him.

ÖDEMEK

Hesabı ödeyeceğiz.

PAY

We'll pay the bill.

DIRECTIONS

The Turkish words for 'north, south, east' and 'west' are, respectively, **kuzey, güney, doğu** and **batı**.

To give directions the locational suffix **-da/-de** is used.

kuzeyde	in the north
güneyde	in the south
doğuda	in the east
batıda	in the west

Aydın batıdadır.	Aydın is in the west.
Trabzon kuzeydedir.	Trabzon is in the north.
Antalya güneydedir.	Antalya is in the south.
Van doğudadır.	Van is in the east.

Edirne batıda mıdır?	Is Edirne in the west?
İzmir doğuda değildir; batıdadır.	İzmir isn't in the east; it's in the west.
Erzurum doğuda mıdır yoksa batıda mıdır?	Is Erzurum in the east or in the west?
Arkadaşın doğuda mı yaşar?	Does your friend live in the east?
Askerler şimdi kuzeydedir.	The soldiers are in the north now.
Biz şimdi tatil için güneydeyiz.	We are in the south for holiday now.

When we want to talk about the position of somewhere in an area, the word for the area takes the possessor suffix **-(n)ın, -(n)in, -(n)un, -(n)ün**.

kuzeyde	in the north
... nın kuzeyinde	in the north of
güneyde	in the south
... nin güneyinde	in the south of
doğuda	in the east
... nin doğusunda	in the east of
batıda	in the west
... nin batısında	in the west of

472

Türkiye'nin kuzeyinde	in the north of Turkiye
İngiltere'nin güneyinde	in the south of England
İstanbul'un doğusunda	in the east of İstanbul
Ankara'nın batısında	in the west of Ankara
İzmir'in doğusunda	in the east of İzmir
Antalya'nın kuzeyinde	in the north of Antalya
Trabzon'un güneyinde	in the south of Trabzon

Van Türkiye'nin doğusundadır.	Van is in the east of Türkiye.
Samsun Türkiye'nin kuzeyindedir.	Samsun is in the north of Türkiye.
Alanya Türkiye'nin güneyindedir.	Alanya is in the south of Türkiye.
İzmir Türkiye'nin batısındadır.	İzmir is in the west of Türkiye.
İstanbul Türkiye'nin batısında mıdır?	Is İstanbul in the west of Türkiye?
Adana Türkiye'nin kuzeyinde değildir.	Adana isn't in the north of Türkiye.
Türkiye'nin batısında birçok büyük şehir var.	There are a lot of big cities in the west of Türkiye.
Samsun Türkiye'nin kuzeyinde mi yoksa batısında mı?	Is Samsun in the north or in the west of Türkiye?
Ordu Samsun'un doğusundadır.	Ordu is in the east of Samsun.

DIŞARI, İÇERİ

Dışarı and **içeri** are used to refer to movement 'into' or 'out of' something.

Dışarı çıkıyorlar.	They are going out.
İçeri giriyor.	He is coming in.

To specify the place being entered or left, the suffix **-dan/-den** is added.

evden dışarı	out of the house
bahçeden dışarı	out of the garden
kapıdan dışarı	out of the door
okuldan dışarı	out of the school
çantadan dışarı	out of the bag
parktan dışarı	out of the park
ofisten dışarı	out of the office

Evden dışarı çıkıyor.	He is going out of the house.
Kızlar bahçeden dışarı çıkıyorlar.	The girls are going out of the garden.
Kapıdan dışarı çıkıyoruz.	We are going out of the door.
Öğretmenler saat dörtte okuldan dışarı çıkarlar.	The teachers go out of the school at four o'clock.
Anahtarları çantadan dışarı al (çıkar).	Take the keys out of the bag.

473

Bir saat sonra ofisten dışarı çıkacaklar.	They'll go out of the office one hour later.
Kadın her gün evden dışarı gider (çıkar).	The woman goes out of the house every day.
evden içeri	into the house
bahçeden içeri	into the garden
kapıdan içeri	through the door
okuldan içeri	into school
parktan içeri	into the park
ofisten içeri	into the office
Evden içeri giriyor.	He is coming into the house.
Adam lokantadan içeri giriyor.	The man is coming into the restaurant.
Bahçeden içeri giriyoruz.	We are coming into the garden.
Öğretmenler sabahleyin okuldan içeri girerler.	The teachers come into the school in the morning.
Bir saat sonra ofisten içeri girecekler.	They'll come into the office one hour later.

Dışarı çıkıyoruz. İçeri giriyorum. are quite acceptable, but it is more common to omit **dışarı** and **içeri**, just using the verb. We have seen this type of usage of Turkish before. It is important to be unaware of both forms.

Kızlar bahçeden dışarı çıkıyorlar.
Kızlar bahçeden çıkıyorlar.

Kapıdan dışarı çıkıyoruz.
Kapıdan çıkıyoruz.

Anahtarları çantadan dışarı al (çıkar).
Anahtarları çantadan al (çıkar).

Bir saat sonra ofisten dışarı çıkacaklar.
Bir saat sonra ofisten çıkacaklar.

Notice in the sentence pairs below how the suffix added to the place word (**ev**) is changed.

Evden içeri giriyor.
Eve giriyor.

Bahçeden içeri giriyoruz.
Bahçeye giriyoruz.

474

Ofisten içeri girecekler.
Ofise girecekler.

-Ya/-ye can be added to **dışarı** and **içeri**.

Bu akşam dışarıya çıkıyoruz.
Şimdi dışarıya çıkacaklar.

Hava soğuk. İçeriye girin.
Saat üçte içeriye gireriz.

HAKKINDA

This word can be used for people or things.

hakkında	about
doktor hakkında	about the doctor
öğretmen hakkında	about the teacher
İstanbul hakkında	about İstanbul
şirket hakkında	about the company
lokanta hakkında	about the restaurant
gazete hakkında	about the newspaper
şoför hakkında	about the driver

Used with personal pronouns, possessive suffixes are added.

benim hakkımda	about me
senin hakkında	about you
onun hakkında	about him/her/it
bizim hakkımızda	about us
sizin hakkınızda	about you
onlar hakkında*	about them

annem hakkında	about my mother
arkadaşı hakkında	about her friend
amcam hakkında	about my uncle
teyzesi hakkında	about my aunt

* The third person plural is an exception, with **onlar hakkında** being more often used than **onların hakkında**.

Hastanede doktor hakkında konuşuyorlar.	They are talking about the doctor in hospital.

Lokanta hakkında bize bir şey söyleyecek.	He'll say something to us about the restaurant.
Öğretmen hakkında konuşacağız.	We'll talk about the teacher.
Şirket hakkında ne anlatacaksın?	What will you tell about the company?
İstanbul hakkında bir kitap yazacağım.	I'll write a book about İstanbul.
Gazete hakkında konuşacaksın.	You'll talk about the newspaper.
Şoför hakkında ne söyleyecek?	What will she say about the driver?
Müze hakkında sorular soruyor.	He is asking questions about the museum.
Bu para hakkında sorular sorma.	Don't ask questions about this money.
Benim hakkımda ne söylüyor?	What is she saying about me?
Onun hakkında ne biliyorsun?	What do you know about him?
Bizim hakkımızda kötü bir şey söyleme.	Don't tell anything bad about us.
Senin hakkında şimdi konuşmayacağım.	I won't talk about you now.
Sizin hakkınızda ne anlatacak?	What will she tell about you?
Onlar hakkında bir şey bilmiyorum.	I don't know anything about them.
Teyzem hakkında ne söylemek istiyorsun?	What do you want to say about my aunt?
Arkadaşı hakkında konuşmaz.	She doesn't talk about her friend.

Words Used in the Reading Passage

göl	lake, pond
mezun olmak	to graduate

PARKTA

IN THE PARK

Burası İstanbul'da büyük bir park. Parkın içinde birçok ağaç, çiçekler ve küçük bir göl var. İnsanlar arabayla içeriye girebilirler.

This place is a big park in İstanbul. There are a lot of trees, flowers and a small pond in the park. The people can drive in.

476

Parkın içinde kafeteryalar
da var. İnsanlar sandalyelerde
oturuyorlar ve meşrubat içiyorlar.

There are also cafeterias in the park.
The people are sitting on the chairs
and drinking beverages.

Bugün parkta Aylin ve Cem de var.
Aylin ve Cem iyi arkadaşlar. Üniver-
siteye gidiyorlar. Onlar bu parkı
çok severler ve sık sık gelirler.
Küçük göle gider ve onu seyrederler.
Üniversite ve dersler hakkında
konuşurlar. Gelecek yıl üniversiteden
mezun olacaklar.

Today, Aylin and Cem are also in the
park. Aylin and Cem are good friends.
They are going to university.
They like this park very much and
often come. They go to the small
pond and watch it. They talk about
the university and the lessons.
They'll graduate from the university
next year.

Gölün yanında uzun ağaçlar var. Aylin
ve Cem kafeteryada oturmayacaklar.
Gölün yanına gidecekler. Bu uzun
ağaçların altında oturacaklar. Sandviç
lerini yiyecekler ve konuşacaklar.

There are long trees near the pond.
Aylin and Cem won't sit in the
cafeteria. They'll go near the pond.
They'll sit under these long trees.
They'll eat their sandwiches and
talk.

Questions and Answers to the Reading Passage

Park nerededir?
Where is the park?

Park İstanbul'dadır.
It's in İstanbul.

Parkta bir göl var mı?
Is there a pond in the park?

Evet, var.
Yes, there is.

İnsanlar kafeteryada ne içiyorlar?
What are the people drinking in the
cafeteria?

Meşrubat içiyorlar.
They are drinking beverages.

Bugün parkta kimler var?
Who is there in the park today?

Aylin ve Cem var.
There is Aylin and Cem.

Onlar bu parkı severler mi?
Do they like this park?

Evet, severler.
Yes, they do.

Nereye giderler?
Where do they go?

Küçük göle giderler.
They go to the small pond.

Orada ne hakkında konuşurlar?

What do they talk about there?

Üniversite ve dersler hakkında konuşurlar.

They talk about the university and the lessons.

Ne zaman üniversiteden mezun olacaklar?

When will they graduate from the university?

Gelecek yıl mezun olacaklar.

They'll graduate next year.

Gölün yanında neler var?

What are there near the pond?

Uzun ağaçlar var.

There are long trees.

Onlar nerede oturacaklar?

Where will they sit?

Ağaçların altında oturacaklar.

They'll sit under the trees.

Ne yiyecekler?

What will they eat?

Sandviç yiyecekler.

They'll eat sandwiches.

PRACTICE 48

A

Rewrite as in the example.

Example : **Mersin güneydedir.**   --->   **Mersin Türkiye'nin güneyindedir.**

1. **Antalya güneydedir.**
2. **İstanbul doğuda değildir.**
3. **Çeşme batıdadır.**
4. **Sinop kuzeydedir.**
5. **Erzurum doğudadır.**
6. **Trabzon güneyde değildir.**
7. **İzmir batıdadır.**
8. **Mersin kuzeyde değildir.**

B

Rewrite as in the example.

Example : **Evden içeri giriyor.** ---> **Eve giriyor.**

1. **Lokantadan içeri giriyoruz.**
2. **Annem bahçeden içeri giriyor.**
3. **Patron fabrikadan içeri girer.**
4. **Müşteriler mağazadan içeri giriyorlar.**
5. **Sekreter ofisten içeri girecek.**

C

Change into future tense.

1. **Bu akşam nereye gidiyorsunuz?**
2. **Her gün bu işi yaparız.**
3. **Hesabı ödüyorlar.**
4. **Şimdi elbisesini değiştiriyor.**
5. **Çiftçi tarlada çalışıyor mu?**
6. **Yeni bir fotoğraf makinesi alır mısın?**
7. **Orada mutlu olurum.**
8. **Onu yarın ziyaret edemezsiniz.**

D

Change into negative form.

1. **Yeni şirket hakkında konuşacaklar.**
2. **Yarın bize yardım edecek.**
3. **Gelecek hafta oraya gideceğiz.**
4. **Parkta sandviç yiyeceğim.**
5. **Bu filmi seyredeceksin.**
6. **İki saat sonra dışarı çıkacaksınız.**
7. **Bu sabah balkonda kahvaltı edeceğiz.**

E

Translate into English.

1. **Karısı hakkında konuşacak mı?**
2. **Şimdi odadan içeri girecekler.**
3. **Evden dışarı çıkma.**
4. **Kars Türkiye'nin doğusunda mı yoksa batısında mıdır?**
5. **O adam hesabı ödemeyecek.**
6. **Çiftçi bugün tarlada çalışacak mı?**
7. **Kocası hakkında konuşmak istemiyor.**

F

Translate into Turkish.

1. What is she saying about me?
2. Take the book out of the bag.
3. İstanbul isn't in the east of Türkiye.
4. Don't take photos in the museum, please.
5. What do you know about them?
6. Will she come early this morning? No, she won't.
7. They won't go out of the bank today.

PRACTICE 48 - ANSWERS

A. 1. Antalya Türkiye'nin güneyinde değildir. 2. İstanbul Türkiye'nin doğusunda değildir. 3. Çeşme Türkiye'nin batısındadır. 4. Sinop Türkiye'nin kuzeyindedir. 5. Erzurum Türkiye'nin doğusundadır. 6. Trabzon Türkiye'nin güneyinde değildir. 7. İzmir Türkiye'nin batısındadır. 8. Mersin Türkiye'nin kuzeyinde değildir.

B. 1. Lokantaya giriyoruz. 2. Annem bahçeye giriyor. 3. Patron fabrikaya girer. 4. Müşteriler mağazaya giriyorlar. 5. Sekreter ofise girecek.

C. 1. Bu akşam nereye gideceksiniz? 2. Her gün bu işi yapacağız. 3. Hesabı ödeyecekler. 4. Şimdi elbisesini değiştirecek. 5. Çiftçi tarlada çalışacak mı? 6. Yeni bir fotoğraf makinesi alacak mısın? 7. Orada mutlu olacağım. 8. Onu yarın ziyaret etmeyeceksiniz.

D. 1. Yeni şirket hakkında konuşmayacaklar. 2. Yarın bize yardım etmeyecek. 3. Gelecek hafta oraya gitmeyeceğiz. 4. Parkta sandviç yemeyeceğim. 5. Bu filmi seyretmeyeceksin. 6. İki saat sonra dışarı çıkmayacaksınız. 7. Bu sabah balkonda kahvaltı etmeyeceksiniz.

E. 1. Will he talk about his wife? 2. They'll come into the room now. 3. Don't go out of the house. 4. Is Kars in the east or in the west of Türkiye? 5. That man won't pay the bill. 6. Will the farmer work in the field today? 7. She doesn't want to talk about her husband.

F. 1. Benim hakkımda ne söylüyor? 2. Kitabı çantadan (dışarı) al. 3. İstanbul Türkiye'nin doğusunda değildir. 4. Müzede fotoğraf çekme, lütfen. 5. Onlar hakkında ne biliyorsun?/bilirsin? 6. Bu sabah erken kalkacak mı? Hayır, kalkmayacak. 7. Bugün bankadan dışarı çıkmayacaklar.

temel
TÜRKÇE
kursu

DERS 49

VOCABULARY

DEMEK		**TO SAY**
Onun hakkında bana bir şey demiyor.		He doesn't say anything to me about it.
YİNE, TEKRAR		**AGAIN**
Gelecek yıl yine (tekrar) oraya gideceğiz.		We'll go there again next year.
SEYAHAT ETMEK, YOLCULUK ETMEK		**TO TRAVEL**
İşadamı sık sık uçakla seyahat eder.		The businessman often travels by plane.
SEYAHAT, YOLCULUK		**TRAVEL, JOURNEY**
Teyzem yolculuğu (seyahati) çok sever.		My aunt likes journeys very much.
AKŞAM YEMEĞİ		**DINNER**
Akşam yemeği saat kaçta?		What time is the dinner?

ÖĞLE YEMEĞİ

Öğle yemeği için ne yiyeceksin?

LUNCH

What will you eat for lunch?

ŞİŞMAN

Kapının önündeki şişman adama bak.

FAT

Look at the fat man in front of the door.

ZAYIF

Annesi çok zayıftır.

THIN

Her mother is very thin.

DEMEK, SÖYLEMEK

The verbs **demek** and **söylemek** are virtually the same in meaning, in English, 'to say'. **Demek** is irregular, like **gitmek** and **etmek**.

"Lütfen" de.	Say "Please"
Her sabah bana "günaydın" der.	She says "good morning" to me every morning.
Bir şey diyorum. (söylüyorum)	I'm saying something.
Bir şey demiyorum. (söylemiyorum)	I'm not saying anything.
Bir şey diyor musun? (söylüyor musun)	Are you saying anything?
Onlar bize ne diyecekler?	What will they say to us?
Size bir şey demiyeceğiz.	We won't say anything to you.

Adding the Plural Suffix to the Last Noun

When there are two or more plural nouns together, rather than adding the plural suffix to each of the nouns, it is better Turkish to just add it to the last. Nevertheless, it is not uncommon to find more than one plural noun in a sentence. Like English, **ve** is usually used only before the last noun of a list.

kuşlar, çiçekler, ağaçlar ve çocuklar	birds, flowers, trees and children
kuş, çiçek, ağaç ve çocuklar	birds, flowers, trees and children

Just because the last noun of a list is in the plural, however, does not necessarily means that the previous nouns are also plural - this has to be understood from context.

kapılar ve pencereler	doors and windows
kapı ve pencereler	doors and windows
	the door and windows

oteller ve lokantalar	hotels and restaurants
otel ve lokantalar	hotels and restaurants
	the hotel and restaurants

müdürler ve işadamları	managers and businessmen
müdür ve işadamları	managers and businessmen
	the manager and businessmen

Müdürler ve işadamları toplantıya gidiyorlar.	The managers and businessmen are going to the meeting.
Müdür ve işadamları toplantıya gidiyorlar.	The manager(s) and businessmen are going to the meeting.

Oradaki oteller ve lokantaları göreceğim.	I'll see the hotels and restaurants there.
Oradaki otel ve lokantaları göreceğim.	I'll see the hotel(s) and restaurants there.

Kapılar ve pencereler kapalıdır.	The doors and the windows are closed.
Kapı ve pencereler kapalıdır.	The door(s) and the windows are closed.

Masada tabaklar, bardaklar, çatallar ve kaşıklar var.	There are plates, glasses, forks and spoons on the table.
Masada tabak, bardak, çatal ve kaşıklar var.	There are plates, glasses, forks and spoons on the table.

Bu mağazada etekler, ceketler, gömlekler ve elbiseler görebilirsiniz.	You can see skirts, jackets, shirts and dresses in this store.
Bu mağazada etek, ceket, gömlek ve elbiseler görebilirsiniz.	You can see skirts, jackets, shirts and dresses in this store.

İLE

Let us remind ourselves of the meaning/usage of **ile**.

a. Added to nouns the letter **i** is omitted to make the suffix **-la/-le**. This might have the meaning of 'and'.

Ahmetle Mehmet (Ahmet ve Mehmet)	Ahmet and Mehmet
Ekmekle peynir yiyoruz. (ekmek ve peynir)	We are eating bread and cheese.

483

| Kadınla kızı buraya geliyor. | The woman and her daughter are |
| (kadın ve kızı) | coming here. |

b. It might mean 'with' (in the sense of 'together').

Oraya benimle git.	Go there with me.
Arkadaşımla sinemaya gidiyoruz.	We are going to the cinema with my friend.
Sizinle konuşmak istiyor.	She wants to talk to you.
Doktorla beraber geliyor.	He is coming (together) with the doctor.
Onunla otobüse biniyorum.	I am getting on the bus with him.

c. Added to modes of transport it means 'by'.

trenle	by train
otobüsle	by bus
uçakla	by aeroplane

Ankara'ya trenle gidiyorlar.	They are going to Ankara by train.
İşadamı uçakla gelecek.	The businessman will come by plane.
Marmaris'e otobüsle gideceğiz.	We'll go to Marmaris by bus.

A fourth meaning is the use of **ile** to indicate the means or method of doing something, answering the question 'How?'.

bıçakla	with a knife
çatalla	with a fork
kaşıkla	with a spoon
elektrik süpürgesiyle	with a vacuum cleaner
telefonla	with a telephone, on the telephone
topla	with a ball
fincanla	with a cup, in a cup
kalemle	with a pencil
elle	by hand

Ekmeği bıçakla kes.	Cut the bread with the knife.
Peyniri çatalla yeriz.	We eat the cheese with a fork.
Çorbayı kaşıkla içeriz.	We drink the soup with a spoon.
Kadın odayı elektrik süpürgesiyle süpürüyor.	The woman is sweeping the room with the vacuum cleaner.
Telefonla konuşacaklar.	They'll talk on the telephone.
Mektubu kalemle yazabilirsin.	You can write the letter with a pen.
Çayımı fincanla içiyorum.	I am drinking my tea in a cup.

THE OPTATIVE

YAPAYIM / YAPAYIM MI?

The question **yapayım mı?** is an offer, used to ask if we can help with something. This question form is usually used in the first person (like Shall I/we ...?), although it is possible in the third person. It is generally not used in the second person where the imperative performs the same function.

To make this structure, the optative suffix **(-y)e, (-y)a** is added to the verb root followed by the personal suffix. In the positive, it is like a polite form of saying what we want to do, or, again, offering to help (like Let me/us ...).

(Ben)	yap - a - y - ım.	Let me do it.
	gel - e - y - im.	Let me come.
	bak - a - y - ım.	Let me look.
	sat - a - y - ım.	Let me sell.
	bekle - ye - y - im.	Let me wait.
	oku - ya - y - ım.	Let me read.

Gideyim.	Let me go.
Söyleyeyim.	Let me speak.
Ödeyeyim.	Let me pay.
Değiştireyim.	Let me change.
Bakayım.	Let me look.
Telefon edeyim.	Let me telephone.
Yiyeyim.	Let me eat.
Yatayım.	Let me go to bed.
Bulayım.	Let me find it.
Giyeyim.	Let me wear.
Bitireyim.	Let me finish.
Yıkayayım.	Let me wash.
Seyredeyim.	Let me watch.
Yürüyeyim.	Let me walk.

Oraya gideyim.	Let me go there.
Ona söyleyeyim.	Let me say to him.
Bu hesabı ödeyeyim.	Let me pay this bill.
Akşam yemeğimi yiyeyim.	Let me have my dinner.
Elbisemi değiştireyim.	Let me change my dress.
Ona telefon edeyim.	Let me telephone her.
Şu resimlere bakayım.	Let me look at those pictures.
Senin için yemek yapayım.	Let me cook for you.
Bu odada uyuyayım.	Let me sleep in this room.

Dersi sana anlatayım.	Let me tell the lesson to you.
Havaalanına gideyim.	Let me go to the airport.
Sana yardım edeyim.	Let me help you.
Tabakları yıkayayım.	Let me wash the plates.
O filmi seyredeyim.	Let me watch that film.

In question form, this kind of sentence is used to make offers and ask for permission.

Oraya gideyim mi?	Shall I go there?
Odayı süpüreyim mi?	Shall I sweep the room?
Elbisemi değiştireyim mi?	Shall I change my dress?
Sana yardım edeyim mi?	Shall I help you?
Bu dersi sana anlatayım mı?	Shall I tell you this lesson?
Şu resimlere bakayım mı?	Shall I look at those pictures?
Öğretmenle konuşayım mı?	Shall I talk to the teacher?
Tabakları yıkayayım mı?	Shall I wash the plates?
O filmi seyredeyim mi?	Shall I watch that film?
Havaalanına gideyim mi?	Shall I go to the airport?
Otobüs durağında bekleyeyim mi?	Shall I wait at the bus-stop?
Şu mavi eteği giyeyim mi?	Shall I wear that blue skirt?
Sandviçi yiyeyim mi?	Shall I eat the sandwich?
Sana bir bardak çay vereyim mi?	Shall I give you a glass of tea?
O mektubu okuyayım mı?	Shall I read that letter?
Ona bir şey söyleyeyim mi?	Shall I say to him anything?
Arabayı satayım mı?	Shall I sell the car?
Bir şarkı söyleyeyim mi?	Shall I sing a song?

Here are examples of these structures in the first person plural.

(Biz)	yap - a - lım.		Let's do it.
	gel - e - lim.		Let's come.
	bak - a - lım.		Let's look.
	sat - a - lım.		Let's sell.
	bekle - ye - lim.		Let's wait.
	oku - ya - lım.		Let's read.

Gidelim.	Let's go.
Söyleyelim.	Let's speak.
Ödeyelim.	Let's pay.
Değiştirelim.	Let's change.
Bakalım.	Let's look.
Yiyelim.	Let's eat.
Bulalım.	Let's find it.
Yıkayalım.	Let's wash.
Seyredelim.	Let's watch.
Yürüyelim.	Let's walk.
Gösterelim.	Let's show it.

Oraya gidelim.	Let's go there.
Ona söyleyelim.	Let's say to him.
Akşam yemeğimizi yiyelim.	Let's have our dinner.
Ona telefon edelim.	Let's telephone him.
Bu odada uyuyalım.	Let's sleep in this room.
Dersi sana anlatalım.	Let's tell the lesson to you.
Havaalanına gidelim.	Let's go to the airport.
Sana yardım edelim.	Let's help you.
Otobüs durağında bekleyelim.	Let's wait at the bus-stop.
Doktorla konuşalım.	Let's talk to the doctor.
Oraya gidelim mi?	Shall we go there?
Sana yardım edelim mi?	Shall we help you?
Odayı süpürelim mi?	Shall we sweep the room?
Bu dersi size anlatalım mı?	Shall we tell you this lesson?
O resimlere bakalım mı?	Shall we look at those pictures?
Şu filmi seyredelim mi?	Shall we watch that film?
O mektubu okuyalım mı?	Shall we read that letter?
Ona bir şey söyleyelim mi?	Shall we say to him anything?
Arabayı satalım mı?	Shall we sell the car?
Bir şarkı söyleyelim mi?	Shall we sing a song?
Öğretmenle konuşalım mı?	Shall we talk to the teacher?
Havaalanına gidelim mi?	Shall we go to the airport?
Otobüse binelim mi?	Shall we get on the bus?
Bu akşam lokantaya gidelim mi?	Shall we go to the restaurant this evening.
Tabakları yıkayalım mı?	Shall we wash the plates?
Tatil için Marmaris'e gidelim mi?	Shall we go to Marmaris for holiday.

To make the optative in the third person (singular and plural) the suffix **-sın, -sin, -sun, -sün** is used.

(O)	yap - sın.	Let him do it.
	gel - sin.	Let her come.
	bak - sın.	Let him look.
	sat - sın.	Let him sell.
	bekle - sin.	Let him wait.

Söylesin.	Let him speak.
Ödesin.	Let her pay.
Yesin.	Let him eat.
Bulsun.	Let him find it.
Temizlesin.	Let him clean.
Seyretsin.	Let her watch.

Oraya gitsin.	Let him go there.
Fotoğraflara baksın.	Let her look at the photographs.
Bu odada uyusun.	Let him sleep in this room.
Bu otobüse binsin.	Let her get on this bus.
Arabayı satsın.	Let him sell the car.
Bir şarkı söylesin.	Let him sing a song.
Evi temizlesin.	Let her clean the house.

Bu odada uyusun mu?	Do you let him sleep in this room?
Mektupları yazsın mı?	Do you let her write the letters?
Evi satsın mı?	Do you let him sell the house?
Fotoğraflara baksın mı?	Do you let her look at the photographs?
Bu otobüse binsin mi?	Do you let her get on this bus?
Hesabı ödesin mi?	Do you let him pay the bill?

(Onlar)	gel - sin - (ler).	Let them come.
	yap - sın - (lar).	Let them do it.
	bak - sın - (lar).	Let them look.
	bekle - sin - (ler).	Let them wait.

Ödesinler.	Let them pay.
Göstersinler.	Let them show.
Yürüsünler.	Let them walk.
Okusunlar.	Let them read.
Yazsınlar.	Let them write.
Telefon etsinler.	Let them telephone.

Oraya gitsinler.	Let them go there.
Fotoğraflara baksınlar.	Let them look at the photographs.
Bu odada uyusunlar.	Let them sleep in this room.
Arabayı satsınlar.	Let them sell the car.
Evi temizlesinler.	Let them clean the house.

(Onlar)	gel - sin - (ler) mi?	Do you let them come?
	yap - sın - (lar) mı?	Do you let them do?
	bak - sın - (lar) mı?	Do you let them look?
	bekle - sin - (ler)mi?	Do you let them wait?

Oraya gitsinler mi?	Do you let them go there?
Fotoğraflara baksınlar mı?	Do you let them look at the photographs?
Bu odada uyusunlar mı?	Do you let them sleep in this room?
O otobüse binsinler mi?	Do you let them get on that bus?
Evi temizlesinler mi?	Do you let them clean the house?

PRACTICE 49

A

Add **ve** and take out all unnecessary plural suffixes.

Example : **Bahçede ağaçlar, çiçekler, kuşlar var.**
Bahçede ağaç, çiçek ve kuşlar var.

1. **Evde halılar, masalar, koltuklar var.**
2. **Hastanede doktorlar, hemşireler, hastalar var.**
3. **Orada evler, dükkânlar, arabalar var mı?**
4. **Burada bardaklar, tabaklar, çatallar bulabilirsiniz.**
5. **Ofiste masalar, sandalyeler, defterler, bilgisayarlar görebilirsin.**

B

Fill the gaps with **ile**, making the required alterations.

1. **Ayşen ne...... Adana'ya gidecek?**
2. **Diş fırçası...... dişlerini temizleyecek.**
3. **Bu ütü...... ütü yapıyor.**
4. **Mektubu bu kalem...... yaz.**
5. **Onu bıçak...... keseceğim.**
6. **Babam...... ders çalışacağım.**
7. **Şimdi o...... konuşacağız.**
8. **Elektrik süpürgesi...... odayı süpürüyor.**

C

Change to optative form.

Example : **Oraya gidiyorum.   ---> Oraya gideyim.**

1. **Fotoğraflara bakacağım.**
2. **Bu otobüse biniyorum.**
3. **Dersimi bitiriyorum.**
4. **Dersi size anlatacağım.**
5. **Bu akşam dans edeceğim.**

D

Change the above sentences to optative form questions.

Example : **Oraya gidiyorum.   ---> Oraya gideyim mi?**

E

Change to optative form.

1. **Parkta oturacağız.**
2. **Yarın sabah arkadaşımızı göreceğiz.**

3. Onların evini görüyoruz.
4. Gitar çalıyoruz.
5. Kapının önünde oturuyoruz.

F

Rewrite the above as questions (optative form).

G

Translate into English.

1. **Parkta ağaçlar, çiçekler ve çocuklar var.**
2. **Kahvemi bir fincanla içerim.**
3. **Mektubu bilgisayarla yaz, lütfen.**
4. **Pencereyi açayım mı?**
5. **Burada sigara içelim mi?**

H

Translate into Turkish.

1. Shall I have breakfast in the kitchen?
2. Shall we stay at this hotel?
3. She cleans the house with a vacuum cleaner.
4. Shall we take photos here?
5. Shall I help you?

PRACTICE 49 - ANSWERS

A. 1. Evde halı, masa ve koltuklar var. 2. Hastanede doktor, hemşire ve hastalar var. 3. Orada ev, dükkân ve arabalar var mı? 4. Burada bardak, tabak ve çatallar bulabilirsiniz. 5. Ofiste masa, sandalye, defter ve bilgisayarlar görebilirsin.

B. 1. neyle 2. yla 3. yle 4. le 5. la 6. la 7. nunla 8. yle

C. 1. Fotoğraflara bakayım. 2. Bu otobüse bineyim. 3. Dersimi bitireyim. 4. Dersi size anlatayım. 5. Bu akşam dans edeyim.

D. 1. Fotoğraflara bakayım mı? 2. Bu otobüse bineyim mi? 3. Dersimi bitireyim mi? 4. Dersi size anlatayım mı? 5. Bu akşam dans edeyim mi?

E. 1. Parkta oturalım. 2. Yarın sabah arkadaşımızı görelim. 3. Onların evini görelim. 4. Gitar çalalım. 5. Kapının önünde oturalım.

F. 1. Parkta oturalım mı? 2. Yarın sabah arkadaşımızı görelim mi? 3. Onların evini görelim mi? 4. Gitar çalalım mı? 5. Kapının önünde oturalım mı?

G. 1. There are trees, flowers and children in the park. 2. I drink my coffee with a cup. 3. Write the letter on the computer please. 4. Shall I open the window? 5. Shall we smoke here?

H. 1. Mutfakta kahvaltı edeyim mi? 2. Bu otelde kalalım mı? 3. Evi elektrik süpürgesiyle temizler. 4. Burada fotoğraf çekelim mi? 5. Sana yardım edeyim mi?

temel
TÜRKÇE
kursu

DERS 50

VOCABULARY

TAŞIMAK

Bu bavulu taşıyamazsın.

TO CARRY

You can't carry this suit-case.

GÖNDERMEK

Parayı ne zaman gönderecek?

TO SEND

When will she send the money?

FIRÇALAMAK

Akşamleyin dişlerini fırçala.

TO BRUSH

Brush your teeth in the evening.

SAYMAK

Çantadaki parayı sayıyoruz.

TO COUNT

We are counting the money in the bag.

İLAÇ

Doktor hastaya ilacı verecek.

MEDICINE, PILL

The doctor will give the medicine to the patient.

PİLOT		PILOT
Uçağın pilotu şu adamdır.		The pilot of the aeroplane is that man.

RESSAM		PAINTER
Ressam yeni bir resim çiziyor.		The painter is drawing a new picture.

-MEK İÇİN / IN ORDER TO

The infinitive followed by **için** is used to give an aim, to explain why something is done. It looks a little like **-mek istemek** which we saw earlier.

yapmak için	in order to do/make
satmak için	in order to sell
kalmak için	in order to stay
yatmak için	in order to go to bed
taşımak için	in order to carry
saymak için	in order to count
fırçalamak için	in order to brush
yemek yapmak için	in order to cook
kalkmak için	in order to get up
yemek için	in order to eat
öğrenmek için	in order to learn
gelmek için	in order to come
getirmek için	in order to bring
seyretmek için	in order to watch
bitirmek için	in order to finish
süpürmek için	in order to sweep
telefon etmek için	in order to telephone
ödemek için	in order to pay
göndermek için	in order to send

Çarşıya gitmek için evden çıkıyor.	He is going out of the house to go/in order to go to the bazaar.

492

Türkçe öğrenmek için okula gidecek.	She'll go to school to learn Turkish.
Televizyon seyretmek için koltuğa oturacak.	He'll sit in the armchair to watch TV.
İşi bitirmek için bugün çalışacak.	She'll work today to finish the work
İzmir'e gitmek için otobüse biniyor.	He is getting on the bus to go to Izmir.
Yemek yapmak için sebze alacağım.	I'll buy some vegetables to cook.
Dişlerini fırçalamak için banyoya giriyor.	He is going into the bathroom to brush his teeth.
Oraya gelmek için ofisten çıkacağız.	We'll leave the office to come there.
Arabayı satmak için bekliyorlar.	They are waiting to sell the car.
Yemek yapmak için mutfağa girer.	She goes into the kitchen to cook.
Bir elbise satın almak için mağazaya gidiyor.	She is going to the store to buy a dress.
Yemek yemek için lokantaya gidecekler.	They'll go to the restaurant to eat.
Fotoğraf çekmek için bir fotoğraf makinesi alacağız.	We'll buy a camera to take photos.

GİBİ

Gibi (= like) is used to express similarity. Unlike English, it follows the relevant noun.

bal gibi	like honey
şeker gibi	like sugar
çocuk gibi	like a child
limon gibi	like a lemon
top gibi	like a ball
bebek gibi	like a baby
sepet gibi	like a basket
buz gibi	like ice

Gibi can be followed by adjectives.

bal gibi tatlı	sweet like honey
şeker gibi tatlı	sweet like sugar
bebek gibi güzel	beautiful like a baby
deniz gibi mavi	blue like the sea
buz gibi soğuk	cold like ice
Mehmet Bey gibi yaşlı	old like Mehmet Bey

Çay bal gibi tatlı.	The tea is sweet like honey.
Portakallar şeker gibi tatlı.	The oranges are sweet like sugar.
Kız bebek gibi güzel.	The girl is beautiful like a baby.
Adamın gözleri deniz gibi mavi.	The man's eyes are blue like the sea.
Hava buz gibi soğuk.	The weather is cold like ice.
Bu adam Mehmet Bey gibi yaşlı.	This man is old like Mehmet Bey.

Sometimes the following adjective is unnecessary.

Çay bal gibi.	The tea is like honey.
Bu adam çocuk gibi.	This man is like a child.
Portakallar şeker gibi.	The oranges are like sugar.
Kız bebek gibi.	The girl is like a baby.
Şunlar top gibi.	Those are like balls.
Bu çanta sepet gibi.	This bag is like a basket.
Hava buz gibi.	The weather is like ice.

Gibi can be used in structures like these below.

Metin, Ahmet Bey gibi müdür.	Metin is a manager like Ahmet Bey.
O da Ayşe gibi Türk.	She too is Turkish like Ayşe.
Ben de Selma gibi öğrenciyim.	I too am a student like Selma.

When pronouns are used with **gibi**, they take the possessive form.

benim gibi	like me
senin gibi	like you
onun gibi	like him/her
bizim gibi	like us
sizin gibi	like you
onlar gibi*	like them

annem gibi	like my mother
arkadaşım gibi	like my friend
ablam gibi	like my elder sister

* **onlar gibi** is an exception.

Benim gibi konuşuyor.	She is talking like me.
Senin gibi çalışıyoruz.	We are studying like you.
Onun gibi bakıyor.	She is looking like her.
Yemeği sizin gibi yapacağız.	We'll cook like you.

DIALOGUE

A : Bugün bir misafir gelecek.	A guest will come today.
B : Kim?	Who?
A : Bir Amerikalı kız. Amerika'dan gelecek.	An American girl. She'll come from America.
B : Adı ne?	What's her name?
A : Kimberly Brown.	Kimberly Brown.
B : Burada ne yapacak?	What will she do here?
A : Türkçe öğrenmek için geliyor.	She's coming to learn Turkish.
B : Nerede kalacak?	Where will she stay?
A : Bizim evde. Bende bir fotoğrafı var.	At our house. I have got a photograph of her.
B : Görebilir miyim?	Can I see?
A : Tabii. Fotoğraf çantamda.	Certainly. The photograph is in my bag.

(He takes the photograph from the bag and shows.)

B : Oh! Bebek gibi güzel bir kız.	Oh! She is a beautiful girl like a baby.
A : Evet, güzel.	Yes, she's beautiful.
B : Saat kaçta geliyor?	What time is she coming?
A : Uçak saat yedide havaalanında olacak.	The plane will be at the airport at seven o'clock
B : Havaalanına gidecek misin?	Will you go to the airport?
A : Evet, gideceğim.	Yes, I will.
B : Ben de geleyim mi?	Shall I come too?
A : Tamam. Şimdi çıkalım mı?	Okay. Shall we go out now?

BİR MİSAFİR

A GUEST

Levent'te bir ev. Burası Ayhan Bey'in evidir. Bugün Amerika'dan bir misafir gelecek. Adı Kimberly Brown. Ayhan Bey'in arkadaşı. Yirmi dokuz yaşında ve bekâr.

A house at Levent. This place is Ayhan Bey's house. Today, a guest will come from America. Her name is Kimberly Brown. She is a friend of Ayhan Bey. She's twenty nine years old and single.

Kimberly bir İngilizce öğretmenidir. İstanbul'da bir okulda İngilizce öğretecek. O bir ya da iki ay Ayhan Bey'in evinde kalacak. Okul da Levent'te.

Kimberly is a teacher. She'll teach English in a school in Istanbul. She'll stay at Ayhan Bey's house one or two months. The school is also at Levent.

Kimberly güzel bir kadındır. Sarışın. Gözleri de deniz gibi mavidir. Saat yedide havaalanında olacak. Ayhan Bey onu havaalanında bekleyecek ve birlikte eve gelecekler. Yemek yiyecekler.

Kimberly is a beautiful woman. She's blonde. Her eyes too are blue like the sea. She'll be at the airport at seven o'clock. Ayhan Bey will wait for her at the airport and come home together. They'll eat.

O İstanbul'u biliyor. Burada yaşamak istiyor. Türkçe öğrenmek için okula gidecek.

She knows Istanbul. She want to live here. She'll go to school to learn Turkish.

Questions and Answers to the Reading Passage

Ayhan Bey'in evi nerededir?
Where is Ayhan Bey's house?

Levent'tedir.
It is in Levent.

Misafir ne zaman geliyor?
When is the guest coming?

Bugün geliyor.
She's coming today.

Misafir nereden geliyor?
Where is the guest coming from?

Amerika'dan geliyor.
She is coming from America.

Misafirin adı nedir?
What is the guest's name?

Onun adı Kimberly Brown'dır.
Her name is Kimberly Brown.

Kimberly kaç yaşındadır?
How old is Kimberly?

Yirmi dokuz yaşındadır.
She's twenty nine years old.

O evli mi yoksa bekâr mı?
Is she married or single?

Bekârdır.
She's single.

O ne iş yapar?
What is her job?

İngilizce öğretmenidir.
She's an English teacher.

İstanbul'da ne yapacak?
What will she do in İstanbul?

İngilizce öğretecek.
She will teach English.

Ayhan Bey'in evinde kaç ay kalacak?
How many months will she stay at
Ayhan Bey's house?

Bir ya da iki ay kalacak.
She'll stay one or two months.

Okul nerede?
Where is the school?

Levent'tedir.
It's at Levent.

Kimberly'nin gözleri ne renktir?
What colour are Kimberly's eyes?

Mavidir.
They are blue.

Saat kaçta havaalanında olacak?
What time will she be at the airport?

Orada saat yedide olacak.
She will be at there seven o'clock.

Onu havaalanında kim bekleyecek?
Who will wait for her at the airport?

Ayhan Bey bekleyecek.
Ayhan Bey will.

İstanbul'da yaşamak istiyor mu?
Does she want to live in İstanbul?

Evet, istiyor.
Yes, she does.

Türkçe öğrenmek için ne yapacak?
What will she do in order to learn
Turkish?

Okula gidecek.
She'll go to school.

A

Make sentences using the **-mek için** structure in the tense given.

Ex: türkçe öğrenmek / okula gitmek (Gelecek Zaman)
Türkçe öğrenmek için okula gidecek.

1. yemek yapmak / mutfağa girmek (Gelecek Zaman)
2. elbise satın almak / mağazaya gitmek (Şimdiki Zaman)
3. çarşıya gitmek / evden çıkmak (Gelecek Zaman)
4. mektubu göndermek / postaneye gitmek (Gelecek Zaman)
5. çocuğu görmek / bahçeye çıkmak (Geniş Zaman)
6. dişlerini fırçalamak / diş macunu almak (Şimdiki Zaman)
7. çiçekleri koymak / vazoyu almak (Şimdiki Zaman)
8. uyumak / odaya girmek (Geniş Zaman)

B

Change to optative form.

Example : **Bu sandalyeleri taşıyacağız.** ---> **Bu sandalyeleri taşıyalım.**

Bu eve gireceğim. ---> **Bu eve gireyim.**

1. **Onları bekliyoruz.**
2. **Bu akşam balkonda oturacağım.**
3. **Şimdi mektupları göndereceğiz.**
4. **Dişlerimi fırçalıyorum.**
5. **Yarın Ankara'ya seyahat edeceğiz.**
6. **Bu lokantaya yine geleceğim.**
7. **Hesabı ödüyorum.**

C

Rewrite the above as questions (optative form).

D

Fill the gaps with **ile**.

1. Mektubu bu kalem...... yaz.
2. Annem biz...... konuşacak.
3. Çorbayı bu kaşık...... yiyeceğim.
4. Ne ...... okula gideceksin?
5. Bulaşık makinesi...... tabakları yıkayacağım.
6. Arkadaşım...... oraya gidiyorum.
7. Ben...... bekleyecek.

E

Translate into English.

1. Bu kahve bal gibi tatlıdır.
2. Bu bavulu taşımak için bana yardım et.
3. Akşam yemeği yemek için lokantaya gidiyorlar.
4. Ders çalışmak için eve gidiyorum.
5. Bizim gibi konuşuyor.
6. Onun hakkında ne konuşuyor?
7. Bize bir şey demiyor.
8. Türkçe öğrenmek için Türkiye'ye geliyor.
9. Kitabı masaya koyayım.
10. Sebze almak için evden çıkıyor.

F

Translate into Turkish.

1. She'll go to England to learn English.
2. Today we want to go to the bazaar to buy a bag.
3. We are sitting like you.
4. They'll talk about the travel.
5. Find these pills, please.
6. The postman is bringing a letter.
7. Will you count the money?
8. The businessman will travel again.

9. My aunt is coming to dinner tonight.

10. Don't say anything.

PRACTICE 50 - ANSWERS

A. 1. Yemek yapmak için mutfağa girecek. 2. Elbise satın almak için mağazaya gidiyor. 3. Çarşıya gitmek için evden çıkacak. 4. Mektubu göndermek için postaneye gidecek. 5. Çocuğu görmek için bahçeye çıkar. 6. Dişlerini fırçalamak için diş macunu alıyor. 7. Çiçekleri koymak için vazoyu alıyor. 8. Uyumak için odaya girer.

B. 1. Onları bekleyelim. 2. Bu akşam balkonda oturayım. 3. Şimdi mektupları gönderelim. 4. Dişlerimi fırçalıyayım. 5. Yarın Ankara'ya seyahat edelim. 6. Bu lokantaya yine geleyim. 7. Hesabı ödeyeyim.

C. 1. Onları bekleyelim mi? 2. Bu akşam balkonda oturayım mı? 3. Şimdi mektupları gönderelim mi? 4. Dişlerimi fırçalıyayım mı? 5. Yarın Ankara'ya seyahat edelim mi? 6. Bu lokantaya yine geleyim mi? 7. Hesabı ödeyeyim mi?

D. 1. Mektubu bu kalemle yaz. 2. Annem bizimle konuşacak. 3. Çorbayı bu kaşıkla yiyeceğim. 4. Neyle okula gideceksin? 5. Bulaşık makinesiyle tabakları yıkayacağım. 6. Arkadaşımla oraya gidiyorum. 7. Benimle bekleyecek.

E. 1. This coffee is sweet like honey. 2. Help me to carry this suitcase. 3. They are going to the restaurant to have dinner. 4. I am going to the house to study lesson. 5. She is talking like us. 6. What is he talking about her? 7. She doesn't say anything to us. 8. She is coming to Türkiye to learn Turkish. 9. Let me put the book on the table. 10. She is leaving home to buy some vegetable.

F. 1. İngilizce öğrenmek için İngiltere'ye gidecek. 2. Bugün bir çanta satın almak için pazara gitmek istiyoruz. 3. Sizin gibi oturuyoruz. 4. Seyahat hakkında konuşacaklar. 5. Bu ilaçları bulun, lütfen. 6. Postacı bir mektup getiriyor. 7. Parayı sayacak mısın? 8. İşadamı yine seyahat edecek. 9. Teyzem bu akşam yemeğe geliyor. 10. Hiçbir şey deme.

temel
TÜRKÇE
kursu

DERS
51

VOCABULARY

HAZIRLAMAK

Kahvaltıyı hazırlıyor
musun?

TO PREPARE

Are you preparing
the breakfast?

KARAR VERMEK

Onun hakkında yarın karar
verecek.

TO DECIDE

He'll decide about her
tomorrow.

SEÇMEK

Senin için bir elbise seçeceğim.

TO CHOOSE

I'll choose a dress for you.

MERDİVEN

Merdivende oturuyorlar.

STAIRS, STEPS; LADDER

They're sitting on the stairs.

TARAMAK

Her sabah saçlarını tarar.

TO COMB

She combs her hair every
morning.

SUMMARY

In this lesson we will summarize all the tense structures introduced thus far, including ability and possession/ownership.

Present Continuous Tense

Positive

Saçlarını tarıyor.	He is combing her hair.
Postacı bir mektup getiriyor.	The postman is bringing a letter.
Şimdi dişlerimi fırçalıyorum.	I am brushing my teeth now.
Adam bir bavul taşıyor.	The man is carrying a suitcase.
Benim hakkımda bir şey söylüyor.	He is saying something about me.
Turistler müzede fotoğraf çekiyorlar.	The tourists are taking photos in the museum.
Banyoda şarkı söylüyor.	She is singing in the bathroom.
Yarın o elbiseyi giyiyorsun.	You are wearing that dress tomorrow.

Negative

Bu sabah çiftçi tarlada çalışmıyor.	The farmer isn't working in the field this morning.
Hesabı ödemiyoruz.	We aren't paying the bill.
Parayı saymıyorlar.	They aren't counting the money.
Hasta ilacı içmiyor.	The patient isn't drinking the medicine.
Şimdi akşam yemeği yemiyoruz.	We aren't eating dinner now.
Şoför bugün araba kullanmıyor.	The driver isn't driving today.
Kadın evi temizlemiyor.	The woman isn't cleaning the house.
Çocuklar meyve suyu içmiyorlar.	The children aren't drinking fruit juice.

Question

Size fotoğrafları gösteriyor mu?	Is she showing the photographs to you?
Havaalanına gidiyor musun?	Are you going to the airport?
Annen yarın dönüyor mu?	Is your mother coming back tomorrow?
Bize yardım ediyor musunuz?	Are you helping us?
Karısı ekmeği kesiyor mu?	Is his wife cutting the bread?
Öğretmen dersi anlatıyor mu?	Is the teacher telling the lesson?
Size bir şey diyor mu?	Is she saying anything to you?
Bu mektupları gönderiyor muyuz?	Are we sending these letters?

Kim kapının önünde bekliyor?	Who is waiting in front of the door?
Sizin için ne hazırlıyor?	What is she preparing for you?
Bu mektupları nereye gönderiyoruz?	Where are we sending these letters?
Annen ne zaman dönüyor?	When is your mother coming back?
Bize ne gösteriyorsun?	What are you showing us?
Nerede şarkı söylüyorsunuz?	Where are you singing?
Saat kaçta eve dönüyor?	What time is she coming back home?
Ayda kaç kez lokantaya gidiyorsunuz?	How many times a month are you going to the restaurant?

Simple Present Tense

Positive

Her gün iki saat uyur.	He sleeps for two hours every day.
Sabahleyin bir bardak süt içerler.	They drink a glass of milk in the morning.
Tatil için oraya gideriz.	We go there for holiday.
O zarfları bize gönderirsin.	You send these envelopes to us.
Her gün parasını sayar.	He counts his money every day.
Kızı için bir etek seçer.	She chooses a skirt for her daughter.
Odayı elektrik süpürgesiyle süpürür.	She sweeps the room with the vacuum cleaner.
Haftada bir kez annemi ziyaret ederim.	I visit my mother once a month.

Negative

Bu soruları yanıtlamazsın.	You don't answer these questions.
Her gün piyano çalmak istemem.	I don't want to play the piano every day.
Daima bu pansiyonda kalmayız.	We don't always stay at this pension.
Bize bir şey anlatmazlar.	They don't tell anything to us.
Müzede fotoğraf çekmeyiz.	We don't take photos in the museum.
O kız saçını taramaz.	That girl doesn't comb her hair.
Tatil için oraya gitmez.	He doesn't go there for holiday.
Sabahleyin bir bardak süt içmezler.	They don't drink a glass of milk in the morning.

Question

Akşamleyin dişlerini fırçalar mısın?	Do you brush your teeth in the evening?
İşadamı sık sık seyahat eder mi?	Does the businessman often travel?
Sabahleyin kahve içerler mi?	Do they drink coffee in the morning?
Sık sık bu pansiyonda kalır mısınız?	Do you often stay at this pension?
Hızlı araba kullanır mı?	Does she drive fast?

Haftada bir kez ütü yapar mısın?	Do you iron once a week?
Balkonda kahvaltı eder misiniz?	Do you have breakfast on the balcony?
Onların telefon numarasını bilir mi?	Does she know their telephone number?
Her sabah nereye gider?	Where does she go every morning?
Nerede yaşar?	Where does he live?
Dükkâna nasıl gideriz?	How do we go to the shop?
İstanbul'a ne zaman döner?	When does she come back to Istanbul?
Saat kaçta evden çıkarız?	What time do we go out of the house?
Yılda kaç kez onu görürsün?	How many times a year do you see him?
Arkadaşın nereden gelir?	Where does your friend come from?
Onu kim bulur?	Who finds him?

Future Tense

Positive

Alışveriş için süpermarkete gideceğiz.	We'll go to the supermarket for shopping.
Onlara bir şey anlatacak.	He'll tell them something.
Dişlerini fırçalayacak.	She'll brush her teeth.
Şu otobüse binecekler.	They'll get on that bus.
Babam odasında gazete okuyacak.	My father will read the newspaper in his room.
Müdür şirkete geç gelecek.	The manager will come to the company late.
Bir fincan kahve içeceğim.	I'll drink a cup of coffee.
Türkçe öğreneceğiz.	We'll learn Turkish.

Negative

Bizi otobüs durağında beklemeyecek.	He won't wait for us at the bus-stop.
Gelecek hafta İzmir'e gitmeyeceğiz.	We won't go to İzmir next week.
Bu sabah yumurta yemeyeceğim.	I won't eat an egg this morning.
Arabamızı satmayacağız.	We won't sell our car.
Kadın bugün odayı süpürmeyecek.	The woman won't sweep the room today.
Türkçe öğrenmeyeceksiniz.	You won't learn Turkish.
Sabahleyin kahve içmeyeceksin.	You won't drink coffee in the morning.
Soruyu yanıtlamayacak.	She won't answer the question.

Question

Bizi otobüs durağında bekleyecek mi?	Will she wait for us at the bus-stop?
Yarın araba kullanacak mısın?	Will you drive tomorrow?

Sabahleyin kahve içecek miyiz?	Will we drink coffee in the morning?
Soruyu yanıtlayacak mısın?	Will you answer the question?
Müziği dinleyecek mi?	Will she listen to the music?
Yarın bir yere gidecek misin?	Will you go anywhere tomorrow?
Bu akşam mavi elbisesini giyecek mi?	Will she wear her blue dress this evening?
Yeni bir bilgisayar alacak mı?	Will she buy a new computer?
Elbisesini bana gösterecek mi?	Will she show her dress to me?

Bizi nerede bekleyeceksin?	Where will you wait for us?
Bizi kim ziyaret edecek?	Who will visit us?
Orada ne dinleyeceksiniz?	What will you listen there?
Yarın nereye gidecekler?	Where will they go?
Toplantı için ne giyeceksiniz?	What will you wear for the meeting?
İşçiler fabrikaya neyle gidecekler?	How will the workers go to the factory?
Seni nasıl bulacağız?	How will we find you?
Sizin için ne hazırlayacak?	What will she prepare for you?

-(e)bilmek

Positive

Kız saçlarını tarayabilir.	The girl can comb her hair.
O masayı taşıyabiliriz.	We can carry that table.
Bir mektup gönderebilirler.	They can send a letter.
Şu ilacı verebilirsin.	You can give that medicine.
Onun için bir oda hazırlayabilirsiniz.	You can prepare a room for her.
Benim elbisemi giyebilir.	He can wear my dress.
Türkçe konuşabiliriz.	We can speak Turkish.
Ekmeği kesebilir.	He can cut the bread.
Annene yardım edebilirsin.	You can help your mother.

Negative

Müdürle konuşamam.	I can't speak to the manager.
Benim elbisemi giyemezsin.	You can't wear my dress.
Saat ikide evden çıkamayız.	We can't go out of the house at two o'clock.
Evlerini satamazlar.	They can't sell their house.
O masayı taşıyamazsınız.	You can't carry that table.
Mektupları gönderemez.	He can't send the letters.
O otobüse binemem.	I can't get on that bus.
Bugün onu göremezsiniz.	You can't see him today.
Adam o kiliseye giremez.	The man can't go into that church.

Question

Oraya gidebilir miyim?	Can I go there?
Türkçe öğrenebilir misiniz?	Can you learn Turkish?
Bugün onu görebilir mi?	Can she see him today?
Kız saçını tarayabilir mi?	Can the girl comb her hair?
Benim elbisemi giyebilir misin?	Can you wear my dress?
Onun için bir oda hazırlayabilirler mi?	Can they prepare a room for her?
Müdürle konuşabilir misiniz?	Can you speak to the manager?
O masayı taşıyabilir miyiz?	Can we carry that table?
Evin önünde bekleyebilir misin?	Can you wait in front of the house?
Yarın nereye gidebilir?	Where can she go tomorrow?
Bizim eve ne zaman gelebilirsiniz?	When can you come to our house?
Kadın nerede bekleyebilir?	Where can the woman wait?
Patronu nerede bulabilirler?	Where can I find the boss?
Saat kaçta orada olabilirsin?	What time can you be there?
Size ne gösterebiliriz?	What can we show you?
Bunu kim bulabilir?	Who can find this?
Hangi otobüse binebiliriz?	Which bus can we get on?

SAHİP OLMAK (VAR)

Positive

İyi bir doktoru var.	She has got a good doctor.
Güzel bir evleri var.	They have got a nice house.
Büyük bir dükkânın var.	You have got a big shop.
Yeni bir arabamız var.	We have got a new car.
Bir oğlu var.	She has got a son.
Çocuğun bir bisikleti var.	The child has got a bicycle.
Bir fotoğraf makinem var.	I have got a camera.
Çiftçinin büyük bir tarlası var.	The farmer has got a large field.
Bir ağabeyim var.	I have got an elder brother.

Negative

Siyah bir elbisem yok.	I haven't got a black dress.
Yeni bir fotoğraf makinesi yok.	She hasn't got a new camera.
İyi arkadaşları yok.	They haven't got good friends.
Büyük bir evimiz yok.	We haven't got a big house.
Bulaşık makineniz yok.	You haven't got a washdisher.
Yeni bir araban yok.	You haven't got a new car.
Bir ağabeyim yok.	I haven't got an elder brother.
Bir kızımız yok.	We haven't got a daughter.
Büyük bir çantası yok.	She hasn't got a big bag.

Question

Kızın bir ablası var mı?	Has the girl got an elder sister?
Onların yeni bir arabası var mı?	Have they got a new car?
Fotoğraf makinen var mı?	Have you got a camera?
Turistin bir haritası var mı?	Has the tourist got a map?
Büyük bir vazonuz var mı?	Have you got a big vase?
Büyük bir mağazaları var mı?	Have they got a big store?
Bir gitarı var mı?	Has she got a guitar?
Yeni kitaplarımız var mı?	Have we got new books?
Kimin bir evi var?	Who has got a house?
Kimin mavi gözleri var?	Who has got blue eyes?
Kaç tane kitabın var?	How many books have you got?
Patronun kaç tane evi var?	How many houses has the boss got?
Annenin kaç tane elbisesi var?	How many dresses has your mother got?

Short Answers

Havaalanına gidiyor musun?	Are you going to the airport?
Evet, gidiyorum.	Yes, I am.
Hayır, gitmiyorum.	No, I am not.
Hesabı ödüyor muyuz?	Are we paying the bill?
Evet, ödüyoruz.	Yes, we are.
Hayır, ödemiyoruz.	No, we aren't.
Müziği dinliyor mu?	Is she listening to the music?
Evet, dinliyor.	Yes, she is.
Hayır, dinlemiyor.	No, she isn't.
Hızlı araba kullanır mı?	Does she drive fast?
Evet, kullanır.	Yes, she does.
Hayır, kullanmaz.	No she doesn't.
Sabahleyin kahve içer misin?	Do you drink coffee in the morning?
Evet, içerim.	Yes, I do.
Hayır, içmem.	No, I don't.
Bahçede oturur musunuz?	Do you sit in the garden?
Evet, otururuz.	Yes, we do.
Hayır, oturmayız.	No, we don't.

Yarın bir yere gidecek misin?	Will you go anywhere tomorrow?
Evet, gideceğim.	Yes, I will.
Hayır, gitmeyeceğim.	No, I won't.
Sandviçi yiyecek mi?	Will she eat the sandwich?
Evet, yiyecek.	Yes, she will.
Hayır, yemeyecek.	No, she won't.
Bizi otobüs durağında bekleyecek misiniz?	Will you wait for us at the bus-stop?
Evet, bekleyeceğiz.	Yes, we will.
Hayır, beklemeyeceğiz.	No, we won't.
Oraya gidebilir miyim?	Can I go there?
Evet, gidebilirsin.	Yes, you can.
Hayır, gidemezsin.	No, you can't.
O masayı taşıyabilir miyiz?	Can we carry that table?
Evet, taşıyabiliriz.	Yes, you can.
Hayır, taşıyamayız.	No, you can't.
Bugün onu görebilir misin?	Can you see him today?
Evet, görebilirim.	Yes, I can.
Hayır, göremem.	No, I can't.
Fotoğraf makinen var mı?	Have you got a camera?
Evet, var.	Yes, I have.
Hayır, yok.	No, I haven't.
İyi bir öğretmeni var mı?	Has she got a good teacher?
Evet, var.	Yes, she has.
Hayır, yok.	No, she hasn't.

PRACTICE 51

A

Change to future tense.

1. **Onun için bir oda hazırlıyorum.**
2. **Dükkâna nasıl gidersiniz?**
3. **Kahve içer misin?**

4. Müzede fotoğraf çekmeyiz.
5. Şimdi akşam yemeği yemiyoruz.
6. Benim hakkımda bir şey söylüyor.
7. Bize yardım ediyor musunuz?
8. Ne zaman karar veriyorlar?
9. Saçlarını taramıyor.
10. Sekreter mektupları gönderiyor mu?

B

Fill the gaps.

1. Saat üç...... beş geçiyor.
2. Tren iki...... on kala geliyor.
3. Oraya annem...... gidiyorum.
4. Kadın...... evi nerededir?
5. Altıyı çeyrek ...... ofisten çıkar.
6. Mektubu bilgisayar...... yaz.
7. Bir süt...... kahve lütfen.
8. Bavulları taşı...... için geliyor.

C

Make sentences using the -mek için structure, in the person/tense form given.

1. saçlarımı tara- / bir tarak almak (ben - gelecek zaman)
2. dişleri fırçala- / banyoya gitmek (o - şimdiki zaman)
3. mektubu gönder- / postaneye gitmek (biz - geniş zaman)
4. ütü yap- / odaya girmek (annem - şimdiki zaman)
5. elbisesini göster- / bizim eve gelmek (o - gelecek zaman)
6. denizde yüz- / plaja gitmek (biz - geniş zaman)

D

Rewrite as questions in the optative.

1. Merdivende bekleyeceğiz.
2. Bu ilacı içeceğim.
3. Fotoğraf çekeceğiz.
4. İşi bugün bitireceğim.
5. Onlara bir şey anlatacağız.
6. Şimdi tabakları yıkayacağım.
7. Bu resimleri göstereceğiz.

E

Translate into English.

1. **Bu bavulları nereye taşıyalım?**
2. **İşadamı sık sık seyahat eder.**
3. **Kız her gün saçlarını tarar.**
4. **Senin için bir elbise seçelim mi?**
5. **Onun hakkında karar veremem.**
6. **İlaç almak için eczaneye gidecek.**
7. **Sizin için bir oda hazırlayayım mı?**

F

Translate into Turkish.

1. Shall we stay here?
2. She'll go to the house in order to sleep.
3. Drive the car like me.
4. Does the postman come here every day?
5. What is your father's job? He's a pilot.
6. I'll choose a book for him.
7. Shall I comb your hair?

PRACTICE 51 - ANSWERS

A. 1. Onun için bir oda hazırlayacağım. 2. Dükkâna nasıl gideceksiniz? 3. Kahve içecek misin? 4. Müzede fotoğraf çekmeyeceğiz. 5. Şimdi akşam yemeği yemeyeceğiz. 6. Benim hakkımda bir şey söyleyecek. 7. Bize yardım edecek misiniz? 8. Ne zaman karar verecekler? 9. Saçlarını taramayacak. 10. Sekreter mektupları gönderecek mi?

B. 1. ü 2. ye 3. le 4. ın 5. geçe 6. la 7. lü/süz 8. mak

C. 1. Saçlarımı taramak için bir tarak alacağım. 2. Dişlerini fırçalamak için banyoya gidiyor. 3. Mektubu göndermek için postaneye gideriz. 4. Ütü yapmak için annem odaya giriyor./Annem ütü yapmak için odaya giriyor. 5. Elbisesini göstermek için bizim eve gelecek. 6. Denizde yüzmek için plaja gideriz.

D. 1. Merdivende bekleyelim mi? 2. Bu ilacı içeyim mi? 3. Fotoğraf çekelim mi? 4. İşi bugün bitireyim mi? 5. Onlara bir şey anlatalım mı? 6. Şimdi tabakları yıkayayım mı? 7. Bu resimleri gösterelim mi?

E. 1. Where shall we carry these suitcases? 2. The businessman often travels. 3. The girl combs her hair every day. 4. Shall we choose a dress for you? 5. I can't decide about her. 6. He'll go to the chemist's to buy medicine. 7. Shall we prepare a room for you?

F. 1. **Burada kalalım mı?** 2. **Uyumak için eve gidecek.** 3. **Arabayı benim gibi kullan.** 4. **Postacı her gün buraya gelir mi?** 5. **Baban ne iş yapar?/Babanın işi nedir? Bir pilottur.** 6. **Onun için bir kitap seçeceğim.** 7. **Saçını tarayayım mı?**

temel
TÜRKÇE
kursu

DERS 52

VOCABULARY

DÜN

Arkadaşın dün evdeydi.

YESTERDAY

Your friend was at home yesterday.

SOYADI

Soyadınızı yazın, lütfen.

SURNAME

Write your surname, please.

ÜNLÜ, MEŞHUR

Bu ressam Türkiye'de çok ünlüdür.

FAMOUS

This painter is very famous in Türkiye.

ÖNEMLİ

Bu ders çok önemlidir.

IMPORTANT

This lesson is very important.

TAMİR ETMEK, ONARMAK

Arabayı tamir edecek mi?

TO REPAIR

Will he repair the car?

DUŞ

Banyoda duş var mı?

SHOWER

Is there a shower in the bathroom?

DUŞ YAPMAK (DUŞ ALMAK)

Her sabah duş yapar.

TO HAVE A SHOWER

He has a shower every morning.

BALIK

Balık sever misin?

FISH

Do you like fish?

The Be-Suffix in Past Tense Form

We looked at the person endings for the be-suffix at the beginning of the course.

Bu bir elbisedir.
Bu bir masadır.
Şu bir defterdir.
Şu bir havludur.
O bir halıdır.
O büyük bir odadır.

Bir öğretmenim.
Bir doktorsun.
Güzel bir kızdır.
Ünlü bir adamdır.
Zenginiz.
Askerdirler.
O yaşlı bir kadındır.
Siz garsonsunuz.
O bir kapıdır.

Öğretmenler okuldadır.
Bugün evdeyim.
Biz parktayız.
Siz salondasınız.
Bahçedeler.
Mühendis otobüstedir.

Makine yenidir.
Araba pahalıdır.
Ev eskidir.
Bu elbise ucuzdur.

To change the above into statements about the past, the past suffix, which is **-dı**, **-di, -du, -dü**, is added before the person ending. In English, 'was/were' is used. If the noun to which the past suffix is added ends in a vowel, a buffer **y** is inserted.

Masadır.	It is a table.
Masa - y - dı.	It was a table.
Havludur.	It's a towel.
Havlu - y - du.	It was a towel.
Bu bir masadır.	This is a table.
Bu bir masaydı.	This was a table.
Bu bir evdir.	This is a house.
Bu bir evdi.	This was a house.
Şu bir fırındır.	That is an oven.
Şu bir fırındı.	That was an oven.
Şu bir ütüdür.	That is an iron.
Şu bir ütüydü.	That was an iron.
O bir piyanodur.	It is a piano.
O bir piyanoydu.	It was a piano.
O bir bavuldur.	It is a suitcase.
O bir bavuldu.	It was a suitcase.
Bu bir bisiklettir.	This is a bicycle.
Bu bir bisikletti.	This was a bicycle.
Şu bir çarşaftır.	That is a sheet.
Şu bir çarşaftı.	That was a sheet.
O bir kazaktır.	It is a sweater.
O bir kazaktı.	It was a sweater.
Burası bir dükkândır.	This place is a shop.
Burası bir dükkândı.	This place was a shop.
Şurası bir mağazadır.	That place is a store.
Şurası bir mağazaydı.	That place was a store.
Orası küçük bir salondur.	That place is a small hall.
Orası küçük bir salondu.	That place was a small hall.

Ben

Ben ...... im.
Ben ...... dim.

Ben bir öğrenciyim.	I am a student.
Ben bir öğrenciydim.	I was a student.
Ben bir garsonum.	I am a waiter.
Ben bir garsondum.	I was a waiter.
Askerdim.	I was a soldier.
Çiftçiydim.	I was a farmer.
Dişçiydim.	I was a dentist.
Güzel bir kadındım.	I was a beautiful woman.
İyi bir öğretmendim.	I was a good teacher.
Şişmandım.	I was fat.
Lokantadaydım.	I was at the restaurant.
Dün evdeydim.	I was at home yesterday.
Taksideydim.	I was in the taxi.
Parktaydım.	I was in the park.
Evin önündeydim.	I was in front of the house.
Otobüsün yanındaydım.	I was near the bus.

Sen

Sen ...... sin.
Sen ...... din.

Sen bir öğrencisin.	You are a student.
Sen bir öğrenciydin.	You were a student.
Sen bir doktorsun.	You are a doctor.
Sen bir doktordun.	You were a doctor.
Askerdin.	You were a soldier.
Mühendistin.	You were an engineer.
Bir postacıydın.	You were a postman.
İyi bir ressamdın.	You were a good painter.
Ünlü bir adamdın.	You were a famous man.
Şişmandın.	You were fat.

Gemideydin.	You were on the ship.
Dün evdeydin.	You were at home yesterday.
Bahçedeydin.	You were in the garden.
Evin önündeydin.	You were in front of the house.
Kütüphanedeydin.	You were in the library.

O

O ...... dir.
O ...... di.

O bir öğrencidir.	She is a student.
O bir öğrenciydi.	She was a student.

O bir garsondur.	She is a waiter.
O bir garsondu.	She was a waiter.

Askerdi.	He was a soldier.
Ressamdı.	He was a painter.
İyi bir pilottu.	He was a good pilot.
Zayıftı.	He was thin.
Ünlü bir kadındı.	She was a famous woman.

Dün evdeydi.	She was at home yesterday.
Tiyatrodaydı.	She was in the theatre.
Kilisedeydi.	She was in the church.
Dün tarladaydı.	He was in the field yesterday.
Yatak odasındaydı.	She was in the bedroom.

Büyük bir halıydı.	It was a large carpet.
Bir havluydu.	It was a towel.
Küçük bir kediydi.	It was a small cat.

Biz

Biz ...... iz.
Biz ...... dik.

Biz öğretmeniz.	We are teachers.
Biz öğretmendik.	We were teachers.

Biz doktoruz.	We are doctors.
Biz doktorduk.	We were doctors.
Askerdik.	We were soldiers.
Mühendistik.	We were engineers.
Şişmandık.	We were fat.
İşadamıydık.	We were businessmen.
İyi işçiydik.	We were good workers.
Tiyatrodaydık.	We were in the theatre.
Dün oradaydık.	We were there yesterday.
Tarladaydık.	We were in the field.
Yatak odasındaydık.	We were in the bedroom.
Banyodaydık.	We were in the bathroom.

Siz

Siz ...... siniz.	
Siz ...... diniz.	
Siz öğrencisiniz.	You are students.
Siz öğrenciydiniz.	You were students.
Siz doktorsunuz.	You are doctors.
Siz doktordunuz.	You were doctors.
Askerdiniz.	You were soldiers.
Rehberdiniz.	You were guides.
Zayıftınız.	You were thin.
İyi işçiydiniz.	You were good workers.
Arkadaştınız.	You were friends.
Dün evdeydiniz.	You were at home yesterday.
Tiyatrodaydınız.	You were in the theatre.
Tarladaydınız.	You were in the field.
Mutfaktaydınız.	You were in the kitchen.

Onlar

Onlar ...... dır.	
Onlar ...... dı.	
Onlar doktordur.	They are doctors.
Onlar doktordu.	They were doctors.

Onlar öğretmendir.	They are teachers.
Onlar öğretmendi.	They were teachers.
Askerdiler.	They were soldiers.
Rehberdiler.	They were guides.
İyi işçiydiler.	They were good workers.
Arkadaştılar.	They were friends.
Öğrenciydiler.	They were students.
Dün evdeydiler.	They were at home yesterday.
Sinemadaydılar.	They were at the cinema.
Parktaydılar.	They were in the park.
Mutfaktaydılar.	They were in the kitchen.
Babası avukattı.	Her father was a lawyer.
Orası büyük bir okuldu.	That place was a big school.
Makine yeniydi.	The machine was new.
O araba pahalıydı.	That car was expensive.
Ev eskiydi.	The house was old.
O etek ucuzdu.	That skirt was cheap.
Tabaklar kirliydi.	The plates were dirty.
O güzel bir vazoydu.	It was a nice vase.
Adam fakirdi.	The man was poor.
Kızkardeşi çirkindi.	His sister was ugly.
O yaşlı bir kadındı.	She was an old woman.
Öğretmen okuldaydı.	The teacher was in the school.
Doktor bugün hastanedeydi.	The doctor was in the hospital today.
Turistler müzedeydi.	The tourists were in the museum.
Çocuklar parktaydı.	The children were in the park.
Ressam ünlüydü.	The painter was famous.
O etek ucuzdu.	That skirt was cheap.
Çanta boştu.	The bag was empty.
Bu kız onun kız arkadaşıydı.	This girl was his girl friend.
O benim teyzemdi.	She was my aunt.
Bunlar onun kitaplarıydı.	These were her books.
Bardaklar masanın üstündeydi.	The glasses were on the table.
Et buzdolabındaydı.	The meat was in the fridge.
O senin tarağındı.	It was your comb.
Bu annemin fotoğrafıydı.	This was my mother's photograph.
Orası bir kiliseydi.	That place was a church.
Dün ofisteydik.	We were in the office yesterday.
Lokantadaydınız.	You were in the restaurant.
Dün toplantıdaydım.	I was at the meeting yesterday.

Words Used in the Dialogue

parti   party
tanıştırmak   to introduce sb to

DIALOGUE

BERNA : Güzel bir parti.   It is a nice party.

ADNAN : Evet, güzel. Şu kız kim?   Yes, it is. Who is that girl?

BERNA : Hangisi?   Which one?

ADNAN : Kapının yanındaki kız.   The girl near the door.

BERNA : Ha, evet. O kız, arkadaşım   Oh, yes. That girl is my friend,
Aylin. Aynı üniversitedeydik. Evlerimiz   Aylin. We were at the same university.
aynı sokaktaydı. Annesi ve benim   Our houses were in the same street.
annem iyi arkadaştılar. Annesi   Her mother and my mother were good
bir öğretmendi. Babası bir   friends. Her mother was a teacher.
dişçiydi. Kızkardeşi çok güzel   Her father was a dentist. Her sister
bir kızdı. Evleri eskiydi ama çok   was a very beautiful girl. Their
büyüktü.   house was old but it was very big.

ADNAN : Şimdi ne iş yapıyor?   What is her present job?

BERNA : Almanca öğretmeni. Bir   She is a German teacher. She teaches
okulda Almanca öğretiyor.   German at a school.

ADNAN : Onunla konuşmak istiyorum. I want to talk to her.

BERNA : Tamam. Birlikte oraya   Okay. Let's go there together. Let
gidelim. Ben sizi tanıştırayım.   me introduce you.

ADNAN : Teşekkürler.   Thanks.

518

A

Rewrite as in the example, with **ben** and **sen** (using the past suffix and appropriate person ending).

Ex.: **Ahmet buradadır.**
    Ben buradaydım.
    Sen buradaydın.

1. **Annem evdedir.**
2. **Ahmet bir işçidir.**
3. **Onlar oteldedir.**
4. **O zengin bir kadındır.**
5. **Kız iyi bir öğrencidir.**
6. **Doktor bugün hastanededir.**
7. **Ünlü bir avukattır.**
8. **Kadın mutfaktadır.**

B

Rewrite the above using **biz** and **siz**.

C

Change into past tense.

1. **Bunlar bizim bavullarımızdır.**
2. **Evimiz yenidir.**
3. **Bugün toplantıdayız.**
4. **O ceket pahalıdır.**
5. **Mühendisler köprüdedir.**
6. **Ofisteki bilgisayar yenidir.**
7. **Biz balkondayız.**
8. **Misafirlerle birlikte salondayım.**

D

Fill the gaps.

1. **Babam dün evde......**
2. **Oraya ne...... gidiyorsunuz?**
3. **Bunu çatal...... yiyeceğim.**
4. **Adam...... palto...... çok büyüktür.**
5. **Çay bal ...... tatlıdır.**
6. **Onun ...... ne düşünüyorsun?**
7. **Türkçe öğren...... okula gidiyor.**

E

Translate into English.

1. **Dün evdeydik.**
2. **Orası sizin okulunuzdu.**
3. **Patron fabrikadaydı.**
4. **Doktor hastanın odasındaydı.**
5. **Arkadaşım iyi bir hemşireydi.**
6. **Dün bu oteldeydim.**
7. **Havlu banyodaydı.**

F

Translate into Turkish.

1. I'll cut the meat with this knife.
2. He is playing the guitar like me.
3. I was at the bus-stop at eight o'clock.
4. She was my friend.
5. The oranges were in the greengrocer's.
6. The toilet was near the room.
7. I was ill yesterday but I'm well today.
8. The workers were in the factory.

PRACTICE 52 - ANSWERS

A. 1. **Ben evdeydim. Sen evdeydin.** 2. **Ben bir işçiydim. Sen bir işçiydin.** 3. **Ben oteldeydim. Sen oteldeydin.** 4. **Ben zengin bir kadındım. Sen zengin bir kadındın.** 5. **Ben iyi bir öğrenciydim. Sen iyi bir öğrenciydin.** 6. **Ben bugün hastanedeydim. Sen bugün hastanedeydin.** 7. **Ben ünlü bir avukattım. Sen ünlü bir avukattın.** 8. **Ben mutfaktaydım. Sen mutfaktaydın.**

B. 1. **Biz evdeydik. Siz evdeydiniz.** 2. **Biz işçiydik. Siz işçiydiniz.** 3. **Biz oteldeydik. Siz oteldeydiniz.** 4. **Biz zengin kadındık. Siz zengin kadındınız.** 5. **İyi öğrenciydik. İyi öğrenciydiniz.** 6. **Biz bugün hastanedeydik. Siz bugün hastanedeydiniz.** 7. **Biz ünlü avukattık. Siz ünlü avukattınız.** 8. **Biz mutfaktaydık. Siz mutfaktaydınız.**

C. 1. **Bunlar bizim bavullarımızdı.** 2. **Evimiz yeniydi.** 3. **Bugün toplantıdaydık.** 4. **O ceket pahalıydı.** 5. **Mühendisler köprüdeydi.** 6. **Ofisteki bilgisayar yeniydi.** 7. **Biz balkondaydık.** 8. **Misafirlerle birlikte salondaydım.**

D. 1. ydi. 2. yle 3. la 4. ın/su 5. gibi 6. hakkında 7. mek için

E. 1. We were at home yesterday. 2. That place was your school. 3. The boss was in the factory. 4. The doctor was in the patient's room. 5. My friend was a good nurse. 6. I was at this hotel yesterday. 7. The towel was in the bathroom.

F. 1. **Eti bu bıçakla keseceğim.** 2. **Gitarı benim gibi çalıyor.** 3. **Saat sekizde otobüs durağındaydım.** 4. **O benim arkadaşımdı.** 5. **Portakallar manavdaydı.** 6. **Tuvalet odanın yanındaydı.** 7. **Dün hastaydım ama bugün iyiyim.** 8. **İşçiler fabrikadaydı.**

FONO açıköğretim kurumu

temel TÜRKÇE kursu

DERS 53

VOCABULARY

BAYAN

O bayan kapının önünde bekliyor.

LADY

That lady is waiting in front of the door.

ÇORAP

Kahverengi çoraplarım nerede?

STOCKING

Where are my brown stockings?

ELDİVEN

Yeni eldivenler almak istiyorum.

GLOVE

I want to buy new gloves.

GEÇEN

Kız kardeşim geçen hafta buradaydı.

LAST

My sister was here last week.

ÖNCE

İki gün önce araba dükkânın önündeydi.

AGO; BEFORE

The car was in front of the shop two days ago.

DİNLENMEK

Yarın evde dinleneceğiz.

TO REST

We'll rest at home tomorrow.

521

To Be-Suffix in Past Tense Form (Continued)

Question Form

As usual, the question marker **-mı, -mi, -mu, -mü** is used to make yes/no questions.

Bu bir masadır.	This is a table.
Bu bir masa mıdır?	Is this a table?
Şu bir evdir.	That is a house.
Şu bir ev midir?	Is that a house?
Bu bir masaydı.	This was a table.
Bu bir masa mıydı?	Was this a table?
Bu bir evdi.	This was a house.
Bu bir ev miydi?	Was this a house?
Şu bir fırındı.	That was an oven?
Şu bir fırın mıydı?	Was that an oven?
O bir bavuldu.	It was a suitcase.
O bir bavul muydu?	Was it a suitcase?
Burası bir dükkândı.	This place was a shop.
Burası bir dükkân mıydı?	Was this place a shop?
Şurası bir mağazaydı.	That place was a store.
Şurası bir mağaza mıydı?	Was that place a store?
Orası küçük bir salondu.	That place was a small hall.
Orası küçük bir salon muydu?	Was that place a small hall?
Ben öğretmenim	I am a teacher.
Ben öğretmen miyim?	Am I a teacher?
Ben öğretmendim.	I was a teacher.
öğrenciydim.	I was a student.
doktordum.	I was a doctor.
iyi bir hemşireydim.	I was a good nurse.
evdeydim.	I was at home.
okuldaydım.	I was at school.
ofisteydim.	I was in the office.
zengindim.	I was rich.
yorgundum.	I was tired.
meşguldüm.	I was busy.

Ben öğretmen miydim?	Was I a teacher?
öğrenci miydim?	Was I a student?
doktor muydum?	Was I a doctor?
iyi bir hemşire miydim?	Was I a good nurse?
dün evde miydim?	Was I at home yesterday?
okulda mıydım?	Was I at school?
takside miydim?	Was I in the taxi?
zengin miydim?	Was I rich?
yorgun muydum?	Was I tired?
meşgul müydüm?	Was I busy?

Sen asker miydin?	Were you a soldier?
öğrenci miydin?	Were you a student?
dişçi miydin?	Were you a dentist?
garson muydun?	Were you a waiter?
güzel bir kadın mıydın?	Were you a beautiful woman?
şişman mıydın?	Were you fat?
yorgun muydun?	Were you tired?
dün evde miydin?	Were you at home yesterday?
otobüsün yanında mıydın?	Were you near the bus?
kütüphanede miydin?	Were you in the library?

O doktor muydu?	Was he a doctor?
hemşire miydi?	Was she a nurse?
iyi bir pilot muydu?	Was he a good pilot?
kilisede miydi?	Was she in the church?
dün tarlada mıydı?	Was she in the field yesterday?
hasta mıydı?	Was he ill?
ünlü bir kadın mıydı?	Was she a famous woman?
meşgul müydü?	Was she busy?
büyük bir halı mıydı?	Was it a big carpet?
bir havlu muydu?	Was it a towel?
küçük bir kedi miydi?	Was it a little cat?

Biz doktor muyduk?	Were we doctors?
ressam mıydık?	Were we painters?
iyi işçi miydik?	Were we good workers?
banyoda mıydık?	Were we in the bathroom?
dün orada mıydı?	Were we there yesterday?
bahçede miydik?	Were we in the garden?
meşgul müydük?	Were we busy?
yorgun muyduk?	Were we tired?
zengin miydik?	Were we rich?

Siz işçi miydiniz?	Were you workers?
pilot muydunuz?	Were you pilots?
iyi doktor muydunuz?	Were you good doctors?
rehber miydiniz?	Were you guides?
arkadaş mıydınız?	Were you friends?
zayıf mıydınız?	Were you thin?
yorgun muydunuz?	Were you tired?
tiyatroda mıydınız?	Were you in the theatre?
mutfakta mıydınız?	Were you in the kitchen?
parkta mıydınız?	Were you in the park?
Onlar ressam mıydı?	Were they painters?
işçi miydi?	Were they workers?
rehber miydi?	Were they guides?
arkadaş mıydı?	Were they friends?
şişman mıydı?	Were they fat?
meşgul müydü?	Were they busy?
yatak odasında mıydı?	Were they in the bedroom?
mutfakta mıydı?	Were they in the kitchen?
dün orada mıydı?	Were they there yesterday?
Babası avukat mıydı?	Was his father a lawyer?
Orası büyük bir okul muydu?	Was this place a big school?
O güzel bir vazo muydu?	Was it a nice vase?
Adam fakir miydi?	Was the man poor?
Öğretmen okulda mıydı?	Was the teacher at school?
O yaşlı bir kadın mıydı?	Was she an old woman?
Doktor bugün hastanede miydi?	Was the doctor at hospital today?
Kızkardeşi çirkin miydi?	Was his sister ugly?
Makine yeni miydi?	Was the machine new?
O araba pahalı mıydı?	Was that car expensive?
Ev eski miydi?	Was the house old?
Adam meşgul müydü?	Was the man busy?
Eldivenler pahalı mıydı?	Were the gloves expensive?
O hanım yaşlı mıydı?	Was that lady old?
O etek ucuz muydu?	Was that skirt cheap?
Tabaklar kirli miydi?	Were the plates dirty?
Ressam ünlü müydü?	Was the painter famous?
Çanta boş muydu?	Was the bag empty?
Çocuklar parkta mıydı?	Were the children in the park?
Bu kız onun kız arkadaşı mıydı?	Was this girl his girl friend?
O kadın senin teyzen miydi?	Was that woman your aunt?
Bardaklar masanın üstünde miydi?	Were the glasses on the table?
Et buzdolabında mıydı?	Was the meat in the fridge?
Turistler müzede miydi?	Were the tourists in the museum?

Negative Form

Bu bir masadır.	This is a table.
Bu bir masa değildir.	This isn't a table.
Şu bir vazoďur.	That is a vase.
Şu bir vazo değildir.	That isn't a vase.
Bu bir masaydı.	This was a table.
Bu bir masa değildi.	This wasn't a table.
Bu bir evdi.	This was a house.
Bu bir ev değildi.	This wasn't a house.
Şu bir fırındı.	That was an oven.
Şu bir fırın değildi.	That wasn't an oven.
O bir bavuldu.	It was a suitcase.
O bir bavul değildi.	It wasn't a suitcase.
Burası bir dükkândı.	This place was a shop.
Burası bir dükkân değildi.	This place wasn't a shop.
Şurası bir mağazaydı.	That place was a store.
Şurası bir mağaza değildi.	That place wasn't a store.
Orası küçük bir salondu.	That place was a small hall.
Orası küçük bir salon değildi.	That place wasn't a small hall.
Ben bir öğretmenim.	I am a teacher.
Ben bir ressamım.	I am a painter.
Ben okuldayım.	I am at school.
Ben zenginim.	I am rich.
Ben meşgulüm.	I am busy.
Ben bir öğretmen değilim.	I am not a teacher.
Ben bir ressam değilim.	I am not a painter.
Ben okulda değilim.	I am not at school.
Ben zengin değilim.	I am not rich.
Ben meşgul değilim.	I am not busy.
Ben öğretmendim.	I was a teacher.
doktordum.	I was a doctor.
iyi bir hemşireydim.	I was a good nurse.
ofisteydim.	I was in the office.
yorgundum.	I was tired.
meşguldüm.	I was busy.

Ben öğretmen değildim.	I wasn't a teacher.
doktor değildim.	I wasn't a doctor.
iyi bir hemşire değildim.	I wasn't a good nurse.
dün evde değildim.	I wasn't at home yesterday.
zengin değildim.	I wasn't rich.
yorgun değildim.	I wasn't tired.
meşgul değildim.	I wasn't busy.
Sen asker değildin.	You weren't a soldier.
öğrenci değildin.	You weren't a student.
güzel bir kadın değildin.	You weren't a beautiful woman.
şişman değildin.	You weren't fat.
yorgun değildin.	You weren't tired.
dün evde değildin.	You weren't at home yesterday.
otobüsün yanında değildin.	You weren't near the bus.
O doktor değildi.	He wasn't a doctor.
iyi bir pilot değildi.	He wasn't a good pilot.
kilisede değildi.	He wasn't in the church.
dün tarlada değildi.	He wasn't in the field yesterday.
hasta değildi.	She wasn't ill.
ünlü bir kadın değildi.	She wasn't a famous woman.
büyük bir halı değildi.	It wasn't a big carpet.
küçük bir kedi değildi.	It wasn't a small cat.
Biz ressam değildik.	We weren't painters.
iyi işçi değildik.	We weren't good workers.
banyoda değildik.	We weren't in the bathroom.
dün orada değildik.	We weren't there yesterday.
bahçede değildik.	We weren't in the garden.
meşgul değildik.	We weren't busy.
zengin değildik.	We weren't rich.
Siz işçi değildiniz.	You weren't workers.
pilot değildiniz.	You weren't pilots.
arkadaş değildiniz.	You weren't friends.
zayıf değildiniz.	You weren't thin.
yorgun değildiniz.	You weren't tired.
tiyatroda değildiniz	You weren't in the theatre.
mutfakta değildiniz.	You weren't in the kitchen.
Onlar ressam değildi.	They weren't painters.
işçi değildi.	They weren't workers.
şişman değildi.	They weren't fat.
meşgul değildi.	They weren't busy.
yatak odasında değildi.	They weren't in the bedroom.
dün orada değildi.	They weren't there yesterday.

Babası avukat değildi.	His father wasn't a lawyer.
Orası büyük bir okul değildi.	That place wasn't a big school.
O güzel bir vazo değildi.	It wasn't a nice vase.
Adam fakir değildi.	The man wasn't poor.
Öğretmen okulda değildi.	The teacher wasn't at school.
O yaşlı bir kadın değildi.	She wasn't an old woman.
Bugün hastanede değildim.	I wasn't in the hospital today.
Çirkin değildin.	You weren't ugly.
Makine yeni değildi.	The machine wasn't new.
Ev eski değildi.	The house wasn't old.
Siz meşgul değildiniz.	You weren't busy.
Eldivenler pahalı değildi.	The gloves weren't expensive.
O hanım genç değildi.	That lady wasn't young.
Dün evde değildin.	You weren't at home yesterday.
Zengin değildik.	We weren't rich.
Ressam ünlü değildi.	The painter wasn't famous.
Çanta boş değildi.	The bag wasn't empty.
Çocuklar parkta değildi.	The children weren't in the park.
Bu kız onun kız arkadaşı değildi.	This girl wasn't his girl friend.
O kadın senin teyzen değildi.	That woman wasn't your aunt.
Bardaklar masanın üstünde değildi.	The glasses weren't on the table.
Et buzdolabında değildi.	The meat wasn't in the fridge.
Turistler müzede değildi.	The tourists weren't in the museum.
Sinemada değildiler.	They weren't in the cinema.
İyi bir arkadaş değildin.	You weren't a good friend.

DÜN, GEÇEN, ÖNCE

Let us see some expressions of time associated with the past.

dün	yesterday
dün sabah	yesterday morning
dün akşam	last evening
dün gece	last night
geçen hafta	last week
geçen ay	last month
geçen yıl	last year

Dün evde değildik.	We weren't at home yesterday.
Doktor dün hastanede miydi?	Was the doctor at hospital yesterday?
Dün sabah mutfaktaydım.	I was in the kitchen yesterday morning.
Dün akşam yorgunduk.	We were tired yesterday evening.
İşadamı dün gece toplantıdaydı.	The businessman was at the meeting yesterday night.
Patron geçen hafta fabrikada değildi.	The boss wasn't in the factory last week.
Babam geçen ay İzmir'deydi.	My father was in İzmir last month.
Geçen yıl bu şirkette miydiniz?	Were you in this company last year?

Önce

The Turkish **önce** can be used just like the English 'ago'.

on dakika önce	ten minutes ago
kırk dakika önce	forty minutes ago
bir saat önce	an hour ago
üç saat önce	three hours ago
yarım saat önce	half an hour ago
iki gün önce	two days ago
beş gün önce	five days ago
on beş gün önce	fifteen days ago
iki hafta önce	two week ago
altı hafta önce	six weeks ago
üç hafta önce	three weeks ago
bir ay önce	one month ago
üç ay önce	three months ago
beş ay önce	five months ago
iki yıl önce	two years ago
dört yıl önce	four years ago

On dakika önce sınıftaydı. — He was in the classroom ten minutes ago.

Öğretmen bir saat önce okuldaydı. — The teacher was in the school one hour ago.

İki gün önce hastaydım. — I was ill two days ago.
On beş gün önce bu oteldeydik. — We were at this hotel fifteen days ago.
Üç hafta önce Ankara'daydılar. — They were in Ankara three weeks ago.
Bir ay önce bu şehirdeydiniz. — You were in this city one month ago.
İki yıl önce teyzem bizim evdeydi. — My aunt was in my house two years ago.
Yirmi dakika önce tren buradaydı. — The train was here twenty minutes ago.
İki saat önce bankadaydın. — You were in the bank two hours ago.

PRACTICE 53

A

Put these into the past, changing the expressions of time as appropriate.

1. **Bu akşam evdeyiz.**
2. **Tren burada değildir.**

528

3. Kızı sekreterdir.
4. Eldivenler yatağın üstündedir.
5. Orası büyük bir fabrika mıdır?
6. Bu gece yorgunum.
7. Bu hafta meşgulsünüz.
8. Ahmet Bey bugün mağazadadır.

B

Change into question form.

1. Sadık iyi bir doktordu.
2. İki saat önce otobüs durağındaydım.
3. Geçen ay buradaydılar.
4. Dört yıl önce doktordun.
5. Yarım saat önce dersteydik.
6. Dün yorgundunuz.
7. O ünlü bir avukattı.
8. Çoraplar ucuzdu.

C

Change into negative form.

1. O zengin bir adamdı.
2. Dün gece tiyatrodaydık.
3. İki yıl önce bir şofördü.
4. Dört yıl önce rehberdim.
5. Dün akşam mutfaktaydık.
6. İyi bir doktordun.
7. Yolcular gemideydi.
8. Aynı üniversitedeydiniz.

D

Change into present continuous.

1. Çiftçi tarladaydı.
2. Bu şirkette değildiler.
3. Yorgun muydunuz?
4. Ünlü bir doktordun.
5. Akşam yemeği hazır mıydı?

E

Translate into English.

1. Adam kapının arkasındaydı.
2. Bir saat önce burada değildik.
3. Geçen yıl arkadaşımla bu pansiyondaydık.
4. Baban kötü bir adam değildi.
5. Dün gece annenin evinde miydiniz?
6. Toplantı saat ondaydı.
7. Perşembe günü mağazadaydın.

F

Translate into Turkish.

1. I was a nurse two years ago.
2. We were in this village last week.
3. That lady wasn't a young woman.
4. Were you good friends?
5. Were you tired last night?
6. The taxi was in front of the shop three days ago.
7. The gloves weren't new.

PRACTICE 53 - ANSWERS

A. 1. Dün akşam evdeydik. 2. Tren burada değildi. 3. Kızı sekreterdi. 4. Eldivenler yatağın üstündeydi. 5. Orası büyük bir fabrika mıydı? 6. Dün gece yorgundum. 7. Geçen hafta meşguldünüz. 8. Ahmet Bey dün mağazadaydı.

B. 1. Sadık iyi bir doktor muydu? 2. İki saat önce otobüs durağında mıydım? 3. Geçen ay burada mıydılar? 4. Dört yıl önce doktor muydun? 5. Yarım saat önce derste miydik? 6. Dün yorgun muydunuz? 7. O ünlü bir avukat mıydı? 8. Çoraplar ucuz muydu?

C. 1. O zengin bir adam değildi. 2. Dün gece tiyatroda değildik. 3. İki yıl önce bir şoför değildi. 4. Dört yıl önce rehber değildim. 5. Dün akşam mutfakta değildik. 6. İyi bir doktor değildin. 7. Yolcular gemide değildi. 8. Aynı üniversitede değildiniz.

D. 1. Çiftçi tarladadır. 2. Bu şirkette değiller. 3. Yorgun musunuz? 4. Ünlü bir doktorsun. 5. Akşam yemeği hazır mı?

E. 1. The man was behind the door. 2. We weren't here one hour ago. 3. We were in this pension with my friend last year. 4. Your father wasn't a bad man. 5. Were you at your mother's home last night? 6. The meeting was at ten o'clock. 7. You were in the store on Thursday.

F. 1. İki yıl önce bir hemşireydim. 2. Geçen hafta bu köydeydik. 3. O bayan genç bir kadın değildi. 4. Siz iyi arkadaş mıydınız? 5. Dün gece yorgun muydun? 6. Üç gün önce taksi dükkânın önündeydi. 7. Eldivenler yeni değildi.

530

t e m e l
TÜRKÇE
k u r s u

DERS 54

VOCABULARY

ÖĞLE

Doktor öğlende gelecek.

NOON

The doctor will come at noon.

ÜZGÜN

Kadın üzgündü.
Üzgünüm, bunu yapamam.

UNHAPPY, SAD; SORRY

The woman was sad.
I'm sorry, I can't do this.

PASAPORT

Turist pasaportunu gösteriyor.

PASSPORT

The tourist is showing her passport.

UÇMAK

Kuşlar gökyüzünde uçuyor.

TO FLY

The birds are flying in the sky.

TUTMAK

Elinde bir kitap tutuyor.

TO HOLD

He is holding a book in his hand.

AY

Ayı seyrediyorlar.

MOON

They are watching the moon.

YILDIZ

Yıldızları sayamazsın.

STAR

You can't count the stars.

GÖKYÜZÜ

Gökyüzü mavidir.

SKY

The sky is blue.

AY

The Turkish word **ay** has two meanings, 'month' and 'moon'.

Ayı görüyorum.	I am seeing the moon.
Bu gece gökyüzünde ay var mı?	Is there the moon in the sky tonight?
Gelecek ay bir araba alacağız.	We'll buy a car next month.
Geçen ay meşguldünüz.	You were busy last month.

ÖĞLE

Öğle has the same meaning as the English 'noon'.

sabah	morning
öğle	noon
akşam	evening
gece	night

sabahleyin	in the morning
öğleyin, öğlende	at noon
akşamleyin	in the evening
geceleyin	at night
öğleden sonra	afternoon

Adam sabah gelir.	The man comes in the morning.
Adam akşam gelir.	The man comes in the evening.
Adam gece gelir.	The man comes at night.

The last three examples are correct, whereas,

Adam öğle gelir.

is incorrect, It should be,

Adam öğlende (öğleyin) gelir.   The man comes at noon.

Other than this difference, **sabah, akşam, gece** can be used in both ways.

Adam sabah/sabahleyin gelir.
Adam akşam/akşamleyin gelir.
Adam gece/geceleyin gelir.
Adam öğleyin/öğlende gelir.

The Be-Suffix in Past Tense Form (Continued)

Biz dün evdeydik.	We were at home yesterday.
Biz dün evde değildik.	We weren't at home yesterday.
Biz dün evde miydik?	Were we at home yesterday?
Yorgundum.	I was tired.
Yorgun değildim.	I wasn't tired.
Yorgun muydum?	Was I tired?
Ressamdınız.	You were painters.
Ressam değildiniz.	You weren't painters.
Ressam mıydınız?	Were you painters?
Toplantı saat ondaydı.	The meeting was at ten.
Toplantı saat onda değildi.	The meeting wasn't at ten.
Toplantı saat onda mıydı?	Was the meeting at ten?

Here is the be-suffix in the past in wh-questions.

Dün neredeydin?	Where were you yesterday?
Geçen hafta neredeydiler?	Where were they last week?
İki saat önce neredeydiniz?	Where were you two hours ago?
Kim evdeydi?	Who was at home?
Kim yorgundu?	Who was tired?
Kim evin önündeydi?	Who was in front of the house?
Ne zaman evdeydiniz?	When were you at home?
Ne zaman ofisteydin?	When were you in the office?
Annen ne zaman Almanya'daydı?	When was your mother in Germany?
Saat kaçta okuldaydın?	What time were you at school?
Saat kaçta otobüs durağındaydık?	What time were we at the bus-stop?

VAR AND YOK IN THE PAST

Positive Form

Let us recall the usage of **var**.

Yatağın üstünde eldivenler var.
Gökyüzünde yıldızlar var.
Orada birçok ev var.
Evin önünde birçok araba var.
Masanın üstünde fotoğraflar var.

Var.	There is
Vardı.	There was

Var and **vardı** do not change for singular or plural reference like the English 'there is/are' or 'there was/were'.

O şehirde büyük bir fabrika var.	There is a big factory in that city.
O şehirde büyük bir fabrika vardı.	There was a big factory in that city.
Yatağın üstünde eldivenler var.	There are the gloves on the bed.
Yatağın üstünde eldivenler vardı.	There were the gloves on the bed.
Mağazada elbiseler ve etekler var.	There are dresses and skirts in the store.
Mağazada elbiseler ve etekler vardı.	There were dresses and skirts in the store.
Masada mektuplar var.	There are letters on the table.
Masada mektuplar vardı.	There were letters on the table.
Gökyüzünde yıldızlar var.	There are stars in the sky.
Gökyüzünde yıldızlar vardı.	There were stars in the sky.
Orada birçok ev var.	There are a lot of houses there.
Orada birçok ev vardı.	There were a lot of houses there.
Evin önünde birçok araba var.	There are a lot of cars in front of the house.
Evin önünde birçok araba vardı.	There were a lot of cars in front of the house.
Masanın üstünde fotoğraflar var.	There are photographs on the table.
Masanın üstünde fotoğraflar vardı.	There were photographs on the table.

534

Toplantıda beş işadamı vardı.	There were five businessmen at the meeting.
Zarfın üzerinde üç tane pul vardı.	There were three stamps on the envelope.
Ormanda ağaçlar ve hayvanlar vardı.	There were trees and animals in the forest.
Salonda yeni koltuklar vardı.	There were new armchairs in the hall.
Buzdolabında iki şişe meyve suyu vardı.	There were two bottles of fruit juice in the fridge.
Vazoda çiçekler vardı.	There were flowers in the vase.
Havaalanında bavullar vardı.	There were suitcases at the airport.
Saat sekizde televizyonda bir film vardı.	There was a film on TV at eight o'clock.

Question Form

Yatağın üstünde eldivenler var.	There are some gloves on the bed.
Yatağın üstünde eldivenler var mı?	Are there any gloves on the bed?
Lokantada bir garson var.	There is a waiter in the restaurant.
Lokantada bir garson var mı?	Is there a waiter in the restaurant?
Banyoda büyük bir havlu vardı.	There was a big towel in the bathroom.
Banyoda büyük bir havlu var mıydı?	Was there a big towel in the bathroom?
Tarlada iki çiftçi vardı.	There were two farmers in the field.
Tarlada iki çiftçi var mıydı?	Were there two farmers in the field?
Eczanede ilaçlar vardı.	There was medicine in the chemist's.
Eczanede ilaçlar var mıydı?	Was there medicine in the chemist's?
Gökyüzünde yıldızlar vardı.	There were stars in the sky.
Gökyüzünde yıldızlar var mıydı?	Were there stars in the sky?
Kütüphanede kitaplar vardı.	There were books in the library?
Kütüphanede kitaplar var mıydı?	Were there books in the library?
Müzede birçok turist vardı.	There were a lot of tourists in the museum.
Müzede birçok turist var mıydı?	Were there a lot of tourists in the museum?
Mutfakta eski bir buzdolabı vardı.	There was an old refrigerator in the kitchen.
Mutfakta eski bir buzdolabı var mıydı?	Was there an old refrigerator in the kitchen?

Fabrikada yeni işçiler vardı.	There were new workers in the factory.
Fabrikada yeni işçiler var mıydı?	Were there new workers in the factory?
Orada birçok ev vardı.	There were a lot of houses there.
Orada birçok ev var mıydı?	Were there a lot of houses there?
Toplantıda beş işadamı vardı.	There were five businessmen at the meeting.
Toplantıda beş işadamı var mıydı?	Were there five businessmen at the meeting?
Salonda yeni koltuklar var mıydı?	Were there new armchairs in the hall?
Vazoda çiçekler var mıydı?	Were there flowers in the vase?
Havaalanında bavullar var mıydı?	Were there any suitcases at the airport?
Sınıfta öğretmen var mıydı?	Were there any teachers in the classroom?

Negative Form

Fabrikada işçiler yok.	There aren't any workers in the factory.
Orada evler yok.	There aren't any houses there.
Masanın üstünde fotoğraflar yok.	There aren't any photographs on the table.
Bahçede bir adam yok.	There isn't a man in the garden.
Mağazada müşteriler yok.	There aren't any customers in the store.
Mağazada müşteriler yoktu.	There weren't any customers in the store.
Fabrikada yeni makineler yok.	There aren't new machines in the factory.
Fabrikada yeni makineler yoktu.	There weren't new machines in the factory.
Onun için bir mektup yok.	There isn't a letter for him.
Onun için bir mektup yoktu.	There wasn't a letter for him.
Şişede hiç su yok.	There isn't any water in the bottle.
Şişede hiç su yoktu.	There wasn't any water in the bottle.
Sınıfta öğretmen yok.	There aren't any teachers in the classroom.
Sınıfta öğretmen yoktu.	There weren't any teachers in the classroom.
Masada bir bilgisayar yok.	There isn't a computer on the table.
Masada bir bilgisayar yoktu.	There wasn't a computer on the table.
Parkta şişman bir bayan yok.	There isn't a fat lady in the park.
Parkta şişman bir bayan yoktu.	There wasn't a fat lady in the park.

Salonda yeni koltuklar yoktu.	There weren't new armchairs in the hall.
Havaalanında bavullar yoktu.	There weren't any suitcases at the airport.
Toplantıda işadamları yoktu.	There weren't any businessmen at the meeting.
Masanın üstünde fotoğraflar yoktu.	There weren't any photos on the table.
Havuzda balıklar yoktu.	There weren't any fish in the lake.
Buzdolabında bir kilo et vardı.	There was one kilo of meat in the fridge.
Buzdolabında bir kilo et var mıydı?	Was there one kilo of meat in the fridge?
Buzdolabında bir kilo et yoktu.	There wasn't one kilo of meat in the fridge.
Evde eski bir halı vardı.	There was an old carpet in the house.
Evde eski bir halı var mıydı?	Was there an old carpet in the house?
Evde eski bir halı yoktu.	There wasn't an old carpet in the house.
Otelde bir müdür vardı.	There was a manager in the hotel.
Otelde bir müdür var mıydı?	Was there a manager in the hotel?
Otelde bir müdür yoktu.	There wasn't a manager in the hotel.

BİR OFİS

AN OFFICE

Seval Hanım dün evdeydi. Şirket açık değildi. Evde bazı işler vardı. Oğlu Kerem de evdeydi.

Seval Hanım was at home yesterday. The company wasn't open. There was some work at home. Her son Kerem was also at home.

Bugün o yine ofisindedir. Kerem okulda. Seval Hanım için her gün ofiste birçok iş vardır. Çok meşguldür. On yıldır o şirkette çalışıyor.

Today she is in her office again. Kerem is at school. There is a lot of work for Seval Hanım in the office every day. She is very busy. She has been working in that company for ten years.

Aynı odada onun bir arkadaşı var. Adı Kerime. Onlar beş yıl aynı okuldaydılar. Şimdi birlikte çalışıyorlar. Onların iyi bir şirketleri var.

There is a friend of her in the same room. Her name is Kerime. They were in the same school for five years. Now, they are working together. They have got a good company.

Yarın büyük bir toplantı olacak.	There will be a big meeting tomorrow.
İş arkadaşları öğlende gelecekler.	Their colleagues will come at noon.
Öğleden sonra yeni bir iş hakkında konuşacaklar.	They'll talk about a new job in the afternoon.

Questions and Answers to the Reading Passage

Seval Hanım dün neredeydi?
Where was Seval Hanım yesterday?

Evdeydi.
She was at home.

Şirket açık mıydı?
Was the company open?

Hayır, değildi.
No, it wasn't.

Oğlu Kerem evde miydi?
Was her son at home?

Evet, evdeydi.
Yes, he was.

Seval Hanım bugün nerededir?
Where is Seval Hanım today?

Ofisindedir.
She is in her office.

Kaç yıldır o şirkette çalışıyor?
How many years has she been working in that company?

On yıldır çalışıyor.
She has been working for ten years.

Arkadaşının adı nedir?
What is her friend's name?

Kerime'dir.
Her name is Kerime.

Kaç yıl aynı okuldaydılar?
How many years were they at the same school?

Beş yıl.
Five years.

Toplantı ne zaman olacak?
When will the meeting be?

Yarın olacak.
It'll be tomorrow.

İş arkadaşları ne zaman gelecek?
When will their colleagues come?

Öğlende gelecekler.
They'll come at noon.

Onlar ne hakkında konuşacaklar?
What will they talk about?

Yeni bir iş hakkında konuşacaklar.
They'll talk about a new job.

Ne zaman konuşacaklar?
When will they talk?

Öğleden sonra konuşacaklar.
They'll talk in the afternoon.

PRACTICE 54

A

Put these into the past.

1. **Dolapta elbiseler var.**
2. **Parkta birisi var mı?**

3. O bayan Mehmet Bey'in karısıdır.
4. Onlar okul arkadaşıdır.
5. Fabrikada yeni makineler var.
6. Havaalanında birçok uçak var.
7. Kapıda birisi yok.
8. Masada biraz peynir var.

B

Change into question form.

1. Onlar okul arkadaşıydılar.
2. Ağabeyi bir avukattı.
3. Caddede büyük bir otobüs vardı.
4. Partide güzel kadınlar vardı.
5. Lokantada yeni garsonlar vardı.
6. Okulda genç bir öğretmen vardı.
7. Dün akşam bahçedeydiniz.
8. Denizde bir gemi vardı.

C

Change into negative form.

1. Ablan iyi bir hemşireydi.
2. Kafeteryada çok şişman bir adam vardı.
3. O benim iş arkadaşımdı.
4. Önemli bir toplantı vardı.
5. On dakika önce banyodaydın.
6. Otobüste yolcular vardı.
7. Öğle yemeği saat on ikideydi.
8. Yirmi yedi yaşındaydık.

D

Rewrite using the -ebilmek structure.

1. Mutfakta yemek yaparlar.
2. Çocuklar bahçede oynuyorlar.
3. Yarın oraya geleceğim.
4. Mektupları göndereceğiz.
5. Bugün evde dinleneceksiniz.
6. Radyoyu tamir edecek.
7. Kuşlar gökyüzünde uçuyor.
8. Şu çantayı tutarsın.

E

Translate into English.

1. Burada hiç ev yoktu.

2. **Masanın üstünde senin kitapların vardı.**
3. **Bahçede birisi var mıydı?**
4. **Hastanede doktor yoktu.**
5. **Öğleyin pazara gideceğiz.**
6. **Arabanın içindeki adam kimdi?**
7. **Kızınız neredeydi?**

F

Translate into Turkish.

1. There wasn't a big bag under the bed.
2. Were there some photographs on the table?
3. There were a lot of old machines in the factory.
4. What time was the meeting?
5. Where were your sisters last week?
6. There was an interesting picture on the wall.
7. Who was there at the party?

PRACTICE 54 - ANSWERS

A. 1. **Dolapta elbiseler vardı.** 2. **Parkta birisi var mıydı?** 3. **O bayan, Mehmet Bey'in karı-sıydı.** 4. **Onlar okul arkadaşıydılar.** 5. **Fabrikada yeni makineler vardı.** 6. **Havaalanında birçok uçak vardı.** 7. **Kapıda birisi yoktu.** 8. **Masada biraz peynir vardı.**

B. 1. **Onlar okul arkadaşı mıydılar?** 2. **Ağabeyi bir avukat mıydı?** 3. **Caddede büyük bir otobüs var mıydı?** 4. **Partide güzel kadınlar var mıydı?** 5. **Lokantada yeni garsonlar var mıydı?** 6. **Okulda genç bir öğretmen var mıydı?** 7. **Dün akşam bahçede miydiniz?** 8. **Denizde bir gemi var mıydı?**

C. 1. **Ablan iyi bir hemşire değildi.** 2. **Kafeteryada çok şişman bir adam yoktu.** 3. **O benim iş arkadaşım değildi.** 4. **Önemli bir toplantı yoktu.** 5. **On dakika önce banyoda değildin.** 6. **Otobüste yolcular yoktu.** 7. **Öğle yemeği saat on ikide değildi.** 8. **Yirmi yedi yaşında değildik.**

D. 1. **Mutfakta yemek yapabilirler.** 2. **Çocuklar bahçede oynayabilirler.** 3. **Yarın oraya gelebilirim.** 4. **Mektupları gönderebiliriz.** 5. **Bugün evde dinlenebilirsiniz.** 6. **Radyoyu tamir edebilir.** 7. **Kuşlar gökyüzünde uçabilir.** 8. **Şu çantayı tutabilirsin.**

E. 1. There weren't any houses here. 2. There were your books on the table. 3. Was there anybody in the garden? 4. There wasn't a doctor at hospital. 5. We'll go to the bazaar at noon. 6. Who was the man in the car? 7. Where was your daughter?

F. 1. **Yatağın altında büyük bir çanta yoktu.** 2. **Masanın üstünde birkaç fotoğraf var mıydı?** 3. **Fabrikada birçok eski makine vardı.** 4. **Toplantı saat kaçtaydı?** 5. **Kız kardeşlerin geçen hafta neredeydi?** 6. **Duvarda ilginç bir resim vardı.** 7. **Partide kim vardı?**

temel
TÜRKÇE
kursu

DERS 55

VOCABULARY

AŞÇI

Bu oteldeki aşçı ünlüdür.

COOK

The cook in this hotel is famous.

HAYAT, YAŞAM, ÖMÜR

Bu ressamın yaşamı (hayatı) çok ilginçti.

LIFE

This painter's life was very interesting.

ÇAĞDAŞ, MODERN

Orada modern bir hastane var.

MODERN

There is a modern hospital there.

İNEK

Çiftçinin ineği tarladadır.

COW

The farmer's cow is in the field.

TEMBEL

Onun kızı çok tembeldi.

LAZY

Her daughter was very lazy.

ÇALIŞKAN

Çalışkan öğrenciler bu sınıftadır.

HARD-WORKING

The hard-working students are in this classroom.

SAHİP		OWNER
Arabanın sahibi bu oteldedir.		The owner of the car is in this hotel.

KIRMAK		TO BREAK
Bardağı çocuğa verme. Onu kırabilir.		Don't give the glass to the child. He may break it.

ÖPMEK		TO KISS
Ayhan Bey her sabah karısını öper.		Ayhan Bey kisses his wife every morning.

THE PAST (Continued)

Evde iki kedi vardı.
Evde iki kedi var mıydı?
Evde iki kedi yoktu.

Bavulda iki kazak vardı.
Bavulda iki kazak var mıydı?
Bavulda iki kazak yoktu.

Tarlada inekler vardı.
Tarlada inekler var mıydı?
Tarlada inekler yoktu.

Lokantada iyi bir aşçı vardı.
Lokantada iyi bir aşçı var mıydı?
Lokantada iyi bir aşçı yoktu.

POSSESSION/OWNERSHIP IN THE PAST

We have seen present tense structures for possession/ownership, in English, 'have/has got'.

Siyah bir elbisem var. (Siyah bir elbiseye sahibim.)
Kadının iki kızı var. (Kadın iki kıza sahiptir.)

542

Büyük bir evimiz var.
Turistlerin pasaportu var.
Kızın kırmızı eldivenleri var.
İyi bir annen var.
Büyük bir bavulunuz var.

Now we see this in the past (had).

Küçük bir bahçem var.	I have got a small garden.
Küçük bir bahçem vardı.	I had got a small garden.
Bir kızım var.	I have got a daughter.
Bir kızım vardı.	I had got a daughter.
Bir köpeğim var.	I have got a dog.
İki yıl önce bir köpeğim vardı.	I had got a dog two years ago.
Yeni bir bulaşık makinem vardı.	I had got a new dishwasher.
Bir fotoğraf makinem vardı.	I had got a camera.
Bir şişe kırmızı şarabım vardı.	I had got a bottle of red wine.
Eski bir bisikletin vardı.	You had got an old bicycle.
Yeşil gözlerin vardı.	You had got green eyes.
Kravatın vardı.	You had got a necktie.
Hızlı bir araban vardı.	You had got a fast car.
Kahverengi bir pantolonu vardı.	She had got brown trousers.
İki kız kardeşi vardı.	She had got two sisters.
Dört bavulu vardı.	He had got four suitcases.
Çok parası vardı.	He had got a lot of money.
Eski bir evimiz vardı.	We had got an old house.
Bir bilgisayarımız vardı.	We had got a computer.
Tembel bir oğlumuz vardı.	We had got a lazy son.
Küçük bir dükkânımız vardı.	We had got a small shop.
Eski bir fırınınız vardı.	You had got an old oven.
Geçen hafta bir toplantınız vardı.	You had got a meeting last week.
Tarlada inekleriniz vardı.	You had got cows in the field.
Bir gitarınız vardı.	You had got a guitar.
Antalya'da bir evleri vardı.	They had got a house in Antalya.
Dört kazakları vardı.	They had got four sweaters.
Zengin bir amcaları vardı.	They had got a rich uncle.
Yaşlı bir kedileri vardı.	They had got an old cat.

Adamın iyi bir işi vardı.	The man had got a good job.
Evin dört odası vardı.	The house had got four rooms.
Kadının iyi bir kocası vardı.	The woman had got a good husband.
Yolcunun iki bavulu vardı.	The passenger had got two suitcases.
Genç adamın uzun saçları vardı.	The young man had got long hair.
Patronun büyük bir odası vardı.	The boss had got a big room.
Öğretmenin küçük bir masası vardı.	The teacher had got a small table.
Yaşlı adamın büyük bir burnu vardı.	The old man had got a big nose.

Question Form

Küçük bir bahçem var.	I have got a small garden.
Küçük bir bahçem var mı?	Have I got a small garden?
Bir kızım var.	I have got a daughter.
Bir kızım var mı?	Have I got a daughter?
Bir bahçem vardı.	I had got a garden.
Bir bahçem var mıydı?	Had I got a garden?
Bir kızım vardı.	I had got a daughter.
Bir kızım var mıydı?	Had I got a daughter?
İki yıl önce bir köpeğim vardı.	I had got a dog two years ago.
İki yıl önce bir köpeğim var mıydı?	Had I got a dog two years ago?
Yeni bir bulaşık makinem var mıydı?	Had I got a new dishwasher?
Bir fotoğraf makinem var mıydı?	Had I got a camera?
Bir şişe kırmızı şarabım var mıydı?	Had I got a bottle of red wine?
Eski bir bisikletin var mıydı?	Had you got an old bicycle?
Yeşil gözlerin var mıydı?	Had you got green eyes?
Kravatın var mıydı?	Had you got a necktie?
Hızlı bir araban var mıydı?	Had you got a fast car?
Kahverengi bir pantolonu var mıydı?	Had she got brown trousers?
İki kız kardeşi var mıydı?	Had she got two sisters?
Dört bavulu var mıydı?	Had she got four suitcases?
Çok parası var mıydı?	Had he got a lot of money?
Eski bir evimiz var mıydı?	Had we got an old house?
Bir bilgisayarımız var mıydı?	Had we got a computer?
Tembel bir oğlumuz var mıydı?	Had we got a lazy son?
Küçük bir dükkânımız var mıydı?	Had we got a small shop?

Eski bir fırınınız var mıydı?	Had you got an old oven?
Geçen hafta bir toplantınız var mıydı?	Had you got a meeting last week?
Tarlada inekleriniz var mıydı?	Had you got cows in the field?
Bir gitarınız var mıydı?	Had you got a guitar?

Antalya'da bir evleri var mıydı?	Had they got a house in Antalya?
Dört kazakları var mıydı?	Had they got four sweaters?
Zengin bir amcaları var mıydı?	Had they got a rich uncle?
Yaşlı bir kedileri var mıydı?	Had they got an old cat?

Adamın iyi bir işi var mıydı?	Had the man got a good job?
Evin dört odası var mıydı?	Had the house got four rooms?
Kadının iyi bir kocası var mıydı?	Had the woman got a good husband?
Yolcunun iki bavulu var mıydı?	Had the passenger got two suitcases?
Genç adamın uzun saçları var mıydı?	Had the young man got long hair?
Patronun büyük bir odası var mıydı?	Had the boss got a big room?
Öğretmenin küçük bir masası var mıydı?	Had the teacher got a small table?
Yaşlı adamın büyük bir burnu var mıydı?	Had the old man got a big nose?
İyi bir baban var mıydı?	Had you got a good father?
Doktorun çok hastası var mıydı?	Had the doctor got many patients?
Kızın uzun bir eteği var mıydı?	Had the girl got a long skirt?

Negative Form

Küçük bir bahçem var.	I have got a small garden.
Küçük bir bahçem yok.	I haven't got a small garden.

Bir kızım var.	I have got a daughter.
Bir kızım yok.	I haven't got a daughter.

Bir bahçem vardı.	I had got a garden.
Bir bahçem yoktu.	I hadn't got a garden.

Bir kızım vardı.	I had got a daughter.
Bir kızım yoktu.	I hadn't got a daughter.

İki yıl önce bir köpeğim vardı.	I had got a dog two years ago.
İki yıl önce bir köpeğim yoktu.	I hadn't got a dog two years ago.

Yeni bir bulaşık makinem yoktu.	I hadn't got a new dishwasher.
Bir fotoğraf makinem yoktu.	I hadn't got a camera.
Bir şişe kırmızı şarabım yoktu.	I hadn't got a bottle of red wine.

Eski bir bisikletin yoktu.	You hadn't got an old bicycle.
Yeşil gözlerin yoktu.	You hadn't got green eyes.
Kravatın yoktu.	You hadn't got a necktie.
Hızlı bir araban yoktu.	You hadn't got a fast car.

Kahverengi bir pantolonu yoktu.	She hadn't got brown trousers.
İki kız kardeşi yoktu.	Se hadn't got two sisters.
Dört bavulu yoktu.	She hadn't got four suitcases.
Çok parası yoktu.	He hadn't got a lot of money.
Eski bir evimiz yoktu.	We hadn't got an old house.
Bir bilgisayarımız yoktu.	We hadn't got a computer.
Tembel bir oğlumuz yoktu.	We hadn't got a lazy son.
Küçük bir dükkânımız yoktu.	We hadn't got a small shop.
Eski bir fırınınız yoktu.	You hadn't got an old oven.
Geçen hafta bir toplantınız yoktu.	You hadn't got a meeting last week.
Tarlada inekleriniz yoktu.	You hadn't got cows in the field.
Bir gitarınız yoktu.	You hadn't got a guitar.
Antalya'da bir evleri yoktu.	They hadn't got a house in Antalya.
Dört kazakları yoktu.	They hadn't got four sweaters.
Zengin bir amcaları yoktu.	They hadn't got a rich uncle.
Yaşlı bir kedileri yoktu.	They hadn't got an old cat.
Adamın iyi bir işi yoktu.	The man hadn't got a good job.
Evin dört odası yoktu.	The house hadn't got four rooms.
Kadının iyi bir kocası yoktu.	The woman hadn't got a good husband.
Yolcunun iki bavulu yoktu.	The passenger hadn't got two suitcases.
Genç adamın uzun saçları yoktu.	The young man hadn't got long hair.
Patronun büyük bir odası yoktu.	The boss hadn't got big room.
Öğretmenin küçük bir masası yoktu.	The teacher hadn't got a small table.
Yaşlı adamın büyük bir burnu yoktu.	The old man hadn't got a big nose.
İyi bir baban yoktu.	You hadn't got a good father.
Doktorun çok hastası yoktu.	The doctor hadn't got many patients.
Kızın uzun bir eteği yoktu.	The girl hadn't got a long skirt.
Küçük bir arabam vardı.	I had got a small car.
Küçük bir arabam var mıydı?	Had I got a small car?
Küçük bir arabam yoktu.	I hadn't got a small car.
Adamın ilginç bir şapkası vardı.	The man had got an interesting hat.
Adamın ilginç bir şapkası var mıydı?	Had the man got an interesting hat?
Adamın ilginç bir şapkası yoktu.	The man hadn't got an interesting hat.
Turistlerin pasaportları vardı.	The tourists had got passports.
Turistlerin pasaportları var mıydı?	Had the tourists got passports?
Turistlerin pasaportları yoktu.	The tourists hadn't got passports.
Küçük bir kuşumuz vardı.	We had got a little bird.
Küçük bir kuşumuz var mıydı?	Had we got a little bird?
Küçük bir kuşumuz yoktu.	We hadn't got a little bird.

546

İşadamının pahalı bir arabası vardı.	The businessman had got an expensive car.
İşadamının pahalı bir arabası var mıydı?	Had the businessman got an expensive car?
İşadamının pahalı bir arabası yoktu.	The businessman hadn't got an expensive car.

Let us now summarize the past tense structures we have seen.

Be-Suffix Sentences in the Past

O bir fırındı.	It was an oven.
Kız tembeldi.	The girl was lazy.
Burası bir mağazaydı.	This place was a store.
Aşçıydım.	I was a cook.
Dün evdeydik.	We were at home yesterday.
İyi bir garsondu.	He was a good waiter.
Dün akşam yorgundun.	You were tired last evening.
Patron geçen hafta fabrikadaydı.	The boss was in the factory last week.
On dakika önce sınıftaydı.	He was in the classroom ten minutes ago.
İki gün önce hastaydım.	I was ill two days ago.
Bir ay önce bu şehirdeydiniz.	You were in this city one month ago.
Orası büyük bir okuldu.	That place was a big school.
O yaşlı bir bayandı.	She was an old lady.
Et buzdolabındaydı.	The meat was in the fridge.
O benim teyzemdi.	She was my aunt.

O bir fırın mıydı?	Was it an oven?
Kız tembel miydi?	Was the girl lazy?
Burası bir mağaza mıydı?	Was this place a store?
Aşçı mıydın?	Were you a cook?
Dün evde miydiniz?	Were you at home yesterday?
İyi bir garson muydu?	Was she a good waiter?
Dün akşam yorgun muydun?	Were you tired last evening?
Patron geçen hafta fabrikada mıydı?	Was the boss in the factory last week?
On dakika önce sınıfta mıydı?	Was she in the classroom ten minutes ago?
İki gün önce hasta mıydın?	Were you ill two days ago?
Bir ay önce bu şehirde miydiniz?	Were you in this city one month ago?
Orası büyük bir okul muydu?	Was that place a big school?
O senin teyzen miydi?	Was she your aunt?

O bir fırın değildi.	It wasn't an oven.
Orası büyük bir okul değildi.	That place wasn't a big school.
O yaşlı bir kadın değildi.	She wasn't an old woman.

Et buzdolabında değildi.	The meat wasn't in the fridge.
Ünlü bir doktor değildi.	She wasn't a famous doctor.
Kız tembel değildi.	The girl wasn't lazy.
Aşçı değildim.	I wasn't a cook.
Dün evde değildiniz.	You weren't at home yesterday.
İyi bir garson değildi.	He wasn't a good waiter.
Dün akşam yorgun değildiniz.	You weren't tired last evening.
Patron geçen hafta fabrikada değildi.	The boss wasn't in the factory last week.
On dakika önce sınıfta değildik.	We weren't in the classroom ten minutes ago.
İki gün önce hasta değildim.	I wasn't ill two days ago.
Bir ay önce şehirde değildiniz.	You weren't in this city one month ago.
O senin teyzen değildi.	She wasn't your aunt.

Var/Yok in the Past

Masada mektuplar vardı.	There were letters on the table.
O şehirde büyük bir fabrika vardı.	There was a big factory in that city.
Evin önünde birçok araba vardı.	There were a lot of cars in front of the house.
Zarfın üstünde iki tane pul vardı.	There were two stamps on the envelope.
Salonda yeni koltuklar vardı.	There were new armchairs in the hall.
Lokantada yeni bir aşçı vardı.	There was a new cook in the restaurant.
Tarlada inekler vardı.	There were cows in the field.
Havaalanında bavullar vardı.	There were suitcases at the airport.
Masada mektuplar var mıydı?	Were there letters on the table?
O şehirde büyük bir fabrika var mıydı?	Was there a big factory in that city?
Evin önünde birçok araba var mıydı?	Were there a lot of cars in front of the house?
Zarfın üstünde iki tane pul var mıydı?	Were there two stamps on the envelope?
Salonda yeni koltuklar var mıydı?	Were there new armchairs in the hall?
Lokantada yeni bir aşçı var mıydı?	Was there a new cook in the restaurant?
Tarlada inekler var mıydı?	Were there cows in the field?
Havaalanında bavullar var mıydı?	Were there suitcases at the airport?
Masada mektuplar yoktu.	There weren't letters on the table.
O şehirde büyük bir fabrika yoktu.	There wasn't a big factory in that city.
Evin önünde birçok araba yoktu.	There weren't a lot of cars in front of the house.
Zarfın üstünde iki tane pul yoktu.	There weren't two stamps on the envelope.
Salonda yeni koltuklar yoktu.	There weren't new armchairs in the hall.
Lokantada yeni bir aşçı yoktu.	There wasn't new cook in the restaurant.
Tarlada inekler yoktu.	There weren't cows in the field.
Havaalanında bavullar yoktu.	There weren't suitcases at the airport.

A

Put into past tense.

1. İyi öğrencilerimiz var.
2. Çiftçinin inekleri var.
3. Kadının eldivenleri var.
4. Çalışkan bir kızımız var.
5. Arkadaşım evlidir.
6. Ders saat ondadır.
7. Plajda şemsiyeler var.

B

Change into negative form.

1. Yeni kitapları vardı.
2. Dün gece oradaydık.
3. Evde arkadaşları vardı.
4. Adamın sarı saçları vardı.
5. Öğrenciler otobüste miydi?
6. Telefon masanın üstündeydi.
7. Doktor odasındaydı.
8. Kız kardeşin var mıydı?

C

Change into question form.

1. Mavi gözleri vardı.
2. Küçük bir lokantası vardı.
3. Babası havaalanındaydı.
4. Otel büyüktü.
5. Geçen sene Almanya'daydınız.
6. Küçük bir televizyonum vardı.
7. Toplantı bugündü.

D

Change into optative form questions.

1. Onları tanıştıracağız.
2. Yarın evde dinleneceğiz.
3. Bir saat sonra duş yapacağız.
4. Saçını tarayacağız.
5. Çocukları öpeceğiz.
6. Dişlerimizi fırçalayacağız.
7. Hesabı ödeyeceğiz.

E

Translate into English.

1. Şu lokantanın sahibi kimdir?
2. Onun hayatı hakkında bir kitap yazacağım.
3. Çok parası vardı, ama şimdi yok.
4. Modern bir okula gitmek ister.
5. Arkadaşımın iki oğlu vardı.
6. Bu aşçı tabakları kırıyor.
7. O kız arkadaşını öpecek.

F

Translate into Turkish.

1. There were a lot of stars in the sky last night.
2. Where is the owner of this field?
3. The bosses want hardworking workers.
4. The woman was sad yesterday, but today she is happy.
5. She had got a lot of stockings.
6. His wife was very fat.
7. They hadn't got any colleagues.

PRACTICE 55 - ANSWERS

A. 1. İyi öğrencilerimiz vardı. 2. Çiftçinin inekleri vardı. 3. Kadının eldivenleri vardı. 4. Çalışkan bir kızımız vardı. 5. Arkadaşım evliydi. 6. Ders saat ondaydı. 7. Plajda şemsiyeler vardı.

B. 1. Yeni kitapları yoktu. 2. Dün gece orada değildik. 3. Evde arkadaşları yoktu. 4. Adamın sarı saçları yoktu. 5. Öğrenciler otobüste değildi. 6. Telefon masanın üstünde değildi. 7. Doktor odasında değildi. 8. Kız kardeşin yoktu.

C. 1. Mavi gözleri var mıydı? 2. Küçük bir lokantası var mıydı? 3. Babası havaalanında mıydı? 4. Otel büyük müydü? 5. Geçen sene Almanya'da mıydınız? 6. Küçük bir televizyonum var mıydı? 7. Toplantı bugün müydü?

D. 1. Onları tanıştıralım mı? 2. Yarın evde dinlenelim mi? 3. Bir saat sonra duş yapalım mı? 4. Saçını tarayalım mı? 5. Çocukları öpelim mi? 6. Dişlerimizi fırçalayalım mı? 7. Hesabı ödeyelim mi?

E. 1. Who is the owner of that restaurant? 2. I'll write a book about her life. 3. She had got more money, but she hasn't got now. 4. He wants to go to a modern school. 5. My friend had got two sons. 6. This cook is breaking the plates. 7. He'll kiss his girl friend.

F. 1. Dün gece gökyüzünde birçok yıldız vardı. 2. Bu tarlanın sahibi nerededir? 3. Patronlar çalışkan işçi ister. 4. Kadın dün üzgündü ama bugün mutludur. 5. Birçok çorabı vardı. 6. Karısı çok şişmandı. 7. Hiç iş arkadaşları yoktu.

F O N O açıköğretim kurumu

temel
TÜRKÇE
kursu

VOCABULARY

TEPE

Tepede ağaçlar vardı.

HILL

There were trees on the hill.

OYUNCAK

Çocuğu için her ay bir oyuncak alır.

TOY

He buys a toy for her child every month.

PAKET

Paketleri göndereceğiz.

PACKET, PARCEL

We'll send the parcels.

DOĞUM GÜNÜ

Doğum günün ne zaman?

BIRTHDAY

When is your birthday?

KONSER

Geçen hafta güzel bir konser vardı.

CONCERT

There was a nice concert last week.

UNUTMAK

Onun adını unuttum.

TO FORGET

I forgot her name.

551

YAZAR

Lokantadaki adam bu kitabın yazarıdır.

WRITER, AUTHOR

The man in the restaurant is the author of this book.

DONDURMA

Dondurma sever misin?
Evet, çok severim.

ICE-CREAM

Do you like ice-cream?
Yes, I like it very much.

PAST TENSE WITH VERBS

So far, we have seen the past tense with the be-suffix and **var/yok** structure. Now we will look at verbs.

Let us recall the present continuous tense. This tense is used to talk about things which are true at the moment of speaking.

> İşçiler çalışıyorlar.
> Orada bekliyorum.
> Caddede yürüyoruz.

For regular activities we use the present simple tense.

> Her gün duş yaparım.
> Okula otobüsle gider.
> Orada elbise satarlar.

To talk about the future there is the future tense.

> Bebek için bir oyuncak alacağım.
> Yarın akşam konsere gideceğiz.
> Bu akşam evde dinlenecek.

The past simple tense is used to talk about actions and events in the past which have finished/been completed. Turkish has no irregular past forms like English. To make the past simple, to the verb root just add the past tense suffixes **-d(t)ı, -d(t)i, -d(t)u, -d(t)ü**.

Ben

Gel - di - m.	I came.
Al - dı - m.	I took.
Sor - du - m.	I asked.
Gör - dü - m.	I saw.
Ye - di - m.	I ate.

552

Sat - tı - m.	I sold.
İç - ti - m.	I drank.
Git - ti - m.	I went.
Unut - tu - m.	I forgot.
Tut - tu - m.	I held.

Telefon ettim.	I telephoned.
Odayı süpürdüm.	I swept the room.
Dün pazara gittim.	I went to the bazaar yesterday.
Radyoyu tamir ettim.	I repaired the radio.
Bavulları taşıdım.	I carried the suitcases.
İlacı içtim.	I drank the pill.
Mektubu geçen hafta gönderdim.	I sent the letter last week.
Dişlerimi fırçaladım.	I brushed my teeth.
Onlara fotoğrafları gösterdim.	I showed the photographs to them.
Dün gece bu odada uyudum.	I slept in this room last night.
Dün babama yardım ettim.	I helped my father yesterday.

Sen

Gel - di - n.	You came.
Al - dı - n.	You took.
Sor - du - n.	You asked.
Gör - dü - n.	You saw.
Ye - di - n.	You ate.

Sat - tı - n.	You sold.
İç - ti - n.	You drank.
Git - ti - n.	You went.
Unut - tu - n.	You forgot.
Tut - tu - n.	You held.

Telefon ettin.	You telephoned.
Odayı süpürdün.	You swept the room.
Dün pazara gittin.	You went to the bazaar yesterday.
Radyoyu tamir ettin.	You repaired the radio.
Bavulları taşıdın.	You carried the suitcases.
İlacı içtin.	You drank the pill.
Mektubu geçen hafta gönderdin.	You sent the letter last week.
Dişlerini fırçaladın.	You brushed your teeth.
Onlara fotoğrafları gösterdin.	You showed the photographs to them.
Dün gece bu odada uyudun.	You slept in this room last night.
Dün babana yardım ettin.	You helped your father yesterday.

O

Gel - di.	She came.
Al - dı.	She took.
Sor - du.	He asked.
Gör - dü.	She saw.
Ye - di.	She ate.

Sat - tı.	He sold.
İç - ti.	He drank.
Git - ti.	She went.
Unut - tu.	She forgot.
Tut - tu.	She held.

Telefon etti.	He telephoned.
Odayı süpürdü.	She swept the room.
Dün pazara gitti.	He went to the bazaar yesterday.
Radyoyu tamir etti.	She repaired the radio.
Bavulları taşıdı.	He carried the suitcases.
İlacı içti.	She drank the pill.
Mektubu geçen hafta gönderdi.	He sent the letter last week.
Dişlerini fırçaladı.	She brushed her teeth.
Onlara fotoğrafları gösterdi.	She showed the photographs to them.
Dün gece bu odada uyudu.	He slept in this room last night.
Dün babasına yardım etti.	He helped his father yesterday.

Biz

Gel - di - k.	We came.
Al - dı - k.	We took.
Sor - du - k.	We asked.
Gör - dü - k.	We saw.
Ye - di - k.	We eat.

Sat - tı - k.	We sold.
İç - ti - k.	We drank.
Git - ti - k.	We went.
Unut - tu - k.	We forgot.
Tut - tu - k.	We held.

Telefon ettik.	We telephoned.
Odayı süpürdük.	We swept the room.
Dün pazara gittik.	We went to the bazaar yesterday.
Radyoyu tamir ettik.	We repaired the radio.
Bavulları taşıdık.	We carried the suitcases.
İlacı içtik.	We drank the pill.
Mektubu geçen hafta gönderdik.	We sent the letter last week.
Dişlerimiz fırçaladık.	We brushed our teeth.
Onlara fotoğrafları gösterdik.	We showed the photographs to them.
Dün gece bu odada uyuduk.	We slept in this room last night.
Dün babamıza yardım ettik.	We helped our father yesterday.

Siz

Gel - di - niz.	You came.
Al - dı - nız.	You took.
Sor - du - nuz.	You asked.
Gör - dü - nüz.	You saw.
Ye - di -niz.	You ate.
Sat - tı - nız.	You sold.
İç - ti - niz.	You drank.
Git - ti - niz.	You went.
Unut - tu - nuz.	You forgot.
Tut - tu - nuz.	You held.

Telefon ettiniz.	You telephoned.
Odayı süpürdünüz.	You swept the room.
Dün pazara gittiniz.	You went to the bazaar yesterday.
Radyoyu tamir ettiniz.	You repaired the radio.
Bavulları taşıdınız.	You carried the suitcases.
İlacı içtiniz.	You drank the pill.
Mektubu geçen hafta gönderdiniz.	You sent the letter last week.
Dişlerinizi fırçaladınız.	You brushed your teeth.
Onlara fotoğrafları gösterdiniz.	You showed the photographs to them.
Dün gece bu odada uyudunuz.	You slept in this room last night.
Dün babanıza yardım ettiniz.	You helped your father yesterday.

Onlar

Gel - di - ler.	They came.
Al - dı - lar.	They took.
Sor - du - lar.	They asked.
Gör - dü - ler.	They saw.
Ye - di - ler.	They ate.
Sat - tı - lar.	They sold.
İç - ti - ler.	They drank.
Git - ti - ler.	They went.
Unut - tu - lar.	They forgot.
Tut - tu - lar.	They held.

Telefon ettiler.	They telephoned.
Odayı süpürdüler.	They swept the room.
Dün pazara gittiler.	They went to the bazaar yesterday.
Radyoyu tamir ettiler.	They repaired the radio.
Bavulları taşıdılar.	They carried the suitcases.
İlacı içtiler.	They drank the pill.
Mektubu geçen hafta gönderdiler.	They sent the letter last week.
Dişlerini fırçaladılar.	They brushed their teeth.
Onlara fotoğrafları gösterdiler.	They showed the photographs to them.
Dün gece bu odada uyudular.	They slept in this room last night.
Dün babalarına yardım ettiler.	They helped their father yesterday.

Sütü buzdolabına koydu.	She put the milk into the fridge.
Dün akşam lokantada yemek yediler.	They ate in the restaurant last evening.
Ona Türkçe öğrettik.	We taught him Turkish.
Kadın evi temizledi.	The woman cleaned the house.
Bir bardak şarap içtiniz.	You drank a glass of wine.
Bu filmi iki yıl önce seyrettim.	I watched this film two years ago.
Geçen yıl arabasını sattı.	He sold his car last year.
Bir bardak su istedi.	He wanted a glass of water.
Dün akşam erken yattın.	You went to bed early.
Pazar günü geç kalktık.	We got up late on Sunday.
Kız, kısa bir etek giydi.	The girl wore a short skirt.
Öğrenci öğretmene bir soru sordu.	The student asked a question to the teacher.
Geçen ay arkadaşını ziyaret etti.	He visited his friend last month.
Dersimi bitirdim.	I finished my lesson.
Film başladı.	The film started.
Doktora yardım ettiler.	They helped the doctor.
Geçen hafta orada kaldım.	I stayed there last week.
Bodrumdan dün döndük.	We returned from Bodrum yesterday.
Bize yeni bir çanta gösterdi.	He showed us a new bag.
Amcamı havaalanında beklediniz.	You waited for my uncle at the airport.
Kadın dün ütü yaptı.	The woman ironed yesterday.
Turistler müzede fotoğraf çektiler.	The tourist took photos in the museum.
Onun doğum gününü unuttum.	I forgot his birthday.
Çocuk için oyuncaklar aldık.	We bought toys for the child.
Aşçı tabakları kırdı.	The cook broke the plates.
Yaşlı adam ağacın altında dinlendi.	The old man rested under the tree.

Positive Sentence Structure

Subject	Verb Root	Past Suffix	Personal Ending
Ben	gel	di	m.
Sen	gel	di	n.
O	gel	di	-
Biz	gel	di	dik.
Siz	gel	di	niz.
Onlar	gel	di	(ler).

Words Used in the Reading Passage

firma	firm
tanışmak	to meet
konsolosluk	consulate

BİR ARKADAŞ

A FRIEND

Dün arkadaşım Japonya'dan geldi. O bir Japon'dur. Adı Yuko'dur. Japonya da Isuzu firmasında çalışıyor.

Yesterday my friend came from Japan. She is Japanese. Her name is Yuko. She is working at Isuzu firm.

Onu havaalanında bekledim. Uçak geç geldi. Birlikte bir taksiye bindik ve otele gittik. The Marmara Oteli'nde kalacak.

I waited for her at the airport. The airoplane came late. We got into a taxi together and went to the hotel. She'll stay at The Marmara.

Yuko'yla Japonya'da tanıştım. İki yıl önce Japonya'daydım. Orada bir okula gittim ve Japonca öğrendim. Yuko bana yardım etti. Onun evinde bir ay kaldım. O da İstanbul'da bir yıl kalacak. Burada Isuzu firması için çalışacak.

I met Yuko in Japan. I was in Japan two years ago. I went to a school there and learnt Japanese. Yuko helped me. I stayed at her house for one month. She'll also stay in İstanbul for one year. She'll work for Isuzu firm here.

Otele akşam geldik. Birlikte yemek yedik ve şarap içtik. Eski günler hakkında konuştuk. İstanbul'daki işini anlattı.

We came to the hotel in the evening. We ate together and drank wine. We talked about the old days. She told her job in İstanbul.

O gece ben de otelde kaldım. Sabah geç kalktık. Birlikte kahvaltı ettik. Kahvaltıda bal, peynir, reçel ve yumurta yedik. Kahve içtik. Öğleden sonra Yuko Japon Konsolos-luğu'na gitti. Ben eve döndüm.

I stayed at the hotel that night. We got up late in the morning. We had breakfast together. We ate honey, cheese jam and egg for the breakfast. We drank some coffee. Yuko went to Japa-nese Consulate in the afternoon. I came back home.

Questions and Answers to the Reading Passage

Arkadaşım nereden geldi?
Where did my friend come from?

Japonya'dan geldi.
She came from Japan.

Adı nedir?
What is her name?

Yuko'dur.
Her name is Yuko.

Hangi firmada çalışıyor?
At which firm is she working?

Isuzu'da çalışıyor.
She is working at Isuzu.

Otele neyle gittik?
How did we go to the hotel?

Taksiyle gittiniz.
You went by taxi.

Hangi otelde kalacak?
Which hotel will she stay at?

The Marmara'da kalacak.
She'll stay at The Marmara.

Yuko'yla nerede tanıştım?
Where did I meet Yuko?

Japonya'da tanıştın.
You met in Japan.

Ne zaman Japonya'daydım?
When was I in Japan?

İki yıl önce Japonya'daydın.
You were in Japan two years ago.

Orada ne yaptım?
What did I do there?

Bir okula gittin ve Japonca öğrendin.
You went to a school and learnt
Japanese.

Orada bana kim yardım etti?
Who helped me there?

Yuko yardım etti.
Yuko did.

Yuko İstanbul'da kalacak mı?
Will Yuko stay at İstanbul?

Evet, kalacak.
Yes, she will.

İstanbul'da ne yapacak?
What will she do in İstanbul?

Isuzu için çalışacak.
She'll work for Isuzu.

Nerede yemek yedik?
Where did we eat?

Otelde yediniz.
You ate at the hotel.

Ne hakkında konuştuk?
What did we talk about?

Eski günler hakkında konuştunuz.
You talked about the old days.

O gece ben nerede kaldım?
Where did I stay at that night?

Otelde kaldın.
You stayed at the hotel.

Kahvaltıda tereyağı yedik mi?
Did we eat butter for the breakfast?

Hayır, yemediniz.
No, you didn't.

Öğleden sonra Yuko nereye gitti?
Where did Yuko go in the afternoon?

Japon Konsolosluğu'na gitti.
She went to Japanese Consulate.

Ben nereye gittim?
Where did I go?

Eve gittin.
You went home.

A

Put into the past simple.

1. Fabrikada çalışıyoruz.
2. Bebek için oyuncak alır.
3. Dondurma yiyorlar.
4. Öğleden sonra bahçede otururuz.
5. Bu evde kalıyorsun.
6. Topu elinde tutuyor.
7. Radyoyu onaracağız.
8. Hesabı ödeyecekler.
9. Oğlunu öpüyor.
10. Onlara bir şey söylüyorum.

B

Using the list of verbs given (in the past simple), fill the gaps.

**dönmek kalkmak satın almak
içmek seyretmek dinlenmek
gitmek çalışmak**

1. (Biz) Çok yorgunduk. Evde ....
2. (Ben) Ofisten eve saat üçte ....
3. (O) Çocuk için bir oyuncak ....
4. (Onlar) Kahvaltıda portakal suyu ....
5. (Ben) Dün akşam çok güzel bir film ....
6. Kız bu fabrikada iki yıl ....
7. (Biz) Bu sabah erken ....
8. Adam dün süpermarkete ....

C

Complete the sentences with the verb given (in the past simple).

1. Biz dün akşam tiyatroya ...... (gitmek)
2. Öğrenci çok ...... (çalışmak)
3. İşadamı uçağa ...... (binmek)
4. Ben dün onları parkta ...... (görmek)
5. Turistler müzede ...... (fotoğraf çekmek)
6. Annem bardağı ...... (kırmak)

D

Put into the past simple.

1. Bu odada uyuyoruz.
2. Bahçede iki adam var.

3. İki köpeğim var.
4. Bugün iyi değilim.
5. Masanın üzerinde senin için bir paket var.
6. Onu elinde tutuyor.
7. Babam evde değil.

E

Translate into English.

1. Geçen hafta neredeydiniz?
2. Dün dört saat çalıştık.
3. Dün okulda kaldılar.
4. Arkadaşlarıyla beraber bahçede oynadı.
5. Babam erken uyudu.
6. Bir oğlu yoktu.
7. Sekreter mektupları gönderdi.

F

Translate into Turkish.

1. I have forgotten his birthday.
2. When was the concert?
3. We repaired the television yesterday.
4. The men carried our suitcases to the bus.
5. The weather was bad two days ago.
6. My mother prepared the breakfast.
7. He danced with his girl friend.

PRACTICE 56 - ANSWERS

A. 1. Fabrikada çalıştık. 2. Bebek için oyuncak aldı. 3. Dondurma yediler. 4. Öğleden sonra bahçede oturduk. 5. Bu evde kaldın. 6. Topu elinde tuttu. 7. Radyoyu onardık. 8. Hesabı ödediler. 9. Oğlunu öptü. 10. Onlara bir şey söyledim.

B. 1. dinlendik 2. döndüm 3. satın aldı 4. içtiler 5. seyrettim 6. çalıştı 7. kalktık 8. gitti

C. 1. gittik 2. çalıştı 3. bindi 4. gördüm 5. fotoğraf çektiler 6. kırdı

D. 1. Bu odada uyuduk. 2. Bahçede iki adam vardı. 3. İki köpeğim vardı. 4. Bugün iyi değildim. 5. Masanın üzerinde senin için bir paket vardı. 6. Onu elinde tuttu. 7. Babam evde değildi.

E. 1. Where were you last week? 2. We worked for four hours yesterday. 3. They stayed at the school yesterday. 4. She played together with her friends in the garden. 5. My father slept early. 6. She hadn't got a son. 7. The secretary sent the letters.

F. 1. Onun doğum gününü unuttum. 2. Konser ne zamandı? 3. Dün televizyonu onardık. 4. Adamlar bavullarımızı otobüse taşıdılar. 5. İki gün önce hava kötüydü. 6. Annem kahvaltıyı hazırladı. 7. O, kız arkadaşıyla dans etti.

temel
TÜRKÇE
kursu

DERS 57

VOCABULARY

TÜKENMEZKALEM		BALL-POINT (PEN)
Tükenmezkalemimi buldum.		I found my ball-point pen.
DÜŞMEK		TO FALL
Bebek yataktan düştü.		The baby fell from the bed.
FARKLI, DEĞİŞİK		DIFFERENT
Onun arabası farklıdır.		Her car is different.
HATIRLAMAK, ANIMSAMAK		TO REMEMBER
Eski günleri hatırlayamaz.		She can't remember the old days.
AKRABA		RELATIVE
Akrabalarınız şimdi nerededir?		Where are your relatives now?
GELİN		BRIDE
Teyzemin gelini bir doktordur.		My aunt's bride is a doctor.

561

DAMAT

Damat gelinin yanında durdu.

BRIDEGROOM

The bridegroom stood near the bride.

NÜFUS

Bu şehrin nüfusu nedir?

POPULATION

What is the population of this city?

PAST SIMPLE (continued)

In the last lesson the past simple tense was introduced. Now we will look at question and negative forms.

> Adını hatırlarım.
> Adını hatırladım.
>
> Değişik bir elbise giyecek.
> Değişik bir elbise giydi.
>
> Dondurma yeriz.
> Dondurma yedik.
>
> Bugün evde dinleniyorlar.
> Dün evde dinlendiler.
>
> Mektubu gönderiyorum.
> Mektubu gönderdim.
>
> Bavulları eve taşırsın.
> Bavulları eve taşıdın.
>
> Kaya salonda oturur.
> Kaya salonda oturdu.

PAST SIMPLE - Negative

To make negatives in the past simple add the negative suffix **-ma/me** to the verb root followed by the past suffix and personal suffix.

Geldim.
Gelmedim.

I came.
I didn't come.

Aldım.	I took.
Almadım.	I didn't take.
Sordum.	I asked.
Sormadım.	I didn't ask.
Gördüm.	I saw.
Görmedim.	I didn't see.
Sattım.	I sold.
Satmadım.	I didn't sell.
İçtim.	I drank.
İçmedim.	I didn't drink.
Yemedim.	I didn't eat.
Unutmadım.	I didn't forget.
Gitmedim.	I didn't go.
Tutmadım.	I didn't hold.
Öğrenmedim.	I didn't learn.
Telefon etmedim.	I didn't telephone.
Odayı süpürmedim.	I didn't sweep the room.
Dün pazara gitmedim.	I didn't go to the bazaar yesterday.
Radyoyu tamir etmedim.	I didn't repair the radio.
Bavulları taşımadım.	I didn't carry the suitcases.
Fotoğraf çekmedim.	I didn't take photos.
Dişlerimi fırçalamadım.	I didn't brush my teeth.
Dün gece bu odada uyumadım.	I didn't sleep in this room last night.
Onlara fotoğrafları göstermedim.	I didn't show the photographs to them.
Geldin.	You came.
Gelmedin.	You didn't come.
İçmedin.	You didn't drink.
Yemedin.	You didn't eat.
Unutmadın.	You didn't forget.
Gitmedin.	You didn't go.
Tutmadın.	You didn't hold.
Öğrenmedin.	You didn't learn.
Görmedin.	You didn't see.
Almadın.	You didn't take.
Sormadın.	You didn't ask.

Telefon etmedin.	You didn't telephone.
Odayı süpürmedin.	You didn't sweep the room.
Dün pazara gitmedin.	You didn't go to the bazaar yesterday.
Radyoyu tamir etmedin.	You didn't repair the radio.
Bavulları taşımadın.	You didn't carry the suitcases.
Fotoğraf çekmedin.	You didn't take photos.
Dişlerini fırçalamadın.	You didn't brush your teeth.
Dün gece bu odada uyumadın.	You didn't sleep in this room last night.
Onlara fotoğrafları göstermedin.	You didn't show the photographs to them.

Geldi.	She came.
Gelmedi.	She didn't come.

Sormadı.	He didn't ask.
İçmedi.	She didn't drink.
Yemedi.	She didn't eat.
Uyumadı.	He didn't sleep.
Almadı.	She didn't take.
Gitmedi.	He didn't go.
Düşmedi.	She didn't fall.

Telefon etmedi.	He didn't telephone.
Odayı süpürmedi.	She didn't sweep the room.
Dün pazara gitmedi.	He didn't go to the bazaar yesterday.
Radyoyu tamir etmedi.	He didn't repair the radio.
Bavulları taşımadı.	She didn't carry the suitcases.
Fotoğraf çekmedi.	He didn't take photos.
Dişlerini fırçalamadı.	She didn't brush her teeth.
Dün gece bu odada uyumadı.	He didn't sleep in this room last night.
Onlara fotoğrafları göstermedi.	She didn't show the photographs to them.

Geldik.	We came.
Gelmedik.	We didn't come.

Sormadık.	We didn't ask.
İçmedik.	We didn't drink.
Yemedik.	We didn't eat.
Gitmedik.	We didn't go.
Düşmedik.	We didn't fall.
Hatırlamadık.	We didn't remember.
Almadık.	We didn't take.

Telefon etmedik.	We didn't telephone.
Odayı süpürmedik.	We didn't sweep the room.
Dün pazara gitmedik.	We didn't go to the bazaar yesterday.
Radyoyu tamir etmedik.	We didn't repair the radio.
Bavulları taşımadık.	We didn't carry the suitcases.
Fotoğraf çekmedik.	We didn't take photos.
Dişlerimizi fırçalamadık.	We didn't brush our teeth.
Dün gece bu odada uyumadık.	We didn't sleep in this room last night.
Onlara fotoğrafları göstermedik.	We didn't show the photographs to them.

Geldiniz.	You came.
Gelmediniz.	You didn't come.

Sormadınız.	You didn't ask.
İçmediniz.	You didn't drink.
Yemediniz.	You didn't eat.
Gitmediniz.	You didn't go.
Düşmediniz.	You didn't fall.
Hatırlamadınız.	You didn't remember.
Almadınız.	You didn't take.

Telefon etmediniz.	You didn't telephone.
Odayı süpürmediniz.	You didn't sweep the room.
Dün pazara gitmediniz.	You didn't go to the bazaar yesterday.
Radyoyu tamir etmediniz.	You didn't repair the radio.
Bavulları taşımadınız.	You didn't carry the suitcases.
Fotoğraf çekmediniz.	You didn't take photos.
Dişlerinizi fırçalamadınız.	You didn't brush your teeth.
Dün gece bu odada uyumadınız.	You didn't sleep in this room last night.
Onlara fotoğrafları göstermediniz.	You didn't show the photographs to them.

Geldi(ler).	They came.
Gelmedi(ler).	They didn't come.

Sormadı(lar).	They didn't ask.
İçmedi(ler).	They didn't drink.
Yemedi(ler).	They didn't eat.
Uyumadı(lar).	They didn't sleep.
Almadı(lar).	They didn't take.
Gitmedi(ler).	They didn't go.
Düşmedi(ler).	They didn't fall.

Telefon etmedi(ler).	They didn't telephone.
Odayı süpürmedi(ler).	They didn't sweep the room.
Dün pazara gitmedi(ler).	They didn't go to the bazaar yesterday.
Radyoyu tamir etmedi(ler).	They didn't repair the radio.
Bavulları taşımadı(lar).	They didn't carry the suitcases.
Fotoğraf çekmedi(ler),	They didn't take photos.
Dişlerini fırçalamadı(lar).	They didn't brush their teeth.
Dün gece bu odada uyumadı(lar).	They didn't sleep in this room last night.
Onlara fotoğrafları göster-medi(ler).	They didn't show the photographs to them.

Onun adını hatırladı.	He remembered her name.
Onun adını hatırlamadı.	He didn't remember her name.

Birayı içtik.	We drank the beer.
Birayı içmedik.	We didn't drink the beer.

Bu filmi iki yıl önce seyretmedim.	I didn't watch this film two years ago.
Geçen yıl arabasını satmadı.	She didn't sell her car last year.
Bir bardak su istemedi.	He didn't want a glass of water.
Dün akşam erken yatmadı.	She didn't go to bed early.
Pazar günü geç kalkmadın.	You didn't get up late on Sunday.
Kız kısa bir etek giymedi.	The girl didn't wear a short skirt.
Öğrenci öğretmene bir soru sormadı.	The student didn't ask a question to the teacher.
Babam tükenmezkalemi bulmadı.	My father didn't find the ball-point pen.
Gelini görmedik.	We didn't see the bride.
Geçen ay arkadaşını ziyaret etmedi.	She didn't visit her friend last month.
Dersimi bitirmedim.	I didn't finish my lesson.
Film başlamadı.	The film didn't start.
Doktora yardım etmediler.	They didn't help the doctor.
Geçen hafta orada kalmadım.	I didn't stay there last week.
Bize yeni bir çanta göstermedi.	He didn't show a new bag to us.
Amcamı havaalanında beklemediniz.	You didn't wait for my uncle at the airport.
Kadın dün ütü yapmadı.	The woman didn't iron yesterday.
Turistler müzede fotoğraf çekmediler. çekmediler.	The tourists didn't take photos in the museum.
Onun doğum gününü unutmadı.	He didn't forget her birthday.
Çocuk için bir oyuncak almadık.	We didn't buy a toy for the child.
Aşçı tabakları kırmadı.	The cook didn't break the plates.
Yaşlı adam ağacın altında dinlenmedi.	The old man didn't rest under the tree.

Negative Sentence Structure

Subject	Verb Root	Negative Suffix	Past Suffix	Personal Ending
Ben	yap	ma	dı	m.
Sen	yap	ma	dı	n.
O	yap	ma	dı.	-
Biz	yap	ma	dı	k.
Siz	yap	ma	dı	nız.
Onlar	yap	ma	dı	(lar).

SIMPLE PAST - Question

To make 'yes/no' questions, the question marker is used with the other tenses.

Geldim.	I came.
Geldim mi?	Did I come?
Aldım.	I took.
Aldım mı?	Did I take?
Sordum.	I asked.
Sordum mu?	Did I ask?
Gördüm.	I saw.
Gördüm mü?	Did I see?
Sattım.	I sold.
Sattım mı?	Did I sell?
İçtim.	I drank.
İçtim mi?	Did I drink?
Yedim mi?	Did I eat?
Unuttum mu?	Did I forget?
Gittim mi?	Did I go?
Tuttum mu?	Did I hold?
Öğrendim mi?	Did I learn?
Telefon ettim mi?	Did I telephone?
Odayı süpürdüm mü?	Did I sweep the room?
Dün pazara gittim mi?	Did I go to the bazaar yesterday?
Radyoyu tamir ettim mi?	Did I repair the radio?
Bavulları taşıdım mı?	Did I carry the suitcases?

Fotoğraf çektim mi?	Did I take photos?
Dişlerimi fırçaladım mı?	Did I brush my teeth?
Dün gece bu odada uyudum mu?	Did I sleep in this room last night?
Onlara fotoğrafları gösterdim mi?	Did I show the photographs to them?
Geldin.	You came.
Geldin mi?	Did you come?
Aldın.	You took.
Aldın mı?	Did you take?
Yedin mi?	Did you eat?
Unuttun mu?	Did you forget?
Sordun mu?	Did you ask?
Gittin mi?	Did you go?
Tuttun mu?	Did you hold?
Öğrendin mi?	Did you learn?
Düştün mü?	Did you fall?
Telefon ettin mi?	Did you telephone?
Odayı süpürdün mü?	Did you sweep the room?
Dün pazara gittin mi?	Did you go to the bazaar yesterday?
Radyoyu tamir ettin mi?	Did you repair the radio?
Bavulları taşıdın mı?	Did you carry the suitcases?
Fotoğraf çektin mi?	Did you take photos?
Dişlerini fırçaladın mı?	Did you brush your teeth?
Dün gece bu odada uyudun mu?	Did you sleep in this room last night?
Onlara fotoğrafları gösterdin mi?	Did you show the photographs to them?
Geldi.	She came.
Geldi mi?	Did she come?
Aldı.	He took.
Aldı mı?	Did he take?
Yedi mi?	Did she eat?
Unuttu mu?	Did he forget?
Sordu mu?	Did she ask?
Gitti mi?	Did he go?
Tuttu mu?	Did she hold?
Öğrendi mi?	Did he learn?
Düştü mü?	Did she fall?
Telefon etti mi?	Did she telephone?
Odayı süpürdü mü?	Did he sweep the room?
Dün pazara gitti mi?	Did he go to the bazaar yesterday?
Radyoyu tamir etti mi?	Did she repair the radio?
Bavulları taşıdı mı?	Did she carry the suitcases?
Fotoğraf çekti mi?	Did he take photos?
Dişlerini fırçaladı mı?	Did she brush her teeth?
Dün gece bu odada uyudu mu?	Did he sleep in this room last night?
Onlara fotoğrafları gösterdi mi?	Did she show the photographs to them?

568

PRACTICE 57

A

Put into past simple.

1. Sekreter yedide gelir.
2. Kadın seni bekliyor.
3. Sabahleyin bir bardak süt içerler.
4. Onu sık sık hatırlarım.
5. Onun adını unutursun.
6. Tabakları ve bardakları kıracağız.
7. Kuşlar gökyüzünde uçuyorlar.
8. Çantayı elinde tutar.
9. Akşamleyin duş yaparsınız.
10. Bavulları eve taşıyacağız.

B

Change into negative form.

1. Onun hakkında konuştuk.
2. Sekreter o mektupları gönderdi.
3. Akşam yemeğini hazırladım.
4. Onun adresini hatırladın.
5. Çocuk ağaçtan düştü.
6. Onunla üniversitede tanıştınız.
7. Geçen hafta evde dinlendiler.
8. Bize evini gösterdi.

C

Put into present simple.

1. Oraya birlikte gittik.
2. Mavi elbisemi giydim.
3. Eve saat altıda döndünüz.
4. Mutfakta kahvaltı hazırladılar.
5. Meyve suyunu içtik.
6. Ona bir şey söyledin.

D

Put into both present continuous and future.

1. Kızkardeşim bana telefon etti.
2. Müşteri siyah bir pantolon istedi.
3. Kadın bu odayı temizledi.
4. Bize bir şey söylemedi.
5. Bir sandviç yedim.
6. Sekreter mektupları yazmadı.

E

Translate into English.

1. Dün bir fotoğraf makinası satın aldım.
2. Onun adresini unuttuk.
3. Uyumak için eve gitti.
4. Kızı evin önünde bekledi.
5. Dün evde değildin.
6. Adımı hatırlamadı.
7. Odada değişik bir çanta gördük.

F

Translate into Turkish.

1. My father got up at seven o'clock yesterday.
2. She drove very fast.
3. We didn't count the money.
4. They ate in the restaurant with their colleagues.
5. The writer wrote about a famous man.
6. She didn't comb her hair.
7. Did you brush your teeth?

PRACTICE 57 - ANSWERS

A. 1. Sekreter yedide geldi. 2. Kadın seni bekledi. 3. Sabahleyin bir bardak süt içtiler. 4. Onu sık sık hatırladım. 5. Onun adını unuttun. 6. Tabakları ve bardakları kırdık. 7. Kuşlar gökyüzünde uçtular. 8. Çantayı elinde tuttu. 9. Akşamleyin duş yaptınız. 10. Bavulları eve taşıdık.

B. 1. Onun hakkında konuşmadık. 2. Sekreter o mektupları göndermedi. 3. Akşam yemeğini hazırlamadım. 4. Onun adresini hatırlamadın. 5. Çocuk ağaçtan düşmedi. 6. Onunla üniversitede tanışmadınız. 7. Geçen hafta evde dinlenmediler. 8. Bize evini göstermedi.

C. 1. Oraya birlikte gideriz. 2. Mavi elbisemi giyerim. 3. Eve saat altıda dönersiniz. 4. Mutfakta kahvaltı hazırlarlar. 5. Meyve suyunu içeriz. 6. Ona bir şey söylersin.

D. 1. Kızkardeşim bana telefon ediyor. Kızkardeşim bana telefon edecek. 2. Müşteri siyah bir pantolon istiyor. Müşteri siyah bir pantolon isteyecek. 3. Kadın bu odayı temizliyor. Kadın bu odayı temizleyecek. 4. Bize bir şey söylemiyor. Bize bir şey söylemeyecek. 5. Bir sandviç yiyorum. Bir sandviç yiyeceğim. 6. Sekreter mektupları yazmıyor. Sekreter mektupları yazmayacak.

E. 1. I bought a camera yesterday. 2. We forgot her address. 3. He went home to sleep. 4. She waited for the girl in front of the house. 5. You weren't at home yesterday. 6. He didn't remember my name. 7. We saw a different bag in the room.

F. 1. Babam dün saat yedide kalktı. 2. Çok hızlı araba kullandı. 3. Parayı saymadık. 4. Lokantada iş arkadaşlarıyla yemek yediler. 5. Yazar ünlü bir adam hakkında yazdı. 6. Saçını taramadı. 7. Dişlerini fırçaladın mı?

F O N O açıköğretim kurumu

temel
TÜRKÇE
kursu

DERS 58

VOCABULARY

DETERJAN

Hangi deterjanı kullanırsın?

DETERGENT

Which detergant do you use?

SES

Bebeğin sesini duydun mu?

VOICE, SOUND

Did you hear the baby's voice?

SEVGİLİ

Hakan'ın sevgilisi bir İngiliz kızıdır.
Sevgili oğlum, nasılsın?

DEAR, BELOVED; DARLING

Hakan's darling is an English girl.
My dear son, how are you?

BİFTEK

Kasaptan bir kilo biftek al.

BEEFSTEAK

Buy one kilo of beefsteak from the butcher's.

PİRZOLA

Kızım pirzolayı çok sever.

CUTLET

My daughter likes cutlets very much.

571

SOSİS

Sosisi kes, lütfen.

SAUSAGE

Cut the sausage, please.

SALAM

Buzdolabında salam yoktu.

SALAMI

There wasn't any salami in the fridge.

ERİK

Tabaktaki erikleri yediler.

PLUM

They ate the plums in the plate.

KİRAZ

Manavda kiraz yok.

CHERRY

There aren't any cherries in the greengrocer's.

ŞEFTALİ

Şeftali sevmez.

PEACH

She doesn't like peaches.

PAST SIMPLE - Questions (Continued)

In the last lesson we saw the past simple used to make 'yes/no' questions with the subject in the singular. Now we look at plural subjects (we/you/they).

Geldik.	We came.
Geldik mi?	Did we come?
Aldık.	We took.
Aldık mı?	Did we take?
Yedik mi?	Did we eat?
Unuttuk mu?	Did we forget?
Sorduk mu?	Did we ask?
Gittik mi?	Did we go?
Tuttuk mu?	Did we hold?
Öğrendik mi?	Did we learn?
Düştük mü?	Did we fall?

Telefon ettik mi?	Did we telephone?
Odayı süpürdük mü?	Did we sweep the room?
Dün pazara gittik mi?	Did we go to the bazaar yesterday?
Radyoyu tamir ettik mi?	Did we repair the radio?
Fotoğraf çektik mi?	Did we take photos?
Dişlerimizi fırçaladık mı?	Did we brush our teeth?
Dün gece bu odada uyuduk mu?	Did we sleep in this room last night?
Onlara fotoğrafları gösterdik mi?	Did we show the photographs to them?
Geldiniz.	You came.
Geldiniz mi?	Did you come?
Aldınız.	You took.
Aldınız mı?	Did you take?
Yediniz mi?	Did you eat?
Unuttunuz mu?	Did you forget?
Sordunuz mu?	Did you ask?
Gittiniz mi?	Did you go?
Tuttunuz mu?	Did you hold?
Öğrendiniz mi?	Did you learn?
Düştünüz mü?	Did you fall?
Telefon ettiniz mi?	Did you telephone?
Odayı süpürdünüz mü?	Did you sweep the room?
Dün pazara gittiniz mi?	Did you go to the bazaar yesterday?
Radyoyu tamir ettiniz mi?	Did you repair the radio?
Bavulları taşıdınız mı?	Did you carry the suitcases?
Fotoğraf çektiniz mi?	Did you take photos?
Dişlerinizi fırçaladınız mı?	Did you brush your teeth?
Onlara fotoğrafları gösterdiniz mi?	Did you show the photographs to them?
Geldiler.	They came.
Geldiler mi?	Did they come?
Aldılar.	They took.
Aldılar mı?	Did they take?
Yediler mi?	Did they eat?
Unuttular mı?	Did they forget?
Sordular mı?	Did they ask?
Gittiler mi?	Did they go?
Tuttular mu?	Did they hold?
Öğrendiler mi?	Did they learn?
Düştüler mi?	Did they fall?
Telefon ettiler mi?	Did they telephone?
Odayı süpürdüler mi?	Did they sweep the room?
Dün pazara gittiler mi?	Did they go to the bazaar yesterday?
Radyoyu tamir ettiler mi?	Did they repair the radio?

Bavulları taşıdılar mı?	Did they carry the suitcases?
Fotoğraf çektiler mi?	Did they take photos?
Dişlerini fırçaladılar mı?	Did they brush their teeth?
Dün gece bu odada uyudular mı?	Did they sleep in this room last night?
Onlara fotoğrafları gösterdiler mi?	Did they show the photographs to them?

Bu filmi iki yıl önce seyrettin mi?	Did you watch this film two years ago?
Bir bardak su istedi mi?	Did he want a glass of water?
Pazar günü geç kalktın mı?	Did you get up late on Sunday?
Kız kısa bir etek giydi mi?	Did the girl wear a short skirt?
Öğrenci öğretmene bir soru sordu mu?	Did the student ask a question to the teacher?
Babam tükenmezkalemi buldu mu?	Did my father find the ball-point pen?
Gelini gördük mü?	Did we see the bride?
Geçen ay arkadaşını ziyaret etti mi?	Did she visit her friend last month?
Dersinizi bitirdiniz mi?	Did you finish your lesson?
Film başladı mı?	Did the film start?
Doktora yardım ettiler mi?	Did they help the doctor?
Geçen hafta orada kaldın mı?	Did you stay there last week?
Bize yeni bir çanta gösterdi mi?	Did he show a new bag to us?
Amcamı havaalanında beklediniz mi?	Did you wait for my uncle at the airport?
Kadın dün ütü yaptı mı?	Did the woman iron yesterday?
Turistler müzede fotoğraf çektiler mi?	Did the tourists take photos in the museum?
Onun doğum gününü unuttun mu?	Did you forget her birthday?
Çocuk için bir oyuncak aldık mı?	Did we buy a toy for the child?
Aşçı tabakları kırdı mı?	Did the cook break the plates?
Yaşlı adam ağacın altında dinlendi mi?	Did the old man rest under the tree?

Question Structure

Subject	Verb Root	Past Suffix	Personal Ending	Question Suffix
Ben	yap	tı	m	mı?
Sen	yap	tı	n	ı?
O	yap	tı	-	mı?
Biz	yap	tı	k	ı?
Siz	yap	tı	nız	mı?
Onlar	yap	tı	(lar)	mı?

Eve yürüdük.	We walked to the house.
Eve yürümedik.	We didn't walk to the house.
Eve yürüdük mü?	Did we walk to the house?

Patron geçen hafta fabrikaya geldi.	The boss came to the factory last week.
Patron geçen hafta fabrikaya gelmedi.	The boss didn't come to the factory last week.

Patron geçen hafta fabrikaya geldi mi?	Did the boss come to the factory last week?
Annemin sesini duydum.	I heard my mother's voice.
Annemin sesini duymadım.	I didn't hear my mother's voice.
Annemin sesini duydum mu?	Did I hear my mother's voice?
Adresini yazdı.	She wrote her address.
Adresini yazmadı.	She didn't write her address.
Adresini yazdı mı?	Did she write her address?
Bize bir bilet verdiler.	They gave us a ticket.
Bize bilet vermediler.	They didn't give us a ticket.
Bize bilet verdiler mi?	Did they give us a ticket?
Adını hatırladın.	You remembered her name.
Adını hatırlamadın.	You didn't remember her name.
Adını hatırladın mı?	Did you remember her name?
Ona birkaç şeftali verdiniz.	You gave him some peaches.
Ona hiç şeftali vermediniz.	You didn't give him any peaches.
Ona hiç şeftali verdiniz mi?	Did you give him any peaches?

Now, let us review the past tense structures we have seen.

Be-Suffix in the Past

Şurası bir evdi.	That place was a house.
Ünlü bir yazardı.	She was a famous author.
Güzel bir kadındı.	She was a beautiful woman.
Dün ofisteydi.	He was in the office yesterday.
İyi bir rehberdi.	He was a good guide.
Saat ikide evde miydin?	Were you at home at two o'clock?
Dün akşam yorgun muydunuz?	Were you tired last evening?
On dakika önce sınıfta mıydı?	Was she in the classroom ten minutes ago?
Dün hasta değildim.	I wasn't ill yesterday.
Öğretmen sınıfta değildi.	The teacher wasn't in the classroom.
O kadın benim akrabam değildi.	That woman wasn't my relative.

Possession/Ownership in the Past

İki kızım vardı.	I had got two daughters.
Büyük bir odası vardı.	She had got a large room.
Değişik bir elbisen vardı.	You had got a different dress.

Çiftçinin inekleri var mıydı?	Had the farmer got the cows?
Çocuğun oyuncakları var mıydı?	Had the child got some toys?
O bayanın kocası var mıydı?	Had that lady got a husband?

Arabamız yoktu.	We hadn't got a car.
Turistin pasaportu yoktu.	The tourist hadn't got the passport.
Orada hiç akrabam yoktu.	I hadn't got any relatives there.

VAR/YOK in the Past

Masada mektuplar vardı.	There were letters on the table.
Şehirde büyük bir fabrika vardı.	There was a big factory in the city.
Havaalanında birçok bavul vardı.	There were a lot of suitcases at the airport.

Lokantada yeni bir aşçı var mıydı?	Was there a new cook in the restaurant?
Buzdolabında hiç biftek var mıydı?	Was there any beefsteak in the fridge?
Salonda yeni koltuklar var mıydı?	Were there new armchairs in the hall?

Zarfın üstünde hiç pul yoktu.	There weren't any stamps on the envelope.
Evin önünde arabalar yoktu.	There weren't the cars in front of the house.
Masada hiç erik yoktu.	There weren't any plums on the table.

The Past Simple Tense

Arkadaşımla salonda oturduk.	We sat with my friend in the hall.
Dün gece ders çalıştılar.	They studied last night.
Öğretmene bir soru sordu.	She asked a question to the teacher.

Tepedeki evi gördünüz mü?	Did you see house on the hill?
Süpermarketten biraz salam aldı mı?	Did she buy any salami from the supermarket?
Ütüyü tamir ettin mi?	Did you repair the iron?

Hesabı ödemedik.	We didn't pay the bill.
Marmaris'te fotoğraf çekmedim.	I didn't take photos in Marmaris.
Beni hatırlamadı.	She didn't remember me.

Words Used in the Reading Passage

kompartıman	compartment
bölüm	department; part, chapter; portion
asistan	assistant
yabancı	foreigner
yemek vagonu	vagon restaurant

576

TRENDE

ON THE TRAIN

Bu tren Ankara'dan İstanbul'a gidiyor. Saat beş buçukta kalktı. Burası trendeki bir kompartıman. Yolcular kompartımanda oturuyorlar.

This train is leaving Ankara for İstanbul. It left at half past five. This is a compartment on the train. The passengers are sitting in the compartment.

Ayhan pencerenin yanında oturuyor. Dışarıya bakıyor. O, Türk Dili Bölümünde bir asistandır. Yabancılara Türkçe de öğretiyor.

Ayhan is sitting near the window. He is looking outside. He is an assistant in the department of Turkish Language. He is also teaching Turkish to the foreigners.

Ayhan'ın yanında yaşlı bir adam oturuyor. Adamın hiç saçı yok. Başında şapkası var. Ankara'da yaşıyor ama İstanbul'daki kızının evine gidiyor. Orada bir ay kalacak.

An old man is sitting near Ayhan. He hasn't got any hair. He has got a hat on his head. He lives in Ankara but he is going to his daughter's home in İstanbul. He'll stay for one month there.

Ayhan'ın karşısında genç bir adam ve karısı var. Ayhan onlarla konuştu. Adamın adı Turgut'tur. O bir doktor. İstanbul'da bir hastanede çalışıyor. Karısı bir ev hanımıdır. Onlar Ankara'da Turgut'un babasını ziyaret ettiler ve şimdi evlerine dönüyorlar.

There is a young man and his wife opposite Ayhan. Ayhan talked to them. The man's name is Turgut. He is a doctor. He is working in a hospital in İstanbul. His wife is a housewife. They visited Turgut's father in Ankara, and now they are going back their house.

Ayhan kompartımandan çıktı. O akşam yemeği yemek istiyor. Yemek vagonuna gitti.

Ayhan went out of the compartment. He wants to eat dinner. He went to the vagon restaurant.

Questions and Answers to the Reading Passage

Tren nereye gidiyor?
Where is the train going?

İstanbul'a gidiyor.
It's going to Istanbul.

Saat kaçta kalktı?
What time did it leave?

Beş buçukta kalktı.
It left at half past five.

Ayhan nerede oturuyor?
Where is Ayhan sitting?

Pencerenin yanında oturuyor.
He is sitting near the window.

O ne iş yapıyor?
What is his job?

O bir asistandır.
He is an assistant.

O Türkçe öğretir mi?
Does he teach Turkish?

Evet, öğretir.
Yes, he does.

Ayhan'ın yanında kim var?
Who is there near Ayhan?

Yaşlı bir adam var.
There is an old man.

O nerede yaşar?
Where does he live?

Ankara'da yaşar.
He lives in Ankara.

Şimdi nereye gidiyor?
Where is he going now?

İstanbul'a gidiyor.
He is going to Istanbul.
(He is going to his daughter's house.)

Ayhan'ın karşısında kimler var?
Who is there opposite Ayhan?

Genç bir adam ve karısı var.
There is a young man and his wife.

Adamın adı nedir?
What is the man's name?

Turgut'tur.
His name is Turgut.

Onun işi nedir?
What is his job?

O bir doktordur.
He is a doctor.

Karısının işi nedir?
What is his wife's job?

Ev hanımıdır.
She is a housewife.

Onlar Ankara'da kimi ziyaret ettiler?
Who did they visit in Ankara?

Turgut'un babasını ziyaret ettiler.
They visited Turgut's father.

Ayhan akşam yemeği için nereye gitti?
Where did Ayhan go for dinner?

Yemek vagonuna gitti.
He went to the vagon restaurant.

A

Put into past simple.

1. Marketten bir kilo kiraz alacağız.
2. Tren istasyonunda bekliyorlar.
3. Deterjan dolaptadır.
4. Kızın sevgilisi bir pilottur.
5. Trabzon Türkiye'nin güneyinde değildir.
6. Çocuğun dişlerini fırçalamayacak.
7. Parayı saymayacağım.

B

Change into question form.

1. Adam topu elinde tuttu.
2. Ona bir şey dedin.
3. Süpermarkette çok şişman bir adam gördünüz.
4. Kadın otelde şarkı söyledi.
5. Dün akşam bir kilo erik yedik.
6. Onu ağabeyimle tanıştırdı.
7. Dün evde dinlendiler.

C

Change into negative form.

1. Turistler kiliseye girdiler.
2. Dün akşam orada bir otel aradı.
3. Masadaki ekmekleri kestik.
4. Bize telefon ettiler.
5. Bifteği buzdolabına koydun.
6. Kız parti için bir elbise seçti.
7. Arkadaşların bahçede gezdiler.

D

Add the time adverbial in brackets to the sentence and change into future or past simple as appropriate.

Ex.: **Kız bu kazağı giymek ... (yarın)**
      Kız yarın bu kazağı giyecek.

1. Biz havaalanına gitmek... (iki saat sonra)
2. Kadın evi temizlemek ... (gelecek hafta)
3. Ben balkonda kahvaltı etmek ... (dün sabah)
4. Kızkardeşim işe başlamak ... (geçen ay)
5. Biz Japonya'ya gitmek ... (gelecek yıl)
6. Sekreter mektubu göndermek ... (üç saat önce)
7. Ders başlamak ... (on dakika önce)

E

Translate into English.

1. **Dün araba kullandınız mı?**
2. **Salamı çok severim. Biraz ver, lütfen.**
3. **Onun hakkında birşey anlatmadık.**
4. **Saat yedide parti için hazır oldular.**
5. **Ayhan'ın sesini duydum. Geldi mi?**
6. **Anneni özledin mi?**
7. **Zil çaldı. Kapının önünde birisi var.**

F

Translate into Turkish.

1. There was a dog under the tree.
2. Did they get up early yesterday morning?
3. Did the businessman buy a new computer?
4. We wanted a bottle of wine from the waiter.
5. My father didn't watch the film last night.
6. Did you use this knife?
7. He didn't bring anything for his wife.

PRACTICE 58 - ANSWERS

A. 1. Marketten bir kilo kiraz aldık. 2. Tren istasyonunda beklediler. 3. Deterjan dolaptaydı. 4. Kızın sevgilisi bir pilottu. 5. Trabzon Türkiye'nin güneyinde değildi. 6. Çocuğun dişlerini fırçalamadı. 7. Parayı saymadım.

B. 1. Adam topu elinde tuttu mu? 2. Ona bir şey dedin mi? 3. Süpermarkette çok şişman bir adam gördünüz mü? 4. Kadın otelde şarkı söyledi mi? 5. Dün akşam bir kilo erik yedik mi? 6. Onu ağabeyimle tanıştırdı mı? 7. Dün evde dinlendiler mi?

C. 1. Turistler kiliseye girmediler. 2. Dün akşam orada bir otel aramadı. 3. Masadaki ekmekleri kesmedik. 4. Bize telefon etmediler. 5. Bifteği buzdolabına koymadın. 6. Kız parti için bir elbise seçmedi. 7. Arkadaşların bahçede gezmediler.

D. 1. Biz iki saat sonra havaalanına gideceğiz. 2. Kadın gelecek hafta evi temizleyecek. 3. Ben dün sabah balkonda kahvaltı ettim. 4. Kızkardeşim geçen ay işe başladı. 5. Biz gelecek yıl Japonya'ya gideceğiz. 6. Sekreter üç saat önce mektubu gönderdi. 7. Ders on dakika önce başladı.

E. 1. Did you drive yesterday? 2. I like salami very much. Give some, please. 3. We didn't tell anything about him. 4. They were ready for the party at seven o'clock. 5. I heard Ayhan's voice. Did he come? 6. Did you miss your mother? 7. The bell rang. There is somebody in front of the door.

F. 1. Ağacın altında bir köpek vardı. 2. Dün sabah erken kalktılar mı? 3. İşadamı yeni bir bilgisayar aldı mı? 4. Garsondan bir şişe şarap istedik. 5. Babam dün gece filmi seyretmedi. 6. Bu bıçağı kullandın mı? 7. Karısı için bir şey getirmedi.

temel
TÜRKÇE
kursu

**DERS
59**

VOCABULARY

BELKİ

Belki bugün gelir.

PERHAPS, MAYBE, MAY

She may come today.

BENİMKİ

Benimki yeşildi.

MINE

Mine was green.

SENİNKİ

Oradaki çanta seninkidir.

YOURS

The bag over there is yours.

ONUNKİ

Bu kitap seninki değildir,
onunkidir.

HIS, HERS, ITS

This book isn't yours, it's
hers.

BİZİMKİ

Bu araba bizimki midir yoksa
onlarınki midir?

OURS

Is this car ours or theirs?

SİZİNKİ

Benimki nerededir?
Sizinki burada değildir.

YOURS

Where is mine?
Yours isn't here.

ONLARINKİ		THEIRS
Onlarınki mutfaktadır.		Theirs is in the kitchen.

İP		ROPE
Nereden bir ip bulabilirim?		Where can I find a rope?

The Past Simple with Question Words

Dün nereye gittin?	Where did you go yesterday?
Adamlar nereye baktılar?	Where did the men look at?
Bizi nerede beklediniz?	Where did you wait for us?
Ağabeyimi nerede gördü?	Where did she see my elder brother?
Arkadaşın nereden geldi?	Where did your friend come from?

Sekreter bu mektubu nasıl yazdı?	How did the secretary write this letter?
Oraya nasıl gittiniz?	How did you go there?
Seni nasıl buldu?	How did he find you?

Anneme kim yardım etti?	Who helped my mother?
Şeftalileri kim yedi?	Who ate the peaches?
Hesabı kim ödedi?	Who paid the bill?

Dün fabrikada ne yaptın?	What did you do in the factory yesterday?
Evde ne unuttular?	What did they leave at home?
Ona ne söylediniz?	What did you say to her?

Eve ne zaman döndün?	When did you return home?
Müdür saat kaçta ofise geldi?	What time did the manager come to the office?
Evi ne zaman temizledi?	When did she clean the house?
Saat kaçta telefon ettin?	What time did you telephone?

Kaç tane kazak giydin?	How many sweaters did you wear?
Evin önünde kaç tane araba gördünüz?	How many cars did you see in front of the house?
Kaç tane kitap satın aldılar?	How many books did they buy?

Short Answers in the Past Simple

Dün okula gittin mi?	Evet, gittim.
Did you go to school yesterday?	Yes, I did.

Onu gördüm mü?	**Evet, gördün.**
Did I see him?	Yes, you did.
Akşam yemeği yediniz mi?	**Evet, yedik.**
Did you eat dinner?	Yes, we did.
Masayı tamir etti mi?	**Evet, etti.**
Did she repair the table?	Yes, she did.
Bavulları taşıdılar mı?	**Evet, taşıdılar.**
Did they carry the suitcases?	Yes, they did.
Fotoğraf çektik mi?	**Evet, çektiniz.**
Did we take photos?	Yes, you did.
Garson çorbayı getirdi mi?	**Evet, getirdi.**
Did the waiter bring the soup?	Yes, he did.
Duş yaptınız mı?	**Hayır, yapmadık.**
Did you have a shower?	No, we didn't.
Mektupları gönderdi mi?	**Hayır, göndermedi.**
Did she send the letters?	No, she didn't.
Parayı saydın mı?	**Hayır, saymadım.**
Did you count the money?	No, I didn't.
Fotoğraf çektik mi?	**Hayır, çekmediniz.**
Did we take photos?	No, you didn't.
Tabağı kırdılar mı?	**Hayır, kırmadılar.**
Did they break the plate?	No, they didn't.
Hemşire ilacı verdi mi?	**Hayır, vermedi.**
Did the nurse give the medicine?	No, she didn't.

BELKİ

The word **belki**, English equivalent 'perhaps, maybe' is commonly used with sentences in the present simple or ability (**-ebilmek**) structure. It may be placed in various positions in the sentence, most often at the beginning or following the subject.

Belki onu görebiliriz.	Perhaps we will see him.
Annem belki bugün gelir.	Perhaps my mother will come today.
Belki bu akşam resmi verebilirsin.	Perhaps you can give the picture this evening.

Belki bu soruyu yanıtlayabilirsiniz.	Perhaps you can answer this question.
Belki telefon ederler.	Perhaps they will telephone.
Patron belki işçilere biraz para verir.	Perhaps the boss will give some money to the workers.
Kız belki evdedir.	Perhaps the girl is at home.
Toplantı belki buradadır.	Perhaps the meeting is here.
Ders belki saat sekizdedir.	Perhaps the lesson is at eight o'clock.
Kapının önündeki adam belki Ahmet-tir.	Perhaps the man in front of the door is Ahmet.
Bugün belki yağmur yağar.	It may rain today.
Belki evde değildir.	Perhaps he isn't at home.
Doktor belki odasında değildir.	Perhaps the doctor isn't in her room.
Annem belki bugün gelmez.	Perhaps my mother won't come today.
Toplantı belki burada değildir.	Perhaps the meeting isn't here.
Belki arabasını satamaz.	Perhaps she can't sell her car.
Belki bizi beklemezsin.	Perhaps you won't wait for us.

POSSESSIVE PRONOUNS

We have looked at personal pronouns and their object/determiner forms.

Personal Pronouns

ben	I
sen	you
o	he/she/it
biz	we
siz	you
onlar	they

Object Forms Using **-i** and **-e** Suffixes (accusative and directional)

beni	bana	me
seni	sana	you
onu	ona	him/her/it
bizi	bize	us
sizi	size	your
onları	onlara	them

Determiner Forms

benim	my
senin	your
onun	his/her/its
bizim	our
sizin	your
onların	their

(Ben) bugün onu göreceğim.	I'll see him today.
(O) seni bekledi.	He waited for you.
(Biz) evi satmayacağız.	We won't sell the house.

Remember, the subject is indicated by verb ending, so personal pronouns may be omitted (as above).

Beni görmedi.	She didn't see me.
Sizi evde bekleyeceğim.	I'll wait for you in the house.
Bu kitabı ona verecekler.	They'll give this book to her.
Size bir şey söyledi.	He said something to you.
Bize bakmadı.	He didn't look at us.
Mektubu bana göster, lütfen.	Show me the letter to me, please.

Benim bardağım mutfaktadır.	My glass is in the kitchen.
Onların kızı yirmi iki yaşındadır.	Their daughter is twenty two years old.
Sizin arabanızı gördüm.	I saw your car.
Senin havlun banyodadır.	Your towel is in the bathroom.

Now we will look at possessive pronouns, which are made by adding the suffix **-ki** to the determiner form.

benim - benimki	my - mine
senin - seninki	your - yours
onun - onunki	his/her/its - his/hers/its
bizim - bizimki	our - ours
sizin - sizinki	your - yours
onların - onlarınki	their - theirs

Pronouns in determiner and possessive forms have different functions and sentence positions. Determiners may be followed by nouns but possessive pronouns may not.

Bu benim elbisemdir.	This is my dress.
Bu elbise benimkidir.	This dress is mine.

Şu senin çantandır.	That is your bag.
Şu çanta seninkidir.	That bag is yours.

Şu onun bardağıdır.	That is her glass.
Şu bardak onunkidir.	That glass is hers.

O bizim öğretmenimizdir.	He is our teacher.
O öğretmen bizimkidir.	That teacher is ours.

Bu sizin fotoğraf makinenizdir.	This is your camera.
Bu fotoğraf makinesi sizinkidir.	This camera is yours.

Şu onların odasıdır.	That is their room.
Şu oda onlarınkidir.	That room is theirs.

In the above pairs, the second could be formed without **-ki**. In other words, the pronouns could take the form of determiners but have the function of possessives. This is not possible in English.

Bu benim elbisemdir.	This is my dress.
Bu elbise benimdir.	This dress is mine.
Şu senin çantandır.	That is your bag.
Şu çanta senindir.	That bag is yours.
Şu onun bardağıdır.	That is her glass.
Şu bardak onundur.	That glass is hers.
O bizim öğretmenimizdir.	He is our teacher.
O öğretmen bizimdir.	That teacher is ours.
Bu sizin kazağınızdır.	This is your camera.
Bu kazak sizindir.	This camera is yours.
Şu onların odasıdır.	That is their room.
Şu oda onlarındır.	That room is theirs.

If, however, determiners and possessives are used together in the same sentence, then the **-ki** suffix has to be used.

Bu onun kalemidir. Benimki nerede?	This is his pencil. Where is mine?
Benim teyzem zengindir ama seninki fakirdir.	My aunt is rich but yours is poor.
Bizim evimiz büyüktür ama onlarınki küçüktür.	Our house is big but theirs is small.
Onun pantolonu yeşildir; sizinki değildir.	Her trousers are green; yours aren't.
Bu sizin bavulunuzdur. Bizimki değildir.	This is your suitcase. It isn't ours.
Bu senin kitabındır. Benimki çantadadır.	This is your book. Mine is in the bag.
Burası bizim okulumuz değildir. Onlarınkidir.	This place isn't our school. It's theirs.
Senin kazağın ucuzdur. Onunki pahalı dır.	Your sweater is cheap. Hers is expensive.

Anahtarımı bulamam. Seninki nerede?	I can't find my key. Where is yours?
Anahtarımı bulamam. Seninkini alacağım.	I can't find my key. I'll take yours.

When possessive pronouns are the object of a sentence (ie taking the **-i** suffix, the accusative case), a buffer **n** must be added.

Benimki buradadır ama sizinkini görmedim.	Mine is here but I didn't see yours.

| Onun şemsiyesi yok. Ayşe'ninkini al. | He hasn't got an umbrella. Take Ayşe's. |
| Seninkini ver, lütfen. Benimki çok eski. | Give yours, please. Mine is very old. |

Onun şemsiyesi yok. Ayşe'ninkini al. — He hasn't got an umbrella. Take Ayşe's.
Seninkini ver, lütfen. Benimki çok eski. — Give yours, please. Mine is very old.
Bizim tarlamız küçük; onunkini satın aldılar. — Our farm is small; they bought his.
Onun gömleğini ütüledim ama seninkini ütülemedim. — I ironed his shirt but I didn't iron yours.
Tarağı yok. Sizinkini kullanabilir mi? — She hasn't got a comb. Can she use yours?

Benim defterlerim buradadır. Onlarınkiler nerededir? — My note-books are here. Where are theirs?
Benimkileri sattım. — I sold mine.
Sizin gazetelerinizi okudum. Şimdi bizimkileri okuyacağım. — I read your newspapers. I'll read ours now.

Nominative	Accusative	Dative	Determiner	Possessive
ben	beni	bana	benim	benimki
sen	seni	sana	senin	seninki
o	onu	ona	onun	onunki
biz	bizi	bize	bizim	bizimki
siz	sizi	size	sizin	sizinki
onlar	onları	onlara	onların	onlarınki

The Word Used in the Dialogue

tezgâhtar   salesclerk

DIALOGUE

A : Konser saat kaçta? — What time is the concert?
B : Dokuzda. — At nine.
A : Ahmet de gelecek mi? — Will Ahmet come, too?
B : Belki gelir. — I think he will.
A : Yağmur yağabilir. Şemsiyeni al. — It may rain. Take your umbrella.
B : Şemsiyem odamda yok. Seninkini alabilir miyim? — My umbrella isn't in my room. Can I take yours?
A : Tamam. — Okay.
B : Kazağım da pis. Seninki nerede? — My pullover is also dirty. Where is yours?
A : Benimkini şimdi yıkadım ama Ayşe'ninkini alabilirsin. — I have washed mine now, but you can take Ayşe's.
B : Ayşe döndü mü? — Have Ayşe come back?
A : Hayır. — No.
B : Geç kaldım. Onu bekleyemem. — I am late. I can't wait for her.
A : O seni bulur, bekleme. — She will find you. Don't wait.
B : Tamam. Hoşça kal. — Okay. Good bye.
A : Görüşürüz. — See you.

Mağazada.	At the store.

A : Hesabı ödedim. Paketim nerede?	I have the bill. Where is my packet?
B : Buyrun efendim.	Here it is.
A : Teşekkürler. Aa! Bu benim paketim değil. Ben etek satın almadım.	Thanks. Aa! This isn't my packet. I didn't buy a skirt.
B : Hayır efendim. Bu sizinki.	No, madam. This is yours.
A : Hayır benimki değil. Ben elbise aldım.	No, it isn't mine. I bought a dress.

Tezgâhtar paketi alır ve gider. İki dakika sonra başka bir paketle geri döner.	Salesclerk takes the packet and goes. Two minutes later she comes back with another packet.

B : Özür dilerim. Bu paket sizinki.	I'm sorry. This packet is yours.

Diğer paketi de başka bir kadına verir.	She gives the other packet to another woman.

B : Bu paket de sizinki. Etek mi satın aldınız?	This packet is also yours. Did you buy a skirt?

C : Evet.	Yes.

B : Tamam, buyrun.	Okay. Here it is.

PRÁCTICE 59

A

Make questions using the question word given.

1. **Dün arkadaşımla şirkete gittik. (Nereye)**
2. **İki gün önce onu gördü. (Ne zaman)**
3. **Geçen hafta hastaneye yeni bir doktor geldi. (Kim)**
4. **Evde uzun bir ip bulduk. (Ne)**
5. **Kadın yüksek bir sandalyede oturdu. (Nerede)**
6. **Okulun önünde dört tane araba gördüler. (Kaç tane)**
7. **Şirketten başka bir memur geldi. (Nereden)**
8. **O mektubu bigisayarla yazdım. (Nasıl)**
8. **Toplantı saat 10'daydı. (Saat kaçta)**
9. **Kapının önünde bir çanta gördük. (Ne)**
10. **Arkadaşım iyi bir ev buldu. (Kim, Ne)**

B

Give short, positive answers.

1. Kahvaltı ettiniz mi?
2. Geçen yıl tatile gittiler mi?
3. Dün şirkete gittin mi?
4. Duş yaptı mı?
5. Bu lokantada yemek yedik mi?
6. Turistler müzeye girdiler mi?
7. O adamı gördüm mü?
8. Adını defterine yazdın mı?

C

Give short, negative answers.

1. Seninki burada. Benimkini gördün mü?
2. Bebek yemek yedi mi?
3. Onun adını unuttular mı?
4. Arkadaşımla tanıştınız mı?
5. Pasaportumuzu gösterdik mi?
6. Yeni evini gördüm mü?
7. Bir ses duydun mu?
8. Dişlerini fırçaladı mı?

D

Rewrite using possessive pronouns as in the example.

Example : **Bu (benim) elbisemdir.**
        Bu elbise benimkidir.

1. Şu onların bahçesidir.
2. Bu benim fotoğraf makinemdir.
3. O sizin ilacınızdır.
4. O senin mayondur.
5. Bu onun paketidir.
6. Şunlar bizim kravatlarımızdır.

E

Translate into English.

1. Arkadaşım bugün evde değil ama belki yarın gelir.
2. Geçen hafta nerede kaldılar?

3. Televizyonu kim tamir etti?
4. Bu mayo sizinkidir.
5. Bu odayı temizlemedim ama seninkini temizledim.
6. Buraya nasıl geldin? Bisikletle geldim.
7. Bizim ütümüz yok. Onunkini kullanabilir miyim?
8. Onların kitaplarını okudu. Şimdi bizimkileri okuyacak.

F

Translate into Turkish.

1. When did she show the photographs?
2. Did you see ours? Yes, I did.
3. Where did they send the letter?
4. I didn't remember your name but I remember hers?
5. These suitcases aren't mine. They are your suitcases.
6. Give yours, please. Mine is very small.
7. Perhaps they can sleep in this room.
8. How many guides were there in the museum?

PRACTICE 59 - ANSWERS

A. 1. Dün arkadaşınla nereye gittin/gittiniz? 2. Onu ne zaman gördü? 3. Geçen hafta hastaneye kim geldi? 4. Evde ne buldunuz/bulduk? 5. Kadın nerede oturdu? 6. Okulun önünde kaç tane araba gördüler? 7. Nereden başka bir memur geldi? 8. O mektubu nasıl yazdın? 8. Toplantı saat kaçtaydı? 9. Kapının önünde ne gördünüz/gördük? 10. Arkadaşın ne buldu? Kim iyi bir ev buldu?

B. 1. Evet, ettik/ettim. 2. Evet, gittiler. 3. Evet, gittim. 4. Evet, yaptı. 5. Evet, yedik. 6. Evet, girdiler. 7. Evet, gördün. 8. Evet, yazdım.

C. 1. Hayır, görmedim. 2. Hayır, yemedi. 3. Hayır, unutmadılar. 4. Hayır, tanışmadık./tanışmadım. 5. Hayır, göstermedik. 6. Hayır, görmedin. 7. Hayır, duymadım. 8. Hayır, fırçalamadı.

D. 1. Şu bahçe onlarınkidir. 2. Bu fotoğraf makinesi benimkidir. 3. O ilaç sizinkidir. 4. O mayo seninkidir. 5. Bu paket onunkidir. 6. Şu kravatlar bizimkidir.

E. 1. My friend isn't at home today but perhaps he will come tomorrow. 2. Where did they stay last week? 3. Who mended the TV? 4. This bathing suit is yours. 5. I didn't clean this room but I cleaned yours. 6. How did you come here? I came by bicycle. 7. I haven't got an iron. Can I use hers? 8. He has read their books. Now he will read ours.

F. 1. Fotoğrafları ne zaman gösterdiler? 2. Bizimkini gördün mü? Evet, gördüm. 3. Mektubu nereye gönderdiler? 4. Senin adını hatırlamadım ama onunkini hatırladım. 5. Bu bavullar benim(kiler) değildir. Onlar senin bavullarındır. 6. Seninkini ver lütfen, benimki çok küçüktür. 7. Belki bu odada uyuyabilirler. 8. Müzede kaç tane rehber vardı?

temel
TÜRKÇE
kursu

DERS 60

SÖZ VERMEK

Söz veriyorum. Yarın geleceğim.

TO PROMISE

I promise. I'll come tomorrow.

DOKUNMAK

O paraya dokunma.

TO TOUCH

Don't touch that money.

TABİİ, ELBETTE

Elbette (tabii) onu kullanabilir.

OF COURSE

Of course he can use it.

GÖTÜRMEK

Defterleri fabrikaya götürdü.

Bizi tiyatroya götürecek.

TAKE TO

He took the notebooks to the factory.
She will take us to the theatre.

NİÇİN, NEDEN

Neden (niçin) burada oturuyorsun?

WHY

Why are you sitting here?

ÇÜNKÜ		BECAUSE
Niçin durakta bekliyorsun?		Why are you waiting at the bus-stop?
Çünkü arkadaşım gelecek.		Because my friend will come.

KALABALIK		CROWD; CROWDED
Postane bugün çok kalabalıktır.		The post office is very crowded today.
Bankanın önünde büyük bir kalabalık vardı.		There was a big crowd in front of the bank.

VÜCUT		BODY
Doktor çocuğun vücuduna baktı.		The doctor looked at the child's body.

GÜLMEK		TO LAUGH
Arkadaşlarım bana güldü.		My friends laughed at me.

AĞLAMAK		TO CRY
Bebek çok ağlıyor.		The baby is crying too much.

TABİİ, ELBETTE

These two words have a similar meaning (of course) and are most commonly used in speaking, coming at the start or end of sentences.

Tabii onunla konuşacağım.	Of course I'll talk to him.
Tabii seni oraya götürür.	Of course she will take you there.
Elbette o resime dokunabilirsin.	Of course you can touch that picture.
Elbette orası kalabalık olacak.	Of course that place will be crowded.

Bu odada çalışabilir tabii.	He can study in this room, of course.
Japonca öğrenebiliriz tabii.	We can learn Japanese, of course.
Bu evde oturdu (yaşadı) elbette.	He lived in this house, of course.
Adem iyi bir doktor elbette.	Adem is a good doctor, of course.

NİÇİN, NEDEN

Again, these two words have a similar meaning (why), used to make questions.

Neden evdesin?	Why are you at home?
Neden hastaneye gidiyor?	Why is he going to the hospital?
Neden bebek ağlıyor?	Why is the baby crying?
Neden bankanın önü kalabalıktır?	Why is it crowded in front of the bank?
Niçin bu paketi ofise götürü-yorsunuz?	Why are you taking this packet to the office?
Niçin üzgünsünüz?	Why are you sad?
Niçin pazar günü geliyor?	Why is she coming on Sunday?
Niçin hesabı ödeyeceğiz?	Why will we pay the bill?
Konser neden geç başladı?	Why did the concert begin late?
Çocuklar neden güldüler?	Why did the children laugh?
Doğum günümü niçin unuttun?	Why did you forget my birthday?
Hemşire niçin ilaç verdi?	Why did the nurse give medicine?
Neden evde değilsin?	Why aren't you at home?
Neden hastaneye gitmiyor?	Why isn't she going to the hospital?
İşadamı neden pazar günü gelmiyor?	Why isn't the businessman coming on Sunday?
Hemşire neden ilaç vermiyor?	Why isn't the nurse giving medicine?
Niçin hesabı ödemiyoruz?	Why aren't we paying the bill?
Niçin bu paketi ofise götürmü-yorsunuz?	Why aren't you taking this packet to the office?
Radyoyu niçin tamir etmedi?	Why didn't he repair the radio?
Niçin mutlu değiller?	Why aren't they happy?
Neden arkadaşına telefon etmedin?	Why didn't you telephone your friend?
Niçin bizimkini almıyorsun?	Why aren't you taking ours?

Typical answers begin with **çünkü** (because).

Niçin bu paketi ofise götürmü-yorsunuz?	Why aren't you taking this packet to the office?
Çünkü çok ağırdır.	Because it is very heavy.
Hemşire neden ilaç veriyor?	Why is the nurse giving medicine?
Çünkü adam çok hastadır.	Because the man is very ill.
Niçin hesabı ödemiyorsun?	Why don't you pay the bill?
Çünkü param yok.	Because I haven't got any money.

| Neden arkadaşına telefon ettin? | Why did you telephone your friend? |
| Çünkü ona bir şey söyledim. | Because I said something to him. |

| Neden durakta bekliyor? | Why is she waiting at the bus-stop? |
| Çünkü arkadaşı gelecek. | Because her friend will come. |

| Niçin bizimkini kullanıyorsunuz? | Why are you using ours? |
| Çünkü bizimki eskidir. | Because ours is old. |

| Neden filmi seyretmiyorsun? | Why aren't you watching the film? |
| Çünkü çok yorgunum. | Because I am very tired. |

| Niçin duş yapmıyor? | Why aren't you having a shower? |
| Çünkü su yok. | Because there is no water. |

| Neden bu akşam birahaneye gelmiyorlar? | Why aren't they coming to the pub this evening? |
| Çünkü çok meşguller. | Because they are very busy. |

İÇİN / FOR

We have already seen one function of **için**, it is used to give the aim of or reason for actions.

> Dişlerini fırçalamak için banyoya gitti.
> Eve gitmek için şirketten çıktı.
> Televizyon seyretmek için koltuğa oturacak.
> Fotoğraf çekmek için bahçeye gidiyor.

Now we see **için** used with nouns.

Ayşe için	for Ayşe
çocuk için	for the child
işadamı için	for the businessman
oda için	for the room
doktor için	for the doctor
okul için	for the school
araba için	for the car
kız için	for the girl
şirket için	for the company
akşam için	for the evening
konser için	for the concert
yaz için	for the summer
tatil için	for the holiday

İçin can be used with pronouns, in which case they take the determiner form.

ben - benim için	for me
sen - senin için	for you
o - onun için	for him/her/it
biz - bizim için	for us
siz - sizin için	for you
onlar - onlar için*	for them

* As usual, **onlar** is an exception.

karısı için	for his wife
oğlu için	for her son
kızı için	for his daughter
arkadaşım için	for my friend
öğretmenimiz için	for our teacher
doktorun için	for your doctor
doğum günüm için	for my birthday
iş arkadaşım için	for my colleague

Ayşe için bir elbise aldım.	I bought a dress for Ayşe.
İşadamı için bir mektup var.	There is a letter for the businessman.
Oda için bir halı satın aldık.	We bought a carpet for the room.
Onlar için yemek yapacak.	She'll cook for them.
Okul için bir bilgisayar aldılar.	They bought a computer for the school.
Konser için bu elbiseyi giyebilirsin.	You can wear this dress for the concert.
Yaz için bir mayo alacağım.	I'll buy a bathing suit for the summer.
Tatil için ne yapacaksınız?	What will you do for the holiday?
Çocuk için bir oyuncak al.	Buy a toy for the child.
Doktor için mektup yazdı.	She wrote a letter for the doctor.

Benim için bir kilo elma al.	Buy one kilo of apples for me.
Senin için ne yaptı?	What did he do for you?
Onun için bir mektup var.	There is a letter for him.
Bizim için bir gazete alabilir misin?	Can you buy a newspaper for us?
Sizin için burada bekledik.	We waited here for you.
Onlar için bir mektup yazdım.	I wrote a letter for them.

Karısı için bir elbise aldı.	He bought a dress for his wife.
Oğlu için ne alacak?	What will she buy for her son?
Doğum günüm için yemek yapacağım.	I'll cook for my birthday.
Arkadaşım için bir oda hazırladım.	I prepared a room for my friend.
Öğretmenimiz için bir hediye aldık.	We bought a present for our teacher.

The above sentences could be made by adding the directional suffix to nouns rather than using **için**.

Ayşe'ye bir elbise aldım.	I bought a dress for Ayşe.
Odaya bir halı satın aldık.	I bought a carpet for the room.
İşadamına bir mektup var.	There is a letter for the businessman.
Okula bir bilgisayar aldılar.	They bought a computer for the school.
Çocuğa bir oyuncak al.	Buy a toy for the child.
Doktora yemek hazırladı.	She prepared a meal for the doctor.
Bana bir kilo elma al.	Buy a kilo of apples for me.
Ona bir mektup var.	There is a letter for him.
Bize bir gazete alabilir misin?	Can you buy a newspaper for us?
Sizi burada bekledik.	We waited for you here.
Karısına bir elbise aldı.	He bought a dress for his wife.
Arkadaşıma biraz çay yaptım.	I made some tea for my friend.

DOĞUM GÜNÜ PARTİSİ

BIRTHDAY PARTY

Dün benim doğum günümdü. Evdeydim. Annemle beraber yemek yaptım. Pastayı da ben yaptım. Arkadaşlarım geldi. Biz oturduk, konuştuk, müzik dinledik, yemek yedik.

Yesterday was my birthday. I was at home. I cooked together with my mother. I made a cake too. My friends came. We sat, talked, listened to music and ate.

Arkadaşlarım benim için hediye aldılar. Şimdi yeni bir çantam, elbisem, eteğim, kazağım ve mayom var.

My friends bought some presents for me. Now, I have got a new bag, dress, skirt, sweater and swimming suit.

Partiye beş arkadaşım geldi. Onlardan birinin adı Cemile'dir. Onunla aynı üniversitedeydik. Şimdi çalışmıyor. Ev hanımı. Küçük bir kızı var.

Five of my friends came to the party. The name of one of them is Cemile. We were at the same university. She doesn't work now. She is a house wife. She has got a little daughter.

Beyhan İtalya'da çalıştı ama şimdi Türkiye'de. Onun da bir kızı var. Orada İtalyanca öğrendi. Şimdi bir rehberdir.

Beyhan worked in Italy but she is in Türkiye now. She has also got a daughter. She learnt Italian there. Now, she is a guide.

Halil ve Ahmet öğretmendir. Onların çocuğu yok. Aynı okulda çalışıyorlar.

Halil and Ahmet are teachers. They haven't got any children. They work for the same school.

Güzel bir gündü. Arkadaşlarım geç gittiler. Bir ay sonra Beyhan'ın doğum günüdür. Onların evine gideceğiz.

It was a nice day. My friends went late. One month later is Beyhan's birthday. We'll go to their house.

Questions and Answers to the Reading Passage

Doğum günü ne zamandı?
When was her birthday?

Dündü.
It was yesterday.

Neredeydi?
Where was she?

Evdeydi.
She was at home.

Kim yardım etti?
Who helped?

Annesi yardım etti.
Her mother helped.

Pasta yaptı mı?
Did she make a cake?

Evet, yaptı.
Yes, she did.

Partiye kim geldi?
Who came to the party?

Arkadaşları geldi.
Her friends came.

Onlar ne yaptılar?
What did they do?

Konuştular, müzik dinlediler ve yemek yediler.
They talked, listened to music and ate.

Arkadaşları hediye aldılar mı?
Did her friends buy presents?

Evet, aldılar.
Yes, they did.

Ne aldılar?
What did they buy?

Bir çanta, bir elbise, bir etek bir kazak ve bir mayo aldılar.
They bought a bag, a dress, a skirt, a sweater and a bathing suit.

Partide kaç kişi vardı?
How many people were there at the party?

Beş kişi vardı.
There were five people.

Cemile çalışır mı?
Does Cemile work?

Hayır, çalışmaz.
No, she doesn't.

Onun çocuğu var mı?	Evet, var.
Has she got any children?	Yes, she has.

Beyhan nerede çalıştı?	İtalya'da çalıştı.
Where did Beyhan work?	She worked in Italy.

Şimdi nerede?	Türkiye'de.
Where is she now?	She is in Türkiye now.

Onun bir kızı mı yoksa bir oğlu mu var?	Bir kızı var.
Has she got a daughter or a son?	She has got a daughter.

Hangi dili konuşabilir?	İtalyanca konuşabilir.
Which language can she speak?	She can speak Italian.

Mesleği nedir?	Rehberdir.
What is her job?	She is a guide.

Halil ve Ahmet'in mesleği nedir?	Öğretmendirler.
What are Halil and Ahmet's job?	They are teachers.

Onların çocuğu var mı?	Hayır, yok.
Have they got any children?	No, they haven't.

Arkadaşları geç mi yoksa erken mi gittiler?	Geç gittiler.
Did her friends go late or early?	They went late.

Beyhan'ın doğum günü ne zamandır?	Bir ay sonradır.
When is Beyhan's birthday?	It is one month later.

PRACTICE 60

A

Rewrite using possessive pronouns, as shown.

Ex.: O senin bavulun. (Benim) bavulum arabadadır.
    O senin bavulun. Benimki arabadadır.

1. Şu sizin defterinizdir. (Onun) defteri çantadadır.
2. O benim arabamdır. (Senin) araban evin önündedir.
3. Bu bizim diş macunumuzdur. (Sizin) diş macununuz banyo-dadır.
4. Bu ev Ahmet'indir. (Fatma)nın evi şuradadır.
5. Bu bizim dükkânımızdır. (Onların) dükkânı burada değildir.
6. Şu onun bilgisayarıdır. (Benim) bilgisayarım odadadır.
7. O senin köpeğindir. (Bizim) köpeğimiz bahçededir.

B

Give answers using the information in brackets.

Ex.: **Niçin orada bekliyorsun? (Arkadaş gelecek)**
Çünkü arkadaşım gelecek.

1. **Neden evde değildin? (Şirkette iş var)**
2. **Niçin yarın geliyor? (Çok iş var)**
3. **Niçin odayı temizleyeceğiz? (Müdür gel)**
4. **Niçin dün gelmedi? (Hasta)**
5. **Neden burada duruyorsunuz? (Annemi beklemek)**
6. **Neden ona telefon ettin? (Bir şey söylemek)**

C

Rewrite using **için** as shown.

Example : **Kızıma bir çanta aldım.**
Kızım için bir çanta aldım.

1. **Bana bir elbise verdiler.**
2. **Ona bir mektup geldi.**
3. **Bize bir pasta yaptılar.**
4. **Size yemek hazırladılar.**
5. **İşadamına otelde bir oda hazırladılar.**
6. **Sana kütüphaneden bir kitap alacağım.**
7. **Oğluna bir ev buldu.**
8. **Doktora bir hediye alabiliriz.**

D

Put into the verb tense/structure given.

1. **Bizi fabrikaya götürecek. (Geçmiş Zaman)**
2. **Hastanede büyük bir kalabalık vardı. (Şimdiki Zaman)**
3. **Televizyondaki filme güldük. (Şimdiki Zaman)**
4. **Uçaktan indik ve pasaportumuzu gösterdik. (Gelecek Zaman)**
5. **Odalarını temizlediler. (-Ebilmek Yapısı)**
6. **Adamlar müzede fotoğraf çekiyorlar. (Geçmiş Zaman)**

E

Translate into English.

1. **Bizim için bir oda hazırladılar.**
2. **Oğlu için bazı kitaplar aldı.**
3. **Neden yarın bize gelmiyorsunuz?**

4. **Niçin ona güldün?**
5. **Bebek neden ağladı? Çünkü yemek istedi.**
6. **Elbette bu evde kalabilirsin.**
7. **Yeni okulumuz için sıralar geldi.**
8. **Kız kardeşin niçin gelmiyor? Çünkü o hastadır.**

F

Translate into Turkish.

1. Your father brought some money for you.
2. He can read this book, of course.
3. Why didn't he show the photographs?
4. My dress is dirty. Where is yours?
5. Why is she travelling with you?
6. Why are you waiting here? Because the bank is closed.
7. She sent a present for them.
8. They bought a bus for the company.

PRACTICE 60 - ANSWERS

A. 1. Şu sizin defterinizdir. Onunki çantadadır. 2. O benim arabamdır. Seninki evin önündedir. 3. Bu bizim diş macunumuzdur. Sizinki banyodadır. 4. Bu ev Ahmet'indir. Fatma'nınki şuradadır. 5. Bu bizim dükkânımızdır. Onlarınki burada değildir. 6. Şu onun bilgisayarıdır. Benimki odadadır. 7. O senin köpeğindir. Bizimki bahçededir.

B. 1. Çünkü şirkette iş vardı. 2. Çünkü çok iş var. 3. Çünkü müdür gelecek. 4. Çünkü hastaydı. 5. Çünkü annemi bekliyoruz. 6. Çünkü bir şey söyledim.

C. 1. Benim için bir elbise verdiler. 2. Onun için bir mektup geldi. 3. Bizim için bir pasta yaptılar. 4. Sizin için yemek hazırladılar. 5. İşadamı için otelde bir oda hazırladılar. 6. Senin için kütüphaneden bir kitap alacağım. 7. Oğlu için bir ev buldu. 8. Doktor için bir hediye alabiliriz.

D. 1. Bizi fabrikaya götürdü. 2. Hastanede büyük bir kalabalık var. 3. Televizyondaki filme gülüyoruz. 4. Uçaktan ineceğiz ve pasaportumuzu göstereceğiz. 5. Odalarını temizleyebilirler. 6. Adamlar müzede fotoğraf çektiler.

E. 1. They prepared a room for us. 2. She bought some books for her son. 3. Why aren't you coming to us tomorrow? 4. Why did you laugh at him? 5. Why did the baby cry? Because she wanted some food. 6. Of course, you can stay in this house. 7. The desks came for our new school. 8. Why isn't your sister coming? Because she is ill.

F. 1. Baban senin için biraz para getirdi. 2. Elbette bu kitabı okuyabilir. 3. Fotoğrafları niçin göstermedi? 4. Benim elbisem kirlidir. Seninki nerededir? 5. Niçin sizinle yolculuk ediyor? 6. Niçin burada bekliyorsun? Çünkü banka kapalıdır. 7. Onlar için bir hediye gönderdi. 8. Şirket için bir otobüs satın aldılar.

temel
TÜRKÇE
kursu

DERS 61

VOCABULARY

TEHLİKELİ

Orası tehlikeli. Gitme.

DANGEROUS

That place is dangerous. Don't go.

YÜZÜK

Annemin yüzüğü çok pahalıdır.

RING

My mother's ring is very expensive.

KOLYE

Karısı için bir kolye satın alacak.

NECKLACE

He will buy a necklace for his wife.

BİLEZİK

O bileziği istemiyorum.

BRACELET

I don't want that bracelet.

KÜPE

Küpelerin şu kutunun içindedir.

EARRING

Your earrings are in that box.

KARIN

Doktor bebeğin karnına dokundu.

STOMACH

The doctor touched the baby's stomach.

AÇ		**HUNGRY**
Karnın aç mı?		Are you hungry?

TOK		**FULL**
Karnı tok. Yemek yapma.		She is full. Don't cook.

DİKKATLİ		**CAREFUL**
Babası dikkatli bir şofördür.		His father is a careful driver.

DİKKATSİZ		**CARELESS**
Niçin bardağı kırdı?		Why did she break the glass?
Çünkü çok dikkatsizdi.		Because she was very careless.

KARIN

When **karın** (= stomach) is added to determiners, the possessed **i** suffix is omitted.

karın

benim karnım	my stomach
senin karnın	your stomach
onun karnı	his/her stomach
bizim karnımız	our stomachs
sizin karnınız	your stomach
onların karnı (karınları)	their stomachs

arkadaşımın karnı	my friend's stomach
işçinin karnı	worker's stomach

Benim karnım aç.	I am hungry.
Sizin karnınız aç mı?	Are you hungry?
Bizim karnımız aç değil.	We aren't hungry.
Senin karnın tok.	You are full.
Ayşe'nin karnı tok değil.	Ayşe isn't full.
İşçinin karnı tok mu?	Is the worker full?

Karnı aç. Lokantaya gidecek.	She is hungry. She'll go to the restaurant.
Neden yemiyorsunuz? Çünkü karnımız tok.	Why aren't you eating? Because we are full.
Arkadaşımın karnı aç değil. Çorba istemiyor.	My friend isn't hungry. She doesn't want any soup.

Verbs and Objects

When there is a definitive object in a sentence, this object must have a suffix. There are two possible suffix types, depending on the verb.

dinlemek

With the verb **dinlemek** (= listen to) objects take the accusative suffix.

-ı, -i, -u, -ü dinlemek

Dinliyorum.	I am listening.
Müziği dinliyorum.	I am listening to the music.
Ahmet'i dinliyorum.	I am listening to Ahmet.
Babamı dinliyorum.	I am listening to my father.
Öğrenci öğretmeni dinledi.	The student listened to the teacher.
Patronu dinle.	Listen to the boss.

görmek

The same is true for the verb **görmek** (= to see).

-ı, -i, -u, -ü görmek

Görüyorum.	I see.
Arkadaşımı göreceğim.	I will see my friend.
Ahmet nerede? Onu görmedim.	Where is Ahmet? I didn't see him.
Müdürü görmek istiyorum.	I want to see the manager.
Onların evini gördün mü?	Did you see their house?
Yarın fabrikayı göreceğiz.	We'll see the factory tomorrow.

bakmak

The verb **bakmak** (= to look), on the other hand, is used with objects taking the directional suffix.

-e, -a bakmak

Bakıyorum.	I am looking.
Eve bakıyorum.	I am looking at the house.

Nereye bakıyorsunuz? Kalabalığa bakıyorum.	Where are you looking? I am looking at the crowd.
Sizin bahçenize bakıyoruz.	We are looking at your garden.
Sekreterin odasına baktı.	He looked at the secretary's room.
Şu odaya bakabilir.	He can look at that room.

gülmek

Gülmek (= to laugh) also uses the directional suffix.

-e, -a gülmek

Gülüyorum.	I am laughing.
Çocuğa gülüyorum.	I am laughing at the child.
Televizyondaki filme güldüler.	They laughed at the film on TV.
Kime gülüyorsunuz? Amcama gülüyoruz.	Who are you laughing at? We are laughing at my uncle.
Öğretmene gülme.	Don't laugh at the teacher.
O elbiseyi giyme. İnsanlar sana gülerler.	Don't wear that dress. People laugh at you.

The -Ebilmek Structure with Present and Past Tenses

Present Tense

Let us recall the usage of **-ebilmek** for ability.

Yarın oraya gelebilirim.	I can come there tomorrow.
Bu mektubu yazabilirim.	I can write this letter.
Almanca konuşabilir.	He can speak German.
Bu evde kalabilirsin.	You can stay at this house.
O yüzüğü alabilir.	She can take that ring.

Used with a present tense, **-ebilmek** is followed by the continuous suffix **-yor**, added to the verb root and buffer it necessary and followed by the personal suffix. This structure has a similar meaning to that previously introduced for **-ebilmek**, but emphasizes the ability. This difference does not have an English form. In English it would be expressed by stressing the word 'can'.

> (Ben) gelebili-yor-um.
> Yazabiliyorum.
> Konuşabiliyorum.
>
> (Sen) gelebili-yor-sun.
> Yazabiliyorsun.
> Konuşabiliyorsun.

(O) gelebili-yor.
Yazabiliyor.
Konuşabiliyor.

(Biz) gelebili-yor-uz.
Yazabiliyoruz.
Konuşabiliyoruz.

(Siz) gelebili-yor-sunuz.
Yazabiliyorsunuz.
Konuşabiliyorsunuz.

(Onlar) gelebili-yor-(lar).
Yazabiliyor(lar).
Konuşabiliyor(lar).

Denizde yüzebiliyorum.	I can swim in the sea.
Sekreter mektupları yazabiliyor.	The secretary can write the letters.
Bahçede oturabiliyorlar.	They can sit in the garden.
Kitabı okuyabiliyor.	She can read the book.
Müdürle konuşabiliyor.	He can speak to the manager.
Adam bavulları taşıyabiliyor.	The man can carry the suitcases.
Kadın yemek yapabiliyor.	The woman can cook.
Annem bize yardım edebiliyor.	My mother can help us.
Evi temizleyebiliyoruz.	We can clean the house.
Babam birayı içebiliyor.	My father can drink the beer.
Adam fotoğrafları gönderebiliyor.	The man can send the photographs.
Bizi hastaneye götürebiliyor.	She can take us to the hospital.

Negative and Question Forms

(Ben) yazamıyorum.
Konuşamıyorum.

(Sen) yazamıyorsun.
Konuşamıyorsun.

(O) yazamıyor.
Konuşamıyor.

(Biz) yazamıyoruz.
Konuşamıyoruz.

(Siz) yazamıyorsunuz.
Konuşamıyorsunuz.

(Onlar) yazamıyor(lar).
Konuşamıyor(lar).

Denizde yüzemiyorum.	I can't swim in the sea.
Sekreter mektupları yazamıyor.	The secretary can't write the letters.
Bahçede oturamıyorlar.	They can't sit in the garden.
Kitabı okuyamıyor.	She can't read the book.
Müdürle konuşamıyor.	He can't speak to the manager.
Adam bavulları taşıyamıyor.	The man can't carry the suitcases.
Kadın yemek yapamıyor.	The woman can't cook.
Annem bize yardım edemiyor.	My mother can't help us.
Evi temizleyemiyoruz.	We can't clean the house.
Babam birayı içemiyor.	My father can't drink the beer.
Adam fotoğrafları gönderemiyor.	The man can't send the photographs.
Bizi hastaneye götüremiyor.	She can't take us to the hospital.

(Ben) yazabiliyor muyum?
Konuşabiliyor muyum?

(Sen) yazabiliyor musun?
Konuşabiliyor musun?

(O) yazabiliyor mu?
Konuşabiliyor mu?

(Biz) yazabiliyor muyuz?
Konuşabiliyor muyuz?

(Siz) yazabiliyor musunuz?
Konuşabiliyor musunuz?

(Onlar) yazabiliyor(lar) mı?
Konuşabiliyor(lar) mı?

Baban birayı içebiliyor mu?	Can your father drink the beer?
Denizde yüzebiliyor musun?	Can you swim in the sea?
Bahçede oturabiliyorlar mı?	Can they sit in the garden?
Adam bavulları taşıyabiliyor mu?	Can the man carry the suitcases?
Sekreter mektupları yazabiliyor mu?	Can the secretary write the letters?
Evi temizleyebiliyor musunuz?	Can you clean the house?
Bizi hastaneye götürebiliyor mu?	Can she take us to the hospital?
Kadın yemek yapabiliyor mu?	Can the woman cook?
Müdürle konuşabiliyor musun?	Can you speak to the manager?

Past Simple

The -ebilmek structure can be used with the past simple, by adding the past suffix
-dı/di. This would be translated as 'was/were able to' or 'could'.

(Ben) yazabildim.
Konuşabildim.

(Sen) yazabildin.
Konuşabildin.

(O) yazabildi.
Konuşabildi.

(Biz) yazabildik.
Konuşabildik.

(Siz) yazabildiniz.
Konuşabildiniz.

(Onlar) yazabildi(ler).
Konuşabildi(ler).

Denizde yüzebildim.	I was able to swim in the sea.
Sekreter mektupları yazabildi.	The secretary was able to write the letters.
Bahçede oturabildiler.	They were able to sit in the garden.
Kitabı okuyabildi.	She was able to read the book.
Müdürle konuşabildi.	He was able to speak to the manager.
Adam bavulları taşıyabildi.	The man was able to carry the suitcases.
Kadın yemek yapabildi.	The woman was able to cook.
Annem bize yardım edebildi.	My mother was able to help us.
Evi temizleyebildik.	We were able to clean the house.
Babam birayı içebildi.	My father was able to drink the beer.
Adam fotoğrafları gönderebildi.	The man was able to send the photographs.
Bizi hastaneye götürebildi.	She was able to take us to the hospital.

Negative and Question Forms

(Ben) yazamadım.
Konuşamadım.

(Sen) yazamadın.
Konuşamadın.

(O) yazamadı.
Konuşamadı.

(Biz) yazamadık.
Konuşamadık.

(Siz) yazamadınız.
Konuşamadınız.

(Onlar) yazamadı(lar).
Konuşamadı(lar).

Denizde yüzemedim.	I couldn't swim in the sea.
Sekreter mektupları yazamadı.	The secretary couldn't write the letters.
Bahçede oturamadılar.	They couldn't sit in the garden.
Kitabı okuyamadı.	She couldn't read the book.
Müdürle konuşamadı.	He couldn't speak to the manager.
Adam bavulları taşıyamadı.	The man couldn't carry the suitcases.
Kadın yemek yapamadı.	The woman couldn't cook.
Annem bize yardım edemedi.	My mother couldn't help us.
Evi temizleyemedik.	We couldn't clean the house.
Babam birayı içemedi.	My father couldn't drink the beer.
Adam fotoğrafları gönderemedi.	The man couldn't send the photographs.
Bizi hastaneye götüremedi.	She couldn't take us to the hospital.

(Ben) yazabildim mi?
konuşabildim mi?

(Sen) yazabildin mi?
konuşabildin mi?

(O) yazabildi mi?
konuşabildi mi?

(Biz) yazabildik mi?
konuşabildik mi?

(Siz) yazabildiniz mi?
konuşabildiniz mi?

(Onlar) yazabildi(ler) mi?
konuşabildi(ler) mi?

Baban birayı içebildi mi?	Was your father able to drink the beer?
Denizde yüzebildin mi?	Were you able to swim in the sea?
Bahçede oturabildiler mi?	Were they able to sit in the garden?
Adam bavulları taşıyabildi mi?	Was the man able to carry the suitcases?
Sekreter mektupları yazabildi mi?	Was the secretary able to write the letters?
Evi temizleyebildiniz mi?	Were you able to clean the house?
Sizi hastaneye götürebildi mi?	Was she able to take you to the hospital?
Kadın yemek yapabildi mi?	Was the woman able to cook?
Müdürle konuşabildin mi?	Were you able to speak to the manager?

PRACTICE 61

A

Make sentences in the tense give adding appropriate suffixes.

Ex.: **öğretmen / ben / dinlemek** (Present Progressive)
    ---> **Ben öğretmeni dinliyorum.**

608

1. **nereye / çocuklar / bakmak** (Present Progressive))
2. **arkadaş / o / görmek** (Past Simple)
3. **adam / elbise / biz / gülmek** (Past Simple)
4. **o / şarkı / dinlemek / kadın** (Present Progressive))
5. **fabrika / içi / işadamı / bakmak / istemek** (Past Simple)
6. **ona / gülmek / niçin? / arkadaşın** (Present Progressive))

B

Rewrite in the present continuous (with **-ebilmek**).

1. **Öğrenciler ödevlerini yapabilirler.**
2. **Arabayı satabilirim.**
3. **Bu mektubu gönderebilir.**
4. **Sizi buradan görebiliriz.**
5. **Radyoyu tamir edebilir.**
6. **O günü hatırlayabilirim.**

C

Change the above (present continuous+**-ebilmek**) into question form.

D

Repeat, this time changing into negative form.

E

Change into past simple (with **-ebilmek**).

1. **Bu deftere yazabilirim.**
2. **Şu otelde kalabilir.**
3. **Evin fotoğrafını çekebiliriz.**
4. **Evi temizleyebilirler.**
5. **Kapıyı açabilir.**

F

Change the above (**-ebilmek**+past simple) in question form.

G

Repeat, this time changing into negative form.

H

Translate into English.

1. **Karnım çok aç. Ne yiyeceksin?**
2. **Annesi çok dikkatsiz bir kadındır. Her gün bir bardak kırar.**
3. **Anahtarını bulabildin mi?**

4. Onu çantasının içine koyamıyor.
5. Kapının sesini duyabildin mi?

I

Translate into Turkish.

1. She couldn't remember my name.
2. Were you able to prepare your homework?
3. Were able to listen to that song.
4. Be careful. The bus is coming.
5. Look at that ring. It is very expensive.

PRACTICE 61 - ANSWERS

A. 1. Çocuklar nereye bakıyorlar? 2. O arkadaşını gördü. 3. Biz adamın elbisesine güldük. 4. Kadın o şarkıyı dinliyor. 5. İşadamı fabrikanın içine bakmak istedi. 6. Arkadaşın niçin ona gülüyor?

B. 1. Öğrenciler ödevlerini yapabiliyorlar. 2. Arabayı satabiliyorum. 3. Bu mektubu gönderebiliyor. 4. Sizi buradan görebiliyoruz. 5. Radyoyu tamir edebiliyor. 6. O günü hatırlayabiliyorum.

C. 1. Öğrenciler ödevlerini yapabiliyorlar mı? 2. Arabayı satabiliyor muyum?/satabiliyor musun? 3. Bu mektubu gönderebiliyor mu? 4. Sizi buradan görebiliyor muyuz? 5. Radyoyu tamir edebiliyor mu? 6. O günü hatırlayabiliyor muyum?/hatırlayabiliyor musun?

D. 1. Öğrenciler ödevlerini yapamıyorlar. 2. Arabayı satamıyorum. 3. Bu mektubu gönderemiyor. 4. Sizi buradan göremiyoruz. 5. Radyoyu tamir edemiyor. 6. O günü hatırlayamıyorum.

E. 1. Bu deftere yazabildim. 2. Şu otelde kalabildi. 3. Evin fotoğrafını çekebildik. 4. Evi temizleyebildiler. 5. Kapıyı açabildi.

F. 1. Bu deftere yazabildim mi?/yazabildin mi? 2. Şu otelde kalabildi mi? 3. Evin fotoğrafını çekebildik mi? 4. Evi temizleyebildiler mi? 5. Kapıyı açabildi mi?

G. 1. Bu deftere yazamadım. 2. Şu otelde kalamadı. 3. Evin fotoğraflarını çekemedik. 4. Evi temizleyemediler. 5. Kapıyı açamadı.

H. 1. I am very hungry. What will you eat? 2. Her mother is a very careless woman. She breaks a glass every day. 3. Were you able to find your key? 4. She can't put it into her bag. 5. Were you able to hear the sound of the door?

I. 1. Adımı hatırlayamadı. 2. Ev ödevini hazırlayabildin mi? 3. O şarkıyı dinleyebildik. 4. Dikkat et./Dikkatli ol. Otobüs geliyor. 5. Şu yüzüğe bak. O çok pahalıdır.

**temel
TÜRKÇE
kursu**

**DERS
.62**

VOCABULARY

KORKMAK

Kız kardeşim köpeklerden korkar.

TO FEAR, TO BE AFRAID OF

My sister is afraid of dogs.

DAHA

O senden daha güçlüdür.

MORE, ER

He is stronger than you.

SON

Filmin sonunu biliyorum.

END

I know the end of the film.

DÜŞÜNMEK

Ne düşünüyorsun?

TO THINK

What are you thinking about?

YİYECEK

Biraz yiyeceğimiz var.

FOOD

We have got some food.

FAYDALI

Bu kitaplar çocuklar için faydalıdır.

USEFUL

These books are useful for children.

611

GÜÇLÜ

O güçlü bir kadındır. Bavulu taşıyabilir.

STRONG

She is a strong woman. She can carry the suitcase.

GÜÇSÜZ

Çok güçsüzsün. Bu ilacı iç.

WEAK

You are very weak. Drink this medicine.

KORKMAK

When **korkmak** (= be afraid of) is used in sentences with an object, the object takes the ablative suffix **-dan/-den**.

-dan, -den korkmak

Korkuyorum.	I am afraid.
O adamdan korkuyorum.	I am afraid of that man.
Babasından korkar.	She is afraid of her father.
Köpeklerden korkarız.	We are afraid of dogs.
Bebek o sesten korktu.	The baby was afraid of that sound.
Niçin ondan korkuyorsun?	Why are you afraid of her?
Patrondan korkmazsın.	You aren't afraid of the boss.
O evden korkar mısın?	Are you afraid of that house?

COMPARATIVES

In Turkish, adjectives can follow directly after nouns, as well as precede them.

O çok faydalı bir kitaptır.	It is a very useful book.
Annesi şişman bir kadındır.	His mother is a fat woman.
Bu büyük bir odadır.	This is a big room.
O kitap çok faydalıdır.	That book is very useful.
Annesi şişmandır.	His mother is fat.
Bu oda büyüktür.	This room is big.

Now we shall look at adjectives in their comparative form, ie as comparing a particular quality of two different things.

The way this is done in English is to change the adjective to a comparative, by adding '-er' or 'more' (eg cold = colder, beautiful = more beautiful). In Turkish the word **daha** is placed before the adjective.

iyi	good
daha iyi	better
kötü	bad
daha kötü	worse
eski	old
daha eski	older
soğuk	cold
daha soğuk	colder
güçlü	strong
daha güçlü	stronger

Bu kitap iyidir.	This book is good.
O kitap daha iyidir.	That book is better.
O ev kötüdür.	That house is bad.
Bu ev daha kötüdür.	This house is worse.
Bu etek eskidir.	This skirt is old.
Şu etek daha eskidir.	That skirt is older.
O çorba soğuktur.	That soup is cold.
Bu çorba daha soğuktur.	This soup is colder.
Bu adam güçlüdür.	This man is strong.
Şu adam daha güçlüdür.	That man is stronger.

When the two things being compared are specified, the structure given below is used.

Bu kitap o kitaptan daha iyidir.	This book is better than that book.

In English the word 'than' is used. In Turkish the second noun takes the ablative suffix, **-dan, -den, -tan, -ten**.

Bu ev yenidir.	This house is new.
Şu ev daha yenidir.	That house is newer.
Şu ev bu evden daha yenidir.	That house is newer than this house.

Şu adam güçlüdür.	That man is strong.
Bu adam daha güçlüdür.	This man is stronger.
Bu adam şu adamdan daha güçlüdür.	This man is stronger than that man.
Onun elbisesi kısadır.	Her dress is short.
Benim elbisem daha kısadır.	My dress is shorter.
Benim elbisem onun elbisesinden daha kısadır.	My dress is shorter than her dress.
Babam gençtir.	My father is young.
Annem daha gençtir.	My mother is younger.
Annem babamdan daha gençtir.	My mother is younger than my father.
Bu kitap ilginçtir.	This book is interesting.
Şu kitap daha ilginçtir.	That book is more interesting.
Şu kitap bu kitaptan daha ilginçtir.	That book is more interesting than this book.
O çorba soğuktur.	That soup is cold.
Bu çorba daha soğuktur.	This soup is colder.
Bu çorba o çorbadan daha soğuktur.	This soup is colder than that soup.
Ayşe Leyla'dan daha güzeldir.	Ayşe is more beautiful than Leyla.
Benim odam onun odasından daha büyüktür.	My room is bigger than her room.
Amcam teyzemden daha yaşlıdır.	My uncle is older than my aunt.
Bu kız o oğlandan daha güçlüdür.	This girl is stronger than that boy.
Bu soru şu sorudan daha zordur.	This question is more difficult than that question.
Şu bavul senin bavulundan daha ağırdır.	That suitcase is heavier than your suitcase.
Banyo bu odadan daha sıcaktır.	The bathroom is hotter than this room.
Arkadaşım senin arkadaşından daha kısadır.	My friend is shorter than your friend.
Benim odam onun odasından daha temizdir.	My room is cleaner than her room.
Burası hastaneden daha kalabalıktır.	This place is more crowded than the hospital.
Bu makine o makineden daha tehlikelidir.	This machine is more dangerous than that machine.
Bu mektup masadaki mektuptan daha önemlidir.	This letter is more important than the letter on the table.
Senin baban onun babasından daha zengindir.	Your father is richer than his father.

When the same noun is used with pronouns it need not be repeated, in which case the second pronoun takes the possessive form with **-ki**.

Benim odam onun odasından daha büyüktür. / My room is bigger than her room.

Benim odam onunkinden daha büyüktür. / My room is bigger than hers.

Bu bavul senin bavulundan daha ağırdır. / This suitcase is heavier than your suitcase.

Bu bavul seninkinden daha ağırdır. / This suitcase is heavier than yours.

Arkadaşım senin arkadaşından daha kısadır. / My friend is shorter than your friend.

Arkadaşım seninkinden daha kısadır. / My friend is shorter than yours.

Benim elbisem onun elbisesinden daha uzundur. / My dress is longer than her dress.

Benim elbisem onunkinden daha uzundur. / My dress is longer than hers.

Bizim bilgisayarımız sizin bilgisayarınızdan daha pahalıdır. / Our computer is more expensive than your computer.

Bizim bilgisayarımız sizinkinden daha pahalıdır. / Our computer is more expensive than yours.

Study these sentences.

Bu makine şu makineden daha tehlikelidir. / This machine is more dangerous than that machine.

Bu makine şundan daha tehlikelidir. / This machine is more dangerous than that one.

Bu mektup masadaki mektuptan daha önemlidir. / This letter is more important than the letter on the table.

Bu mektup masadakinden daha önemlidir. / This letter is more important than the one on the table.

Bu soru şu sorudan daha zordur. / This question is more difficult than that question.

Bu soru şundan daha zordur. / This question is more difficult than that one.

Bu soru şundan daha zordu.	This question was more difficult than that one.
Arkadaşım seninkinden daha kısaydı.	My friend was shorter than yours.
Benim odam onunkinden daha büyüktü.	My room was bigger than hers.
Bu mektup masadakinden daha önemli olabilir.	This letter may be more important than the one on the table.
Bu bavul seninkinden daha ağır olabilir.	This suitcase may be heavier than yours.
Arkadaşım benden daha yaşlıydı.	My friend was older than me.
Bu ev ondan daha büyük olacak.	This house will be bigger than it.
Bahçedeki ağaç bundan daha uzun olacak.	The tree in the garden will be longer that this one.
O öğrenci bundan daha tembeldi.	That student was lazier than this one.
Bugün hava dünden daha soğuk olabilir.	Today it may be colder than yesterday.
Bu çocuk ondan daha güçlü olacak.	This child will be stronger than him.

İKİ KADIN

TWO WOMEN

İstasyonda iki kadın var. Onlar treni bekliyorlar. Saat ikidir. Tren beş dakika sonra gelecek.

There are two women at the station. They are waiting for the train. It is two o'clock. The train will come five minutes later.

Kadınlara bakın. Onların isimleri Ayten ve Nuran'dır. Nuran'ın elbisesi Ayten'inkinden daha güzeldir. Ayten'in saçı Nuran'ınkinden daha uzundur. Onlar aynı şirkette çalışırlar. Nuran, Ayten'den daha yaşlıdır ve daha uzundur.

Look at the women. Their names are Ayten and Nuran. Nuran's dress is nicer than Ayten's. Ayten's hair is longer than Nuran. They work for the same company. Nuran is older and taller than Ayten.

Ayten'in bir oğlu, Nuran'ın bir kızı var. Onlar on iki yaşındadır. Aynı okula gidiyorlar. Ayten'in oğlu Nuran'ın kızından daha kısadır ve o daha çalışkandır.

Ayten has got a son, Nuran has got a daughter. They are twelve years old. They go to the same school. Ayten's son is shorter than Nuran's daughter and he is more hardworking.

Tren geldi. Onlar bindiler ve oturdular. Trenin içi dışarıdan daha sıcaktır. Ayten ve Nuran şirket hakkında konuşuyorlar. Ayten'in işi Nuran'ınkinden daha zordur.

The train came. They got on and sat down. Inside of the train is hotter than the outside. Ayten and Nuran are talking about the company. Ayten's job is more difficult than Nuran's.

Yarım saat sonra trenden indiler. Nuran'ın evi Ayten'inkinden daha uzaktır. O on beş dakika yürüyecek.

Half an hour later they got off the train. Nuran's house is farther than Ayten's. She will walk for fifteen minutes.

Questions and Answers to the Reading Passage

İstasyonda kaç tane kadın var?
How many women are there at the station?

İki kadın var.
There are two women.

Onlar ne bekliyorlar?
What are they waiting for?

Treni bekliyorlar.
They are waiting for the train.

Saat kaçtır?
What time is it?

Saat ikidir.
It's two o'clock.

Kadınların isimleri nedir?
What are the women's names?

Nuran ve Ayten'dir.
They are Nuran and Ayten.

Kimin elbisesi daha güzeldir?
Whose dress is more beautiful?

Nuran'ın elbisesi daha güzeldir.
Nuran's dress is more beautiful.

Kimin saçı daha uzundur?
Whose hair is longer?

Ayten'in saçı daha uzundur.
Ayten's hair is longer.

Kim daha yaşlıdır?
Who is older?

Nuran daha yaşlıdır.
Nuran is older.

Ayten'in kızı mı var?
Has Ayten got a daughter?

Hayır, bir oğlu var.
No, she has got a son.

617

Nuran'ın kızı var mı? Has Nuran got a daughter?	**Evet, var.** Yes, she has.
Onlar kaç yaşındalar? How old are they?	**On iki yaşındalar.** They are twelve years old.
Ayten'in oğlu çalışkan mıdır? Is Ayten's son hardworking?	**Evet, çalışkandır.** Yes, he is.
Onlar ne hakkında konuştular? What did they talk about?	**Şirket hakkında konuştular.** They talked about the company.
Kimin işi daha zordur? Whose job is more difficult?	**Ayten'in işi daha zordur.** Ayten's job is more difficult.
Kimin evi daha uzaktır? Whose house is farther?	**Nuran'ın evi daha uzaktır.** Nuran's house is farther.
O kaç dakika yürüyecek? How many minutes will she walk?	**On beş dakika yürüyecek.** She'll walk for fifteen minutes.

PRACTICE 62

A

Put into the present (with **-ebilmek**).

1. **Çocuklar bu odada çalışabilirler.**
2. **Bu soruyu yapabilirim.**
3. **Adamlar bavulları taşıyabilirler.**
4. **Onun sekreteri Rusça yazabilir.**
5. **Onu bankaya götürebiliriz.**
6. **Bu yüzüğü alabilir.**

B

Write comparative sentences, as shown.

Ex.: **Bu oda büyüktür.**
      Şu oda büyüktür.
      Bu oda şu odadan daha büyüktür.

1. **Bu kadın güzeldir.**
   O kadın güzeldir.

618

2. Burası sıcaktır.
   O oda sıcaktır.
3. O adam kuvvetsizdir.
   Bu adam kuvvetsizdir.
4. Ayşe çalışkandır.
   Veli çalışkandır.
5. Tren kalabalıktır.
   Otobüs kalabalıktır.
6. Bu mektup önemlidir.
   O mektup önemlidir.
7. Bu ağaçlar uzundur.
   Şu ağaçlar uzundur.
8. Ben gencim.
   O gençtir.

C

Rewrite omitting the repeated noun, as shown.

Ex.: **Benim kitabım onun kitabından incedir.**
Benim kitabım onunkinden incedir.

1. **Onun evi bizim evimizden küçüktür.**
2. **Bizim köpeğimiz Selma'nın köpeğinden daha akıllıdır.**
3. **Kız kardeşimin ayakkabısı senin ayakkabından daha büyüktür.**
4. **Bu kitap sizin kitabınızdan daha ilginçtir.**
5. **Kitaptaki soru bu sorudan daha zordur.**
6. **Sizin öğretmeniniz benim öğretmenimden daha yaşlıdır.**

D

Put into the past simple.

1. **Bu hemşire ondan daha iyidir.**
2. **Bahçedeki ağaç bundan daha uzundur.**
3. **Arkadaşım benden daha yaşlıdır.**
4. **Benim kitabım onunkinden daha faydalıdır.**
5. **Burası oradan daha tehlikelidir.**

E

Translate into English.

1. **Niçin köpeklerden korkuyorsun?**
2. **Filmin sonunu görmek istiyorum.**

3. Yaşlı adama biraz yiyecek verdiler.
4. Bu oda sizin ofisinizden daha soğuktur.
5. Bu etek senin eteğinden daha ucuzdur.
6. Benim ellerim seninkinden daha kirliydi.
7. Onun kızı benimkinden daha dikkatsizdir.

F

Translate into Turkish.

1. He is thinking of his job.
2. She is stronger than you.
3. This man was uglier than your uncle.
4. This camera is more expensive than that one.
5. The carpet in this room is longer than hers.
6. Are you hungry? Yes, I am very hungry.
7. This dictionary is thicker than mine.

PRACTICE 62 - ANSWERS

A. 1. Çocuklar bu odada çalışabiliyorlar. 2. Bu soruyu yapabiliyorum. 3. Adamlar bavulları taşıyabiliyorlar. 4. Onun sekreteri Rusça yazabiliyor. 5. Onu bankaya götürebiliyoruz. 6. Bu yüzüğü alabiliyor.

B. 1. Bu kadın o kadından daha güzeldir. 2. Burası o odadan daha sıcaktır. 3. O adam bu adamdan daha kuvvetsizdir. 4. Ayşe Veli'den daha çalışkandır. 5. Tren otobüsten daha kalabalıktır. 6. Bu mektup o mektuptan daha önemlidir. 7. Bu ağaçlar şu ağaçlardan daha uzundur. 8. Ben ondan daha gencim.

C. 1. Onun evi bizimkinden daha küçüktür. 2. Bizim köpeğimiz Selma'nınkinden daha akıllıdır. 3. Kız kardeşimin ayakkabısı seninkinden daha büyüktür. 4. Bu kitap sizinkinden daha ilginçtir. 5. Kitaptaki soru bundan daha zordur. 6. Sizin öğretmeniniz benimkinden daha yaşlıdır.

D. 1. Bu hemşire ondan daha iyiydi. 2. Bahçedeki ağaç bundan daha uzundu. 3. Arkadaşım benden daha yaşlıydı. 4. Benim kitabım onunkinden daha faydalıydı. 5. Burası oradan daha tehlikeliydi.

E. 1. Why are you afraid of dogs? 2. I want to see the end of the film. 3. They gave some food to the old man. 4. This room is colder than your office. 5. This skirt is cheaper than your skirt. 6. My hands were dirtier than yours. 7. Her daughter is more careless than mine.

F. 1. İşini düşünüyor. 2. O senden daha güçlüdür. 3. Bu adam senin amcandan daha çirkindi. 4. Bu fotoğraf makinesi şundan daha pahalıdır. 5. Bu odadaki halı onunkinden daha uzundur. 6. Aç mısın?/Karnın aç mı? Evet, çok açım. 7. Bu sözlük benimkinden daha kalındır.

FONO açıköğretim kurumu

temel
TÜRKÇE
kursu

DERS 63

HAVUZ

Her gün havuzda yüzerler.

POOL

They swim in the pool every day.

KAÇMAK

Hırsızlar kaçtı.

TO ESCAPE

The thieves escaped.

TATLI

Portakallar çok tatlıydı.

SWEET

The oranges were very sweet.

EKŞİ

Ekşi meyveyi sever.

SOUR

She likes sour fruit.

DİĞER, DİĞERİ

O soru diğerinden daha zor değildir.

OTHER

That question isn't more difficult than the other one.

AKILLI

Akıllı bir oğlu var.

CLEVER

He has got a clever son.

HIRSIZ

Polis hırsızı bulacak.

THIEF

The police will find the thief.

SALATALIK

Salatalıkları buzdolabından al.

CUCUMBER

Take the cucumbers from the fridge.

MUZ

Süpermarketten bir kilo muz al.

BANANA

Buy one kilo of bananas from the supermarket.

PİŞİRMEK

Akşam için yemek pişireceğim.

TO COOK

I'll cook for the evening.

COMPARASION (Continued)

Let us recall the subject of comparatives introduced in the last lesson.

Comparative structures are made with the **-den/-dan daha** structure.

Şu kısadır.
Bu daha kısadır.
Şu bundan daha kısadır.

Bu portakallar şunlardan daha tatlıdır.
Onun saçı benimkinden daha kısadır.
Benim ev ödevim seninkinden daha kötü olacak.
Onun İngilizcesi sizinkinden daha iyiydi.

Here, the same structure in negative and question forms.

Bu kitap benimkinden daha faydalı değildir.	This book isn't more useful than mine.
O soru diğerinden daha zor değildir.	That question isn't more difficult than the other one.
Bu doktor ondan daha iyi değildir.	This doctor isn't better than him.
Benim oğlum seninkinden daha akıllı değildir.	My son isn't cleverer than yours.

Bu salatalık diğerinden daha taze değildir.	This cucumber isn't fresher than the other one.
O bizden daha mutlu değildir.	He isn't happier than us.
Bu elbise onunkinden daha pahalı değildir.	This dress isn't more expensive than hers.
Bu portakal diğeri kadar tatlı değildir.	This orange isn't sweeter than the other one.
Arkadaşım benden daha yaşlı değildi.	My friend wasn't older than me.
O öğrenci bundan daha tembel değildi.	That student wasn't lazier than this one.
Bu oda senin odandan daha temiz değildi.	That room wasn't cleaner than your room.
O soru bundan daha zor değildi.	That question wasn't more difficult than this one.
Bu ağaç bahçedeki ağaçtan daha uzun değildir.	This tree wasn't longer than the tree in the garden.
Bu mektup ondan daha önemli midir?	Is this letter more important than that one?
Bu kitap benimkinden daha faydalı mıdır?	Is this book more useful than mine?
O soru bundan daha zor mudur?	Is that question more difficult this one?
O bizden daha mutlu mudur?	Is she happier than us?
Bu kız senden daha güzel midir?	Is this girl more beautiful than you?
Bu araba babamınkinden daha ucuz muydu?	Was this car cheaper than my father's?
Arkadaşım benden daha yaşlı mıydı?	Was my friend older than me?
O öğrenci senden daha tembel miydi?	Was that student lazier than you?
Bu soru diğerinden daha zor muydu?	Was this question more difficult than the other one?
Bu ağaç bahçedeki ağaçtan daha uzun muydu?	Was this tree longer than the tree in the garden?

DİĞER, DİĞERİ

The English equivalent of **diğer** is 'other'.

Bu adam öğretmenimiz; diğer adam babamdır.	This man is our teacher; the other man is my father.
Bu, diğer ağaçtan daha yüksektir.	This is higher than the other tree.
Bu ekmek bayat; diğer ekmeği verin, lütfen.	This bread is stale; give the other bread, please.
O elbise çok pahalıydı. Diğer elbiseyi aldı.	That dress was very expensive. She bought the other dress.

Diğer okul bizimkinden daha eskidir.	The other school is older than ours.
Bu soru çok zordur. Diğer soruyu yapacağız.	This question is very difficult. We will do the other question.
Niçin diğer lokantaya gidiyorsunuz?	Why are you going to the other restaurant?
Çünkü orası çok temizdir.	Because that place is very clean.
Diğer çantayı istiyorum.	I want the other bag.
Bu bardak çok pistir. Diğer bardağı alacağım.	This glass is very dirty. I will take the other glass.
Bu bardak çok pistir. Diğerini alacağım.	This glass is very dirty. I will take the other one.
Bu bardak diğer bardaktan daha pistir.	This glass is dirtier than the other glass.
Bu bardak diğerinden daha pistir.	This glass is dirtier than the other one.

You can see that in the above pair of sentences, the noun is not repeated in the second. The ablative suffix is just added to **diğer**.

Bu kadın diğer kadından daha güzeldir.	This woman is more beautiful than the other woman.
Bu kadın diğerinden daha güzeldir.	This woman is more beautiful than the other one.
Buzdolabındaki muz diğer muzdan daha tazedir.	The banana in the fridge is fresher than the other banana.
Buzdolabındaki muz diğerinden daha tazedir.	The banana in the fridge is fresher than the other one.
O hırsız diğer hırsızdan daha gençtir.	That thief is younger than the other thief.
O hırsız diğerinden daha gençtir.	That thief is younger than the other one.

The plural form of **diğer** is **diğerleri**. Here are some example sentences.

Bu bilgisayar diğerlerinden daha yenidir.	This computer is newer than the others.
Onun kızı diğerlerinden daha akıllıdır.	His daughter is more clever than the others.
Ahmet evde değil, ama diğerleri evdedir.	Ahmet isn't at home, but the others are at home.
Bize bu kitabı verdi, ama diğerlerini vermedi.	She gave this book to us, but she didn't give the others.
Bu soruyu yapabilir, ama diğerlerini yapamaz.	He can do this question, but he can't do the others.
Bu havuz diğerlerinden daha büyüktür.	This pool is bigger than the others.

624

The Necessity Suffix -MELİ/-MALI

-Meli/-malı is added to verbs as a suffix in the usual way to talk about necessity. English equivalents are 'must' and 'have to'.

The structure is shown here using **git** in the first person singular.

Git - meli - yim.	I must go.

Ben

Satmalıyım.	I must sell.
Kalmalıyım.	I must stay.
Dokunmalıyım.	I must touch.
Vermeliyim.	I must give.
Pişirmeliyim.	I must cook.
Düşünmeliyim.	I must think.

Bu evde kalmalıyım.	I must stay in this house.
O durakta beklemeliyim.	I must wait at this stop.
Yarın buraya gelmeliyim.	I must come here tomorrow.
Yeni bir gömlek almalıyım.	I must buy a new shirt.
Bu mektubu müdüre vermeliyim.	I must give this letter to the manager.
Akşam için yemek pişirmeliyim.	I must cook for the evening.
Kapıyı açmalıyım.	I must open the door.
Onu düşünmeliyim.	I must think of it.
Sabah erken kalkmalıyım.	I must get up early in the morning.

Sen

Oturmalısın.	You must sit.
Satmalısın.	You must sell.
Kalmalısın.	You must stay.
Vermelisin.	You must give.
Gelmelisin.	You must come.
Düşünmelisin.	You must think.

Arabanı satmalısın.	You must sell your car.
Bu havuzda yüzmelisin.	You must swim in this pool.
Tezgâhtarla konuşmalısın.	You must speak to the salesclerk.
O parayı bana vermelisin.	You must give that money to me.
Sabah erken kalkmalısın.	You must get up early in the morning.
Kapıyı açmalısın.	You must open the window.
Bu evde kalmalısın.	You must stay in this house.
Daha dikkatli olmalısın.	You must be more careful.

O

Oturmalı.	He must sit.
Satmalı.	He must sell.
Kalmalı.	He must stay.
Vermeli.	He must give.
Gelmeli.	He must come.
Düşünmeli.	He must think.

Arabasını satmalı.	He must sell his car.
Bizi eve götürmeli.	He must take us to the house.
Akşam için yemek pişirmeli.	She must cook for the evening.
Sabah erken kalkmalı.	He must get up early in the morning.
Bu evde kalmalı.	She must stay in this house.
Bu dili öğrenmeli.	He must learn this language.
Annesine bir hediye almalı.	She must buy a present for her mother.

Biz

Oturmalıyız.	We must sit.
Satmalıyız.	We must sell.
Kalmalıyız.	We must stay.
Vermeliyiz.	We must give.
Gelmeliyiz.	We must come.
Düşünmeliyiz.	We must think.

Bu tabakları yıkamalıyız.	We must wash these plates.
Bugün evi temizlemeliyiz.	We must clean the house today.
Sabah erken kalkmalıyız.	We must get up early in the morning.

Siz

Oturmalısınız.	You must sit.
Satmalısınız.	You must sell.
Kalmalısınız.	You must stay.
Vermelisiniz.	You must give.
Gelmelisiniz.	You must come.
Düşünmelisiniz.	You must think.

Bu tabakları yıkamalısınız.	You must wash these plates.
Daha güçlü olmalısınız.	You must be stronger.
Adresini öğrenmelisiniz.	You must learn her address.

Onlar

Oturmalı(lar).	They must sit.
Satmalı(lar).	They must sell.
Kalmalı(lar).	They must stay.
Vermeli(ler).	They must give.
Gelmeli(ler).	They must come.
Düşünmeli(ler).	They must think.

Bize söz vermeliler. — They must promise us.

Bu akşam telefon etmeliler. — They must telephone this evening.

Sabah erken kalkmalılar. — They must get up early in the morning.

Diğer odada beklemeliyiz. — We must wait in the other room.

Kadın çok fakirdir. Ona para vermelisin. — The woman is very poor. You must give some money to her.

O kitabı okumalı. — He must read that book.

Onun adını hatırlamalıyım. — I must remember her name.

Evi satmalılar. — They must sell the house.

Babam bizimle gelmeli. — My father must come with us.

Sekreter daha büyük bir odada çalışmalı. — The secretary must work in the bigger room.

Öğrenci derslerini düşünmeli. — The student must think of his lessons.

Sabahleyin sekizde buraya gelmelisin. — You must come here at eight o'clock in the morning.

Bu çorbayı ona vermeliyiz. — We must give this soup to him.

Doktor buraya yine gelmeli. — The doctor must come here again.

Karısına bir hediye almalı. — He must buy a present to his wife.

Onların isimlerini yazmalısınız. — You must write their names.

Kadın sebzeleri seçmeli. — The woman must choose the vegetables.

Bu otobüse binmelisin. — You must get on this bus.

Bu işi bitirmeliyim. Patron bekliyor. — I must finish this work. The boss is waiting.

The Words Used in the Text

önce	ago
maaş	salary
yaş	age

DIALOGUE

A : **Affedersiniz. Bu soruyu okuyamadım. Nedir?**
Excuse me. I couldn't read this question. What is it?

B : **Yaşınızı yazacaksınız.**
You'll write your age.

A : **Siz de burada mı çalışıyorsunuz?**
Do you work here, too?

B : **Evet. Neden sordunuz?**
Yes, I do. Why did you ask?

A : **Ben de çalışmak istiyorum. İyi bir şirket midir?**
I also want to work. Is it a good company?

B : **Evet. Ben iki ay önce buraya geldim. Önceden Beşiktaş'ta bir şirkette çalıştım, ama burası daha iyi ve daha büyük bir yer. Maaş da daha yüksek; ama sabahleyin erken gelmelisiniz. Akşam geç gitmelisiniz. Bilgisayar kullanmalısınız. İngilizce ve Rusça bilmelisiniz.**
Yes. I came here two months ago. At first, I worked for a company in Beşiktaş, but this place is better and bigger. The salary is also higher; but you must come early in the morning. You must go late in the evening. You must use a computer. You must know English and Russian.

PRACTICE 63

A

Change into negative form.

1. **Benim maaşım seninkinden daha iyidir.**
2. **Bu portakal diğerinden daha tatlıdır.**
3. **Bu çocuk diğerlerinden daha akıllıydı.**
4. **Sen ondan daha tembeldin.**
5. **Benim annem onunkinden daha yaşlıdır.**
6. **Yarın hava daha güzel olacak.**
7. **Bu film diğerinden daha kötüydü.**
8. **Bu ev diğerinden daha yeni olacak.**

B

Change the above into question form.

C

Rewrite without repeating the noun, as in the example.

Ex.: **Bu bardak çok pistir. Diğer bardağı alacağım.**
Bu bardak çok pistir. Diğerini alacağım.

1. **Bu elbise çok kısadır. Diğer elbiseyi al.**
2. **Bu soru çok zordur. Diğer soruyu yapıyor.**
3. **O kitap diğer kitaptan daha faydalıdır.**
4. **Evin önündeki araba diğer arabadan daha yenidir.**
5. **Bu bira çok soğuktur. Diğer birayı içeceğiz.**

D

Fill the gaps.

1. **Bu eteği giymeyecek. Diğer... al.**
2. **Biz bugün oraya gitmeli... .**
3. **Bu soru diğer... daha zordur.**
4. **Şu oda diğer oda... daha kalabalıktır.**
5. **Bu yol diğer yoldan ... tehlikelidir.**
6. **O benim çantamdır. Senin... nerededir?**
7. **Benim maaşım Ayşe... daha yüksektir.**

E

Complete using **-meli/malı** (and personal suffix).

1. **Biz yarın oraya git...**
2. **Arkadaşın seninle gel...**
3. **Sen derslerini düşün...**
4. **Onlar gelecek yıl evi sat...**
5. **Hasta tavuk ye...**
6. **Ben onun adını hatırla...**
7. **Siz o mektupları yaz...**
8. **Kardeşim üniversiteye git...**
9. **Biz odayı süpür...**
10. **Sen yaşlı kadına yardım et...**

F

Translate into English.

1. **Her gün onu görmelisin.**
2. **Onlar iyi değildir. Diğerlerini gördün mü?**

3. Bu portakal diğerinden daha tatlıdır.
4. Saat onda otobüse binmeliyiz.
5. Sabahleyin duş yapmalı.
6. Bu et diğerinden daha taze değildi.
7. Bu resimleri gördüm. Diğerlerine bakacağım.
8. Onu sana anlatmalıyız.

G

Translate into Turkish.

1. We can show him these, but we can't show the others.
2. That house is higher than the others.
3. His salary wasn't higher than my salary.
4. She doesn't want this plate; give her the other one.
5. Don't do it now, but you must do it tomorrow.
6. They must bring their suitcases.
7. She is afraid of her father. She doesn't go out at night.
8. You must wait for us here.

PRACTICE 63 YANITLARI

A. 1. Benim maaşım seninkinden daha iyi değildir. 2. Bu portakal diğerinden daha tatlı değildir. 3. Bu çocuk diğerlerinden daha akıllı değildi. 4. Sen ondan daha tembel değildin. 5. Benim annem onunkinden daha yaşlı değildir. 6. Yarın hava daha güzel olmayacak. 7. Bu film diğerinden daha kötü değildi. 8. Bu ev diğerinden daha yeni olmayacak.

B. 1. Benim maaşım seninkinden daha iyi mi? 2. Bu portakal diğerinden daha tatlı mı? 3. Bu çocuk diğerlerinden daha akıllı mıydı? 4. Sen ondan daha tembel miydin? 5. Benim annem onunkinden daha yaşlı mıdır? 6. Yarın hava daha güzel olacak mı? 7. Bu film diğerinden daha kötü müydü? 8. Bu ev diğerinden daha yeni olacak mı?

C. 1. Bu elbise çok kısadır. Diğerini al. 2. Bu soru çok zordu. Diğerini yapıyor. 3. O kitap diğerinden daha faydalıdır. 4. Evin önündeki araba diğerinden daha yenidir. 5. Bu bira çok soğuktur. Diğerini içeceğiz.

D. 1. ini 2. yiz. 3. inden 4. dan 5. daha 6. ki 7. ninkinden

E. 1. Biz yarın oraya gitmeliyiz. 2. Arkadaşın seninle gelmeli. 3. Sen derslerini düşünmelisin. 4. Onlar gelecek yıl evi satmalılar. 5. Hasta tavuk yemeli. 6. Ben onun adını hatırlamalıyım. 7. Siz o mektupları yazmalısınız. 8. Kardeşim üniversiteye gitmeli. 9. Biz odayı süpürmeliyiz. 10. Sen yaşlı kadına yardım etmelisin.

F. 1. You must see him every day. 2. They aren't good. Did you see the others? 3. This orange is sweeter than the other one. 4. We must get on the bus at ten o'clock. 5. He must have a shower in the morning. 6. This meat wasn't fresher than the other one. 7. I saw these pictures. I'll look at the others. 8. We must tell you about it.

G. 1. Bunları ona gösterebiliriz ama diğerlerini gösteremeyiz. 2. O ev diğerlerinden daha yüksektir. 3. Onun maaşı benim maaşımdan daha yüksek değildi. 4. Bu tabağı istemez; ona diğerini ver. 5. Onu şimdi yapma ama yarın yapmalısın. 6. Bavullarını taşımalılar. 7. Babasından korkar. Geceleyin dışarı çıkmaz. 8. Bizi burada beklemelisin.

temel
TÜRKÇE
kursu

DERS 64

VOCABULARY

ACIKMAK

Acıktım. Ne zaman yemek yiyeceğiz?

TO BE HUNGRY

I am hungry. When will we eat?

DOYMAK

Doydun mu? Evet, doydum.

TO BE FULL

Are you full? Yes, I am.

EVLENMEK

Kızkardeşim gelecek ay evlenecek.

TO MARRY

My sister will marry next month.

YAKALAMAK

Polis hırsızı yakaladı.

TO CATCH

The policeman caught the thief.

ÇEŞİTLİ

Okul için çeşitli kitaplar okudular.

DIFFERENT, VARIOUS

They read various books for the school.

ÖZEL

Özel bir okula gidiyor.

PRIVATE

She goes to a private school.

631

BULUT		CLOUD
Gökyüzünde bulutlar var. Yağmur yağacak.		There are clouds in the sky. It is going to rain.

SERİN		COOL
Hava bugün serindir. Kazağını giy.		The weather is cool today. Put on your sweater.

ZİYARETÇİ		VISITOR
Ziyaretçiler hasta için geldi.		The visitors came for the patient.

-MELİ / MALI (Continued)

In this lesson we shall look at **-meli/malı** in negative and question forms.

> **Ziyaretçiler burada beklemelidir.**
> **Özel bir okula gitmelisin.**
> **Ablan üniversiteye gitmeli.**
> **Ders çalışmalıyım.**
> **Arabanı satmalısın.**
> **Buradan kaçmalısınız.**

Negative Form

Negatives are made in the usual way, with **-ma/-me** preceding **-malı/-meli**.

Ben

Sat - ma - malı - yım.	I mustn't sell.
Kalmamalıyım.	I mustn't stay.
Vermemeliyim.	I mustn't give.
Pişirmemeliyim.	I mustn't cook.

Bu evde kalmamalıyım.	I mustn't stay in this house.
O durakta beklememeliyim	I mustn't wait at this stop.
Yeni bir gömlek almamalıyım.	I mustn't buy a new shirt.
Bu mektubu müdüre vermemeliyim.	I mustn't give this letter to the manager.
Kapıyı açmamalıyım.	I mustn't open the door.
Onu düşünmemeliyim.	I mustn't think of it.

Sen

Oturmamalısın.	You mustn't sit.
Satmamalısın.	You mustn't sell.
Vermemelisin.	You mustn't give.
Düşünmemelisin.	You mustn't think.

Arabanı satmamalısın.	You mustn't sell your car.
Bu havuzda yüzmemelisin.	You mustn't swim in this pool.
Tezgâhtarla konuşmamalısın.	You mustn't speak to the salesclerk.
Sabah erken kalkmamalısın.	You mustn't get up early in the morning.
Bu evde kalmamalısın.	You mustn't stay in this house.
Dikkatsiz olmamalısın.	You mustn't be careless.

O

Oturmamalı.	He mustn't sit.
Satmamalı.	He mustn't sell.
Vermemeli.	He mustn't give.
Düşünmemeli.	He mustn't think.

Arabasını satmamalı.	He mustn't sell his car.
Bizi eve götürmemeli.	He mustn't take us to the house.
Akşam için yemek pişirmemeli.	She mustn't cook for the evening.
Sabah erken kalkmamalı.	He mustn't get up early in the morning.
Bu evde kalmamalı.	She mustn't stay in this house.
Bu dili öğrenmemeli.	He mustn't learn this language.

Biz

Oturmamalıyız.	We mustn't sit.
Satmamalıyız.	We mustn't sell.
Vermemeliyiz.	We mustn't give.
Düşünmemeliyiz.	We mustn't think.

Bu tabakları yıkamamalıyız.	We mustn't wash these plates.
Bugün evi temizlememeliyiz.	We mustn't clean the house today.
Sabah erken kalkmamalıyız.	We mustn't get up early in the morning.

Siz

Oturmamalısınız.	You mustn't sit.
Satmamalısınız.	You mustn't sell.
Gelmemelisiniz.	You mustn't come.
Düşünmemelisiniz.	You mustn't think.

Bu tabakları yıkamamalısınız.	You mustn't wash these plates.
Adresini öğrenmemelisiniz.	You mustn't learn her address.
Bugün onu ziyaret etmemelisiniz.	You mustn't visit her today.

Onlar

Oturmamalı(lar).	They mustn't sit.
Satmamalı(lar).	They mustn't sell.
Vermemeli(ler).	They mustn't give.
Düşünmemeli(ler).	They mustn't think.

Bize söz vermemeliler.	They mustn't promise us.
Bu akşam telefon etmemeliler.	They mustn't telephone this evening.
Sabah erken kalkmamalılar.	They mustn't get up early in the morning.

Diğer odada beklememeliyiz.	We mustn't stay in the other room.
Kadın çok zengindir. Ona para vermemelisin.	The woman is very rich. You mustn't give any money to her.
O kitabı okumamalı.	He mustn't read that book.
Onun adını hatırlamamalıyım.	I mustn't remember her name.
Evi satmamalılar.	They mustn't sell the house.
Babam bizimle gelmemeli.	My father mustn't come with us.
Sekreter daha büyük bir odada çalışmamalı.	The secretary mustn't work in the bigger room.
Sabahleyin sekizde buraya gelme-melisin.	You mustn't come here at eight o'clock in the morning.
Bu çorbayı ona vermemeliyiz.	We mustn't give this soup to him.
Doktor tekrar buraya gelmemeli.	The doctor mustn't come here again.
Karısına bir hediye almamalı.	He mustn't buy a present to his wife.
Onların isimlerini yazmamalısınız.	You mustn't write their names.
Kadın sebzeleri seçmemeli.	The woman mustn't choose the vege-tables.
Bu otobüse binmemelisin.	You mustn't get on this bus.

Question Form

Yes/No questions are formed as normal with **-malı/-meli**.

Ben

Sat - malı - mı - yım?	Must I sell?
Kalmalı mıyım?	Must I stay?
Vermeli miyim?	Must I give?
Pişirmeli miyim?	Must I cook?

Bu evde kalmalı mıyım?	Must I stay in this house?
O durakta beklemeli miyim?	Must I wait at that bus-stop?
Yeni bir gömlek almalı mıyım?	Must I buy a new shirt?
Bu mektubu müdüre vermeli miyim?	Must I give this letter to the manager?
Kapıyı açmalı mıyım?	Must I open the door?
Onu düşünmeli miyim?	Must I think of it?

Sen

Oturmalı mısın?	Must you sit?
Satmalı mısın?	Must you sell?
Vermeli misin?	Must you give?
Düşünmeli misin?	Must you think?

Arabanı satmalı mısın?	Must you sell your car?
Bu havuzda yüzmeli misin?	Must you swim in this pool?
Tezgâhtarla konuşmalı mısın?	Must you speak to the salesclerk?
Sabah erken kalkmalı mısın?	Must you get up early in the morning?
Bu evde kalmalı mısın?	Must you stay in this house?
Daha dikkatli olmalı mısın?	Must you be more careful?

O

Oturmalı mı?	Must he sit?
Satmalı mı?	Must he sell?
Vermeli mi?	Must he give?
Düşünmeli mi?	Must he think?

Arabasını satmalı mı?	Must he sell his car?
Bizi eve götürmeli mi?	Must he take us to the house?
Akşam için yemek pişirmeli mi?	Must she cook for the evening?
Sabah erken kalkmalı mı?	Must he get up early in the morning?
Bu evde kalmalı mı?	Must she stay in this house.
Bu dili öğrenmeli mi?	Must he learn this language?

Biz

Oturmalı mıyız?	Must we sit?
Satmalı mıyız?	Must we sell?
Vermeli miyiz?	Must we give?
Düşünmeli miyiz?	Must we think?

Bu tabakları yıkamalı mıyız?	Must we wash these plates?
Bugün evi temizlemeli miyiz?	Must we clean the house today?
Sabah erken kalkmalı mıyız?	Must we get up early in the morning?

Siz

Oturmalı mısınız?	Must you sit?
Satmalı mısınız?	Must you sell?

Gelmeli misiniz?	Must you come?
Düşünmeli misiniz?	Must you think?

Bu tabakları yıkamalı mısınız?	Must you wash these plates?
Adresini öğrenmeli misiniz?	Must you learn her address?
Bugün onu ziyaret etmeli misiniz?	Must you visit her today?

Onlar

Oturmalı(lar) mı?	Must they sit?
Satmalı(lar) mı?	Must they sell?
Vermeli(ler) mi?	Must they give?
Düşünmeli(ler) mi?	Must they think?

Bize söz vermeliler mi?	Must they promise us?
Bu akşam telefon etmeliler mi?	Must they telephone this evening?
Sabah erken kalkmalılar mı?	Must they get up early in the morning?

Diğer odada beklemeli miyiz?	Must we stay in the other room?
Kadın çok fakirdir. Ona para vermeli misin?	The woman is very poor. Must you give any money to her?
O kitabı okumalı mı?	Must he read that book?
Onun adını hatırlamalı mıyım?	Must I remember her name?
Evi satmalılar mı?	Must they sell the house?
Babam bizimle gelmeli mi?	Must my father come with us?
Sekreter daha büyük bir odada çalışmalı mı?	Must the secretary work in the bigger room?
Sabahleyin sekizde buraya gelmeli misin?	Must you come here at eight o'clock in the morning?
Bu çorbayı ona vermeli miyiz?	Must we give this soup to him?
Doktor buraya tekrar gelmeli mi?	Must the doctor come here again?
Karısına bir hediye almalı mı?	Must he buy a present to his wife?
Onların isimlerini yazmalı mısınız?	Must you write their names?
Kadın sebzeleri seçmeli mi?	Must the woman choose the vegetables?
Bu otobüse binmeli misin?	Must you get on this bus?

Positive

Subject	Verb Root	Necessity Suffix	Personal Suffix
Ben	yap	malı	(y)ım.
Sen	gel	meli	sin.
O	yaz	malı	-
Biz	bekle	meli	(y)iz.
Siz	bak	malı	sınız.
Onlar	çalış	malı	(lar).

Negative

Subject	Verb Root	Negative Suffix	Necessity Suffix	Personal Suffix
Ben	yap	ma	malı	(y)ım.
Sen	gel	me	meli	sin.
O	yaz	ma	malı	-
Biz	bekle	me	meli	(y)iz.
Siz	bak	ma	malı	sınız.
Onlar	çalış	ma	malı	(lar).

Question

Subject	Verb Root	Necessity Suffix	Question Suffix	Personal Suffix
Ben	yap	malı	mı	(y)ım?
Sen	gel	meli	mi	sin?
O	yaz	malı	mı?	-
Biz	bekle	meli	mi	(y)im?
Siz	bak	malı	mı	sınız?
Onlar	çalış	malı	(lar)mı?	-

İŞ   WORK

Beşiktaş'ta bir şirkette çalışıyorum. Şirkete gitmek için sabahleyin erken kalkmalıyım. Bir oğlum var. Adı Mithat. Sekiz yaşındadır. Okula gidiyor. Onun için kahvaltıyı hazırlamalıyım.

I work in a company in Beşiktaş. I must get up early in the morning to go to the company. I have got a son. His name is Mithat. He is eight years old. He goes to school. I must prepare the breakfast for him.

Şirkete otobüsle giderim. Saat yedi buçukta otobüs durağında olmalıyım. Otobüs sekize çeyrek kala gelir. Genellikle kalabalık tır, ama bazen oturabilirim.

I go to the company by bus. I must be at the bus stop at half past seven. The bus comes at quarter to eight. It is usually crowded, but sometimes I can sit.

Dokuzda şirkete gelirim. Genellikle masamda mektuplar vardır. Onları okumalıyım ve cevap vermeliyim. Müdür onda gelir. Onun mektuplarını yazarım.

I come to the company at nine o'clock. There are usually there are some letters on may table. I must read them and answer. The manager comes at ten o'clock. I write his letters.

Şirketten altıda çıkarım. Yedide eve gelirim. Kocam ve oğlum evdedir. Onlar için yemek pişirmeliyim.

I leave the company at six o'clock. I arrive home at seven o'clock. My husband and my son are at home. I must cook for them.

Questions and Answers to the Reading Passage

Nerede çalışırsın?
Where do you work?

Beşiktaş'ta bir şirkette çalışırım.
I work in a company in Beşiktaş.

Sabahleyin erken mi yoksa geç mi kalkmalısın?
Must you get up early or late in the morning?

Erken kalkmalıyım.
I must get up early.

Oğlun kaç yaşındadır?
How old is your son?

Sekiz yaşındadır.
He is eight years old.

Onun için ne hazırlamalısın?
What must you prepare for him?

Kahvaltıyı hazırlamalıyım.
I must prepare the breakfast.

Şirkete nasıl gidersin?
How do you go to the company?

Otobüsle giderim.
I go by bus.

Otobüs kaçta gelir?
What time does the bus come?

Sekize çeyrek kala gelir.
It comes at quarter to eight.

Otobüs kalabalık mıdır?
Is the bus crowded?

Evet, kalabalıktır.
Yes, it is.

Kaçta şirkete gelirsin?
What time do you come to the company?

Dokuzda gelirim.
I come at nine o'clock.

Masanda neler vardır?
What are there on your table?

Mektuplar vardır.
There are some letters.

Mektuplara cevap vermeli misin?
Must you answer the letters?

Evet, vermeliyim.
Yes, I must.

Müdür kaçta gelir?
What time does the manager come?

Onda gelir.
He comes at ten o'clock.

Müdür için ne yaparsın?
What do you do for the manager?

Mektuplarını yazarım.
I write his letters.

Kaçta eve gelirsin?
What time do you come home?

Yedide gelirim.
I come at seven o'clock.

Kocan ve oğlun için ne yapmalısın?
What must you do for your husband
and your son?

Yemek yapmalıyım.
I must cook.

PRACTICE 64

A

Change into question form.

1. Odaya dönmelisin.
2. Bize para vermeliler.
3. İşadamına telefon etmelisiniz.
4. Çocuk orada oynamalı.
5. Kahvaltı etmeliyim.
6. Rusça öğrenmelisin.
7. Sekreter mektupları yazmalı.
8. Onun adını hatırlamalıyız.
9. İş hakkında düşünmeliyiz.
10. Fabrikada çalışmalıyım.

B

Change into negative form.

1. Bu odadan telefon etmeliyim.
2. Bizi onun evine götürmelisin.
3. Ziyaretçiler burada beklemeli.
4. Evimizi satmalıyız.
5. Bu salonda sigara içmelisiniz.
6. Her akşam bize telefon etmeli.
7. Onu annene söylemelisin.
8. O adamı unutmalı.
9. Radyoyu tamir etmelisiniz.
10. Burada yürümeliler.

C

Translate into English.

1. **Karnım acıktı. Biraz yiyecek ver, lütfen.**
2. **Bugün hava serindir. Denize yarın gideceğim.**
3. **Burada özel bir oda var. Müdür o odadadır.**
4. **Bu dükkânda çeşitli çantalar var. Onlardan birini (satın) alabilirsin.**
5. **Polis hırsızı yakalamalı.**
6. **Bebek için bu kaşığı kullanmalısın.**
7. **Bu yatakta uyumamalı.**
8. **Onun için ne hazırlamalıyız?**

D

Translate into Turkish.

1. That place is dangerous. You mustn't go there.
2. Promise me. You'll telephone your friend tomorrow.
3. The men stole the money and escaped.
4. I am full. I won't eat it.
5. He must have a shower every morning.
6. Must we finish it tomorrow?
7. This book is more useful. Take it.
8. You mustn't bring these dresses.

PRACTICE 64 - ANSWERS

A. 1. Odaya dönmeli misin? 2. Bize para vermeliler mi? 3. İşadamına telefon etmeli misiniz? 4. Çocuk orada oynamalı mı? 5. Kahvaltı etmeli miyim? 6. Rusça öğrenmeli misin? 7. Sekreter mektupları yazmalı mı? 8. Onun adını hatırlamalı mıyız? 9. İş hakkında düşünmeli miyiz? 10. Fabrikada çalışmalı mıyım?

B. 1. Bu odadan telefon etmemeliyim. 2. Bizi onun evine götürmemelisin. 3. Ziyaretçiler burada beklememeli. 4. Evimizi satmamalıyız. 5. Bu salonda sigara içmemelisin. 6. Her akşam bize telefon etmemeli. 7. Onu annene söylememelisin. 8. O adamı unutmamalı. 9. Radyoyu tamir etmemelisiniz. 10. Burada yürümemeliler.

C. 1. I am hungry. Give some food, please. 2. Today it is cool. I will go to the sea tomorrow. 3. There is a private room here. The manager is in that room. 4. There are various bags in this shop. You can buy one of them. 5. The policeman must catch the thief. 6. You must use this spoon for the baby. 7. He mustn't sleep on this bed. 8. What must we prepare for her?

D.